Bankrisikotransfer im Außenhandel

Europäische Hochschulschriften Recht

European University Studies in Law

Publications Universitaires Européennes de Droit

Band/ Volume **6303**

Cornelius Karcher

Bankrisikotransfer im Außenhandel

Syndizierung von Akkreditiven und Garantien

PETER LANG

Bibliografische Information der Deutschen Nationalbibliothek
Die Deutsche Nationalbibliothek verzeichnet diese Publikation in der Deutschen Nationalbibliografie; detaillierte bibliografische Daten sind im Internet über http://dnb.d-nb.de abrufbar.

Zugl.: Heidelberg, Univ., Diss., 2022

D 16
ISSN 0531-7312
ISBN 978-3-631-87939-9 (Print)
E-ISBN 978-3-631-87982-5 (E-PDF)
E-ISBN 978-3-631-87983-2 (EPUB)
DOI 10.3726/b19737

Diese Publikation wurde begutachtet.

www.peterlang.com

Meiner Familie

Vorwort

Diese Arbeit wurde von der Juristischen Fakultät der Ruprecht-Karls-Universität Heidelberg im Sommersemester 2021 als Dissertation angenommen und im Wintersemester 2022 zum Druck freigegeben.

Besonders danke ich meinem akademischen Lehrer, Herrn Professor Dr. iur. Dr. rer. pol. h.c. Dr. iur. h.c. Werner F. Ebke LL.M. (UC Berkeley), für seine Förderung. Ferner dem Verein zur Förderung des Deutschen, Europäischen und Vergleichenden Wirtschaftsrechts e.V. für die Gewährung eines Stipendiums. Dank gebührt Herrn Professor Dr. Stefan J. Geibel, Maître en droit (Université Aix-Marseille III) für die Erstellung des Zweitgutachtens.

Herrn Dr. Paul Wollny möchte ich für seine Diskussionsbereitschaft danken.

Schließlich danke ich vor allem meiner Familie und meiner Freundin Kirstine, die mich unermüdlich begleitet und unterstützt haben.

Inhalt

Abkürzungsverzeichnis

a.A.	andere/r Ansicht
a.a.O.	am angegebenen Orte
Abb.	Abbildung
ABCP	Asset Backed Commercial Paper
ABl.	Amtsblatt
ABS	Asset Backed Security/ies
a.E.	am Ende
AEUV	Vertrag über die Arbeitsweise der Europäischen Union
a.F.	alte Fassung
AHStatGes	Außenhandelsstatistikgesetz
AICPA	American Institute of Certified Public Accountants
AktG	Aktiengesetz
Allg.	Allgemein
Art.	Artikel
AWG	Außenwirtschaftsgesetz
BAFT	Bankers' Association For Finance And Trade
BaFin	Bundesanstalt für Finanzdienstleistungsaufsicht
BaKred	Bundesaufsichtsamt für das Kreditwesen
BAnz.	Bundesanzeiger
BB	Betriebsberater
BBA	British Bankers Association
BBR	Richtlinie 86/635/EWG des Rates vom 08.Dezember 1986 über den Jahresabschluss und den konsolidierten Abschluss von Banken und anderen Finanzinstituten
Bd.	Band
BdB	Bundesverband deutscher Banken
BFH	Bundesfinanzhof
BGB	Bürgerliches Gesetzbuch
BGBl.	Bundesgesetzblatt
BGH	Bundesgerichtshof
BGHZ	Entscheidungssammlung des Bundesgerichtshofs in Zivilsachen
BIS	Bank für Internationalen Zahlungsausgleich
BMF	Bundesministerium der Finanzen
BStBl.	Bundessteuerblatt
Bzw.	beziehungsweise

CCP	Central Counterparty
CDS	Credit Default Swap
CLN	Credit Linked Note
CRD-IV	Richtlinie 2013/36/EU des Europäischen Parlaments und des Rates vom 26. Juni 2013 über den Zugang zur Tätigkeit von Kreditinstituten und die Beaufsichtigung von Kreditinstituten und Wertpapierfirmen, zur Änderung der Richtlinie 2002/87/EG und zur Aufhebung der Richtlinien 2006/48/EG und 2006/49/EG
CRD-IV Paket	Bezeichnet die Umsetzungsstufe von Basel III bestehend aus CRD-IV und CRR.
CRR	Verordnung (EU) Nr. 575/2013 des Europäischen Parlaments und des Rates vom 26. Juni 2013 über Aufsichtsanforderungen an Kreditinstitute und Wertpapierfirmen und zur Änderung der Verordnung (EU) Nr. 646/2012
DBA	Doppelbesteuerungsabkommen
Ders.	Derselbe
Dies.	Dieselbe/n
Drs.	Drucksache
EAD	Exposure At Default
EBA	European Banking Authority
ECA	Export Credit Agency
ECAI	External Credit Assessment Institution
EFTA	European Free Trade Association
EL	Expected Loss
Engl.	Englisch
ERA 600	Einheitliche Richtlinien und Gebräuche für Dokumenten-akkreditive, ICC-Publikation Nr. 600
ERAG	Einheitliche Richtlinien für auf Anfordern zahlbare Garantien, ICC- Publikation Nr. 758
EStG	Einkommensteuergesetz
EG	Europäische Gemeinschaft
EU	Europäische Union
EuGH	Europäischer Gerichtshof
EURIBOR	Euro Interbank Offered Rate
EWG	Europäische Wirtschaftsgemeinschaft
EWR	Europäischer Wirschaftsraum
f.	folgend
ff.	folgende

FASB	Financial Accounting Standards Board
FAZ	Frankfurter Allgemeine Zeitung
FDIC	Federal Deposit Insurance Corporation
FrHSchV	Freundschafts-, Handels-, und Schiffahrtsvertrag zwischen den Bundesrepublik Deutschland und den Vereinigten Staaten von Amerika
GbR	Gesellschaft bürgerlichen Rechts
GewStG	Gewerbesteuergesetz
Ggf.	gegebenenfalls
GmbHG	Gesetz betreffend die Gesellschaften mit beschränkter Haftung
GroMikV	Verordnung über die Erfassung, Bemessung, Gewichtung und Anzeige von Krediten im Bereich der Großkredit- und Millionenkreditvorschriften des Kreditwesengesetzes
GuV	Gewinn- und Verlustrechnung
GWR	Gesellschafts- und Wirtschaftsrecht
h.M.	herrschende Meinung
HQLA	High Quality Liquid Assets
HGB	Handelsgesetzbuch
IAS	International Accounting Standards
IASB	International Accounting Standards Board
IASC	International Accounting Standards Committee
ICC	International Chamber of Commerce
ICMA	International Capital Market Association
IFRIC	International Financial Reporting Interpretations Committee
IFRS	International Financial Reporting Standard
IFSA	International Financial Services Association
IPR	Internationales Privatrecht
IPrax	Praxis des Internationalen Privat- und Verfahrensrechts
IRB-Ansatz	Auf internen Ratings basierender Ansatz
ISDA	International Swaps and Derivatives Association
ISP 98	Rules of International Standby Practices, ICC-Publikation Nr. 580
i.d.R.	in der Regel
i.S.d.	im Sinne des/ im Sinne der
i.V.m.	in Verbindung mit
JZ	Juristenzeitung
KapESt	Kapitalertragsteuer
Kfw	Kreditanstalt für Wiederaufbau
KSA-Ansatz	Kreditrisiko Standardansatz

KStG	Körperschaftssteuergesetz
KWG	Kreditwesengesetz
lat.	Lateinisch
LCR	Liquidity Coverage Ratio
LGD	Loss Given Default
LIBOR	London Interbank Offered Rate
LiqV	Liquiditätsverordnung
LMA	Loan Market Association
LSTA	Loan Syndication and Trading Association
MAR	Verordnung (EU) Nr. 596/2014 des Europäischen Parlaments und des Rates vom 16. April 2014 über Marktmissbrauch (Marktmissbrauchsverordnung)
MaRiskBa	Mindestanforderungen an das Risikomanagement (Banken)
MaRiskVa	Mindestanforderungen an das Risikomanagement (Versicherungen)
MBS	Mortage Backed Securities
mwN	mit weiteren Nachweisen
NJW	Neue Juristische Wochenschrift
NFSR	Net Funding Stability Ratio
NZG	Neue Zeitschrift für Gesellschaftsrecht
OECD	Organisation for Economic Cooperation and Development
PD	Probability Of Default
RabelsZ	Rabels Zeitschrift für ausländischen und internationales Privatrecht
RechKredV	Verordnung über die Rechnungslegungs der Kreditinstitute und Finanzdienstleistungsinstitute
Rn.	Randnummer
Rz.	Randziffer
RVO	Rechtsverordnung
s.	siehe
s.o.	siehe oben
SEC	Securities and Exchange Commission
SIC	Standing Interpretation Committee
SolvV	Solvabilitätsverordnung
SolZG	Solidaritätszuschlaggesetz
SPE	Special Purpose Entity
SPV	Special Purpose Verhicle
Tab.	Tabelle
u.a.	unter anderem

URC 522	Einheitliche Richtlinien für Inkassi, ICC-Publikation Nr. 522
Urt.	Urteil
US – GAAP	United States Generally Accepted Accounting Principles
UStG	Umsatzsteuergesetz
v.	vom
VAG	Versicherungsaufsichtsgesetz
VersR	Zeitschrift Versicherungsrecht
VersStG	Versicherungssteuergesetz
VGG	Versicherungsvertragsgesetz
Vgl.	Vergleiche
VO	Verordnung
Vorbem.	Vorbemerkung
VStG	Versicherungssteuergesetz
WKV	Warenkreditversicherung
WM	Wertpapiermitteilungen
WpHG	Wertpapierhandelsgesetz
WTO	World Trade Organisation
z.B.	zum Beispiel
ZfV	Zeitschrift für Versicherungswesen

Erster Teil: Einleitung

Der Welthandel ist im Jahre 2016 real um 2,3 % gewachsen[1], während das weltweite Gesamtexportvolumen eine Höhe von USD 15.464 Billionen erreicht hat.[2] Die Bundesrepublik Deutschland vereint einen Anteil von 8,4 % des gesamten Weltexportvolumens auf sich und erreicht hinter China (13,2 %) und den Vereinigten Staaten (9,1 %) den dritten Platz (vor Japan).[3] Auf der Importseite ist ein weltweites Gesamtvolumen von USD 15.799 Billionen erreicht; auch hier liegt die Bundesrepublik Deutschland, diesmal hinter den Vereinigten Staaten an erster und China an zweiter Stelle, auf dem dritten Platz.[4] Deutschland ist – das zeigen diese Zahlen ganz deutlich – ein wichtiger Akteur des Welthandels.

Deutschland ist aber nicht nur wichtig für den Welthandel, der Welthandel ist auch wichtig für Deutschland: In 2017 hat die deutsche Volkswirtschaft Waren und Dienstleistungen im Wert von knapp 1,3 Billionen Euro exportiert, und damit einen Ausfuhrüberschuss von ca. 244 Milliarden Euro erwirtschaftet.[5] Der Außenbeitrag ist in den letzten beiden Jahrzehnten kontinuierlich gewachsen, das Statistische Bundesamt in Wiesbaden geht zuletzt für das Jahr 2014 von einer Exportabhängigkeitsquote des Bruttoinlandsproduktes von 27,7 % und einer Exportabhängigkeitsquote der Arbeitnehmer von 24,8 % aus.[6] Der Außenhandel ist und bleibt eine tragende Säule der deutschen Volkswirtschaft.

Ein Großteil der deutschen Exporte geht weiterhin in Länder der Eurozone (angeführt von Frankreich und den Niederlanden) oder jedenfalls in die

---

1 Quelle: WTO World Trade Statistical Review 2017, Table A1: Growth in the volume of world merchandise exports and production, 2010–2016.

2 Quelle: WTO World Trade Statistical Review 2017, Table A4: World merchandise exports by region and selected economy 1948, 1953, 1963, 1973, 1983, 1993, 2003 and 2016.

3 Ebenda. Überblick WTO World Trade Statistical Review 2017, Table A6: Leading exporters and importers in world merchandise trade, 2016.

4 Quelle: WTO World Trade Statistical Review 2017, Table A5: World merchandise imports by region and selected economy 1948, 1953, 1963, 1973, 1983, 1993, 2003 and 2016: USA (13,9 %), China (9,8 %), BRD (6,5 %).

5 Quelle: Statistisches Bundesamt, Zusammenfassende Übersichten für den Außenhandel Mai 2018, Tabelle 1.1 Gesamtentwicklung des deutschen Außenhandels ab 1950. Ausfuhr: ca. 1.278.935 Millionen Euro, Einfuhr ca. 1.034.490 Millionen Euro, Überschuss ca. 244.445 Millionen Euro.

6 Quelle: Statistisches Bundesamt, Globalisierungsindikatoren. Destatis.de.

Europäische Union.[7] Es ist aber ein deutlicher Anstieg der Exporte in Schwellen- und Entwicklungsländer zu verzeichnen, und zwar sowohl absolut als auch proportional zum Gesamtexport.[8] Dies vor dem Hintergrund einer zunehmenden wirtschaftlichen Verflechtung zwischen entwickelten und sich entwickelnden Volkswirtschaften im Zuge der Globalisierung. Hinzu kommt, dass die Entwicklungsländer nicht nur für sich genommen schneller wachsen als die Industrieländer, sondern auch eine starke Zunahme des Süd-Süd-Handels zu verzeichnen ist.[9]

Der Außenhandel sieht sich aber zunehmend großen Gefahren ausgesetzt. Die weltweiten Liberalisierungsbemühungen des letzten Jahrzehnts haben in jüngerer Zeit herbe Rückschläge erfahren. Beispielhaft dafür stehen das (vorläufige) Scheitern der Doha-Runde im Jahr 2016, der Ausstieg der Vereinigten Staaten aus dem unter dem Kürzel TPP bekannt gewordenen Freihandelsabkommen *Trans-Pacific Partnership* in 2017, die Widerstände gegen TTIP (*Trans-Atlantic Trade and Investment Partnership*), der Ausstieg des Vereinigten Königreiches aus dem EU-Binnenmarkt (*Brexit*) sowie die handelspolitischen Aktivitäten der US-Regierung während der Präsidentschaft von Donald Trump. Dies alles im Chor mit protektionistischen Tendenzen aufseiten nahezu aller maßgeblichen Akteure, gerade auch denjenigen, die in der Vergangenheit weltweit für offene Märkte eingetreten sind, und der Schwächung internationaler Organisationen wie der WTO, der Weltbank und dem IWF. Kriege und politische Instabilität allenthalben tragen ihr Übriges bei und erhöhen die Gefahren für eine prosperierende Weltwirtschaft. Von all diesen Risiken ist die exportorientierte Bundesrepublik Deutschland im Hinblick auf den Außenhandel in besonderem Maße betroffen; sie hat sich jedoch bisher als erstaunlich krisenfest erwiesen.[10]

---

7 Quelle: Statistisches Bundesamt, Zusammenfassende Übersichten für den Außenhandel Mai 2018, Tabelle 2.3 Rangfolge der Handelspartner im Außenhandel der Bundesrepublik Deutschland.

8 Quelle: Statistisches Bundesamt, Zusammenfassende Übersichten für den Außenhandel Mai 2018, Tabelle 2.1 Werte nach Ländergruppen und ausgewählten Ländern.

9 Quelle: KfW-Research, „Akzente“ Nr. 58, Februar 2012, „Entwicklung und Perspektiven des Welthandels“, S. 3.

10 Die deutsche Volkswirtschaft wird beispielsweise von der WTO weiterhin als einer von fünf „Top-Performern“ der Weltwirtschaft geführt, sie ist von der internationalen Finanzkrise erstaunlich wenig berührt worden. Der Gesamtrückgang im Außenhandel wirkt sich aber natürlich auch auf Deutschland aus, s. WTO World Trade Statistical Review 2017, S. 46 f.

Alle diese vorgenannten Gefahren- und -krisenherde wirken sich nicht nur auf Ebene der Volkswirtschaft, sondern auch auf die in ihr wirtschaftenden Akteure, die exportorientierten Unternehmen und ihre Zulieferer aus. Ihr Erfolg ist in zunehmendem Maße gefährdet. Hinzu kommt, dass internationale Geschäftstätigkeit schon immer durch ein im Vergleich zu rein nationalen Geschäften gesteigertes ökonomisches Risikopotenzial gekennzeichnet ist. Dies wird im Einzelnen in den folgenden Abschnitten ausgeführt. Um diesem gesteigerten Risikopotenzial Rechnung zu tragen, wurden in der Vergangenheit verschiedene Instrumente zur Außenhandelssicherung- und -finanzierung entwickelt. Beispiel dafür und Ausgangspunkt dieser Untersuchung sind die Instrumente Akkreditiv und Außenhandelsgarantie. Sie wurden exemplarisch gewählt, da sie als etablierte Instrumente der Außenhandelsfinanzierung eine weite Verbreitung erfahren haben, auf eine erfolgreiche Geschichte zurückblicken und in Ausgestaltung und Funktionsweise weltweit einheitlich anzutreffen sind. Die weite Verbreitung und der Erfolg dieser in der Vergangenheit bürgen für ihre Relevanz. Ihre weltweit einheitliche Ausgestaltung schafft methodologische Vergleichbarkeit.

Akkreditive und Außenhandelsgarantien werden von export- sowie importorientierten Unternehmen in Anspruch genommen und von Kreditinstituten angeboten. Dadurch gehen die Institute Risikopositionen ein. Das Eingehen von Risikopositionen wirkt sich auf Kreditinstitute anders als auf andere Teilnehmer des Wirtschaftslebens aus. Dies ist ihrer besonderen Bedeutung für den Wirtschaftskreislauf und den Risiken geschuldet, die eine Insolvenz eines Kreditinstitutes, für die gesamte Volks- oder gar Weltwirtschaft mit sich bringen können.[11] Um dem zu begegnen, hat sich ein striktes Regulierungsregime für Banken entwickelt (Stichwort Basel III); die Transparenz der Vermögens-, Finanz-, und Ertragslage wird durch spezielle Rechnungslegungsvorschriften erhöht.

Banken haben sich in der Vergangenheit vielfältiger Methoden bedient, die gewährleisten sollen, dass sie sich auf der einen Seite möglichst umfangreich im lukrativen Außenhandelsgeschäft betätigen und Umsatz generieren und dies auf der anderen Seite zu möglichst geringen Kosten und unter Einhaltung der

11 Anschaulich wurden diese Risiken in jüngerer Vergangenheit im Zuge der Finanzkrise ab 2007, die spätestens mit dem Zusammenbruch der Investmentbank Lehman Brothers im September 2008 spürbare Auswirkungen hatte. Quelle: The Financial Crisis Inquiry Report, Final Report of the National Commission on Causes of the Financial and Economic Crisis in the United States, Januar 2011; abrufbar unter http://fcic-static.law.stanford.edu/cdn_media/fcic-reports/fcic_final_report_full.pdf.

aufsichtsrechtlichen Vorgaben erreichen können. Diese unter dem Oberbegriff Risikotransfer zusammengefassten Methoden werden in der nachstehenden Untersuchung aufgezeigt und auf Tauglichkeit zur Aufnahme von Risiken aus Akkreditiv- und Garantiestellung untersucht. Dieser Überblick schließt den zweiten Teil dieser Arbeit ab.

Der dritte Teil der Arbeit ist der Syndizierung, einer dieser Methoden, im Besonderen gewidmet. Diese besondere Form der Zusammenarbeit von Banken auf dem Gebiet der Kreditvergabe wird im Sonderfall der Akkreditiv- und Garantiestellung untersucht. Die Syndizierung ist ihrerseits eine anerkannte Methode der gemeinschaftlichen Kreditvergabe, die weltweite Verbreitung gefunden hat und durch verschiedene Musterverträge eine einheitliche Ausgestaltung in der Praxis erfahren hat. Sie in allen rechtlichen Facetten und ihren Auswirkungen auf die daran teilnehmenden Kreditinstitute im Sonderfall der Akkreditiv- und Garantiestellung zu untersuchen, ist Kernstück dieser Arbeit. Durch die Summe der im dritten Teil gefundenen Ergebnisse soll deutlich werden, ob Risikotransfer als Anwendungsbeispiel aktiven Risikomanagements und die Syndizierung als Anwendungsbeispiel aktiven Risikotransfers ein spürbar positives Gegenmittel zu den vorstehend dargestellten Gefahren für die Außenhandelsfinanzierung und damit für den Außenhandel insgesamt darstellen.

Die vorliegende Arbeit soll die Frage beantworten, ob die Kombination aus den traditionellen Außenhandelsfinanzierungsinstrumenten Akkreditiv und Garantie auf der einen und der Konsortialvergabe auf der anderen Seite dieses Ziel erreicht.

Zu diesem Zweck wird zunächst eine zivilrechtliche Einordnung der Syndizierung von Akkreditiven und Garantien vorgenommen. Diese ist Voraussetzung und Anknüpfungspunkt für weitere Untersuchungen auf den Gebieten des Aufsichts- und Bilanzrechts. Den Schlusspunkt des dritten Teils setzt die Einordnung der Syndizierung von Akkreditiven und Garantien vor dem Hintergrund des Internationalen Privatrechts.

Schließlich werden die im dritten Teil herausgearbeiteten Ergebnisse in einem vierten und letzten Teil überblicksweise zusammengefasst.

Zweiter Teil: Grundlagen und Methoden des Risikotransfers

§ 1: Grundlagen

Ausgangspunkt jeder Untersuchung ist die genaue Bestimmung des Untersuchungsgegenstands. In einem Satz könnte man den Gegenstand der vorliegenden Untersuchung beschreiben als den Umgang von Banken mit solchen besonderen Risiken, die sie in ihrem Außenhandelsgeschäft eingehen. Solchen Risiken müssen sie auf die eine oder andere Art und Weise begegnen, diese im Idealfall durch Transfer auf einen anderen Risikonehmer minimieren.

Im Folgenden wird zunächst beschrieben, was die einzelnen Bestandteile des vorstehend beschriebenen Untersuchungsgegenstandes, nämlich „Bankrisiko", „Außenhandel" bzw. „Außenhandelsgeschäft" und „Transfer" – für Zwecke dieser Arbeit – bedeuten. Auf diese Weise sollen eine einheitliche Bestimmung und Verortung des Untersuchungsgegenstandes erreicht werden. Dies ist hier in besonderem Maße erforderlich, weil Begriffen, die auch im allgemeinen Sprachgebrauch vorkommen, in der Fachsprache und insbesondere der Rechtssprache, häufig eine abweichende Bedeutung zukommt. Als Beispiel für dieses Phänomen und in besonderem Maße relevant für diese Arbeit nennt *Henssler* den Begriff „Risiko":

> „Im Meinungsaustausch mit Vertretern der Volks- und Betriebswirtschaftslehre wird der Jurist (daher) häufig mit dem Vorwurf konfrontiert, die Jurisprudenz verwende einen unpräzisen Risikobegriff, welcher interdisziplinäre Zusammenarbeit erschwere".[12]

Um diesen Vorwurf zu begegnen und interdisziplinäre Missverständnisse zu vermeiden, wird besonderer Wert auf eine genaue Bestimmung des Untersuchungsgegenstandes gelegt.

A. Bankrisiken

Bei der genauen Bestimmung desjenigen Risikos, das die Bank im Rahmen ihres Risikomanagements minimieren will, ist zwischen der bankbetrieblichen Praxis der betriebswirtschaftlichen Literatur auf der einen und insbesondere der Terminologie des Bankaufsichtsrechts auf der anderen Seite zu unterscheiden.

---

12 *Henssler*, Risiko als Vertragsgegenstand, S. 12.

Dabei werden Gemeinsamkeiten und Unterschiede sowie der aufsichtsrechtliche Rahmen der untersuchten Risiken dargestellt.

Der Begriff „Risiko“ wird im Bankrecht bzw. Bankaufsichtsrecht nicht definiert. Im Versicherungsaufsichtsrecht findet sich die Formulierung, dass (für die dort geregelten Zwecke) unter „Risiko die Möglichkeit des Nichterreichens eines explizit formulierten oder implizit sich ergebenden Ziels“ verstanden wird.[13] Nach *Henssler* ist der Begriff des Risikos aus juristischer Sicht, „durch das Element der Ungewißheit bestimmt, das die Gefahr einer planwidrigen Entwicklung und damit einer individuellen Fehlentscheidung begründet“.[14]

I. Bankbetriebliche Praxis und Literatur

Aus Sicht der bankbetrieblichen Praxis bietet es sich an, sich an der Systematisierung und Terminologie zu orientieren, die Banken in ihrem praktischen Risikomanagement verwenden. Die Deutsche Bank AG, Frankfurt a.M., unterscheidet in ihrem Risikobericht unter den finanziellen Risiken beispielsweise zwischen Kredit-, Markt-, Liquiditäts-, und Geschäftsrisiken. Gegenstand dieser Untersuchung sind Risiken, die durch die Kreditvergabe von Banken entstehen, also Kreditrisiken. Darunter versteht das Unternehmen in seinem Risikobericht Ausfall-, Branchen-, Länder- und Produktrisiko. Das hier zunächst im Vordergrund stehende Ausfall- oder Kontrahentenrisiko als „wichtigstes Element des Kreditrisikos“ wird als „das Risiko, dass Geschäftspartner vertragliche Zahlungsverpflichtungen in Bezug auf Transaktionen nicht erfüllen“ beschrieben.[15]

Aus bankbetrieblicher Sicht ist der Untersuchungsgegenstand folglich das „Kreditrisiko“. Hier wird interessant sein zu sehen, welche Unterkategorie von Kreditrisiko, also Ausfall-, Branchen-, Länder- oder Produktrisiko, durch welches Risikotransferprodukt abgedeckt werden kann. In der Praxis lässt sich der Begriff des Risikos also relativ unkompliziert einordnen, ohne die Diversität der unterschiedlichen Risikoarten über Gebühr zu simplifizieren. Dabei ist aber zu bedenken, dass die selbst gewählten Begriffsbezeichnungen, auch wenn sie eine weite Verbreitung in der Praxis finden, naturgemäß keine Bindungswirkung für Aufsichtsbehörden oder gar Gesetzgeber haben. Auf der anderen Seite üben Aufsicht und Gesetzgebung ihre Einwirkungen auf die Praxis auch im luftleeren

---

13 Art. 5.1. MaRisk VA, Rundschreiben der BaFin 3/2009 (VA) Aufsichtsrechtliche Mindestanforderungen an das Risikomanagement (MA Risk VA) vom 22.01.2009.

14 *Henssler*, Risiko als Vertragsgegenstand, S. 12.

15 Definition der Deutschen Bank AG im Risikobericht für das Geschäftsjahr 2015, abrufbar auf der Homepage des Unternehmens.

Raum aus; idealiter nehmen sie Wünsche und Notwendigkeiten der Praxis auf und versuchen ihnen im Rahmen rechtlicher Bindungen zu weitestgehender Wirkung zu verhelfen.

Eine Definition des Risikos aus der praktisch-betriebswirtschaftlichen Literatur findet sich bei *Jahrmann*[16], der den Begriff als „die infolge zukünftiger Ungewissheit mit jeder wirtschaftlichen Tätigkeit verbundene Verlustgefahr, die das Unternehmen in seiner Gesamtheit oder in Teilen bedroht und damit auch das dort eingesetzte Kapital bzw. die erwarteten Gewinne aus Unternehmensleistungen" definiert.[17] Der Anwendungsbereich dieser Definition wird zunächst sehr weit formuliert („jede wirtschaftliche Tätigkeit"), dann aber doch sehr stark eingeschränkt durch das Erfordernis der „Bedrohung des Unternehmens in seiner Gesamtheit oder in Teilen". Wenn man auf den letzten Definitionsbestandteil abstellt, würden die hier untersuchten Kreditrisiken der Definition des Risikos nicht unterfallen, da eine Bedrohung des gesamten Unternehmens oder auch nur Teilen davon durch die Eingehung eines Einzelrisikos der hier untersuchten Art volumenmäßig nicht zu befürchten steht.

Wenn man stärker auf den Aspekt der „Verlustgefahr für das eingesetzte Kapital bzw. die erwarteten Gewinne" abstellte, wäre die Definition hingegen erfüllt. Damit wäre aber wiederum wenig gewonnen, da schließlich jede Investition mit einer (mehr oder weniger ausgeprägten) Verlustgefahr verbunden ist. Anhand der Uferlosigkeit der betriebswirtschaftlichen Definition von *Jahrmann* auf der einen und der starken Einschränkung auf der anderen Seite wird deutlich, dass sie nicht für juristische Subsumtion geeignet, wohl auch nicht dazu bestimmt ist. Sie gleicht aus juristischer Perspektive eher einer Generalklausel denn einer Legaldefinition. Durch ihre Anwendung ist wenig gewonnen.

---

16 *Jahrmann*, Außenhandel, S. 289. Hier ist der Begriff schon auf den Außenhandel zugeschnitten. Allgemeinere Ansätze aus der betriebswirtschaftlichen Literatur – aber immerhin mit Bezug auf Risikotransfer – finden sich etwa bei *Horsch/Rathmann*, Kreditrisikotransfer durch Kreditversicherung, S. 24 f. Dass der Fokus dieser Darstellung allerdings nicht auf dem Außenhandel liegt, zeigt sich schon daran, dass der Begriff „Länderrisiko" definiert ist als Kreditrisiko, dessen Schuldner ein souveräner Staat ist. Diese Einordnung geht an der praktischen Einordnung von Länderrisiken vorbei.

17 Eine weitere Definition aus der betriebswirtschaftlichen Literatur liefert *Diederichs*, Risikomanagement und Risikocontrolling, S. 9, wonach „unter Risiko die Gefahr verstanden [wird], dass Ereignisse, Entscheidungen, Handlungen oder Unterlassungen das Unternehmen daran hindern, angestrebte Ziele zu erreichen oder Strategien erfolgreich umzusetzen". Einen Überblick über unterschiedliche Risikodefinitionen bietet *Ehrmann*, Risikomanagement in Unternehmen, S. 23.

Jahrmann differenziert die im Außenhandel potenziell auftretenden Risiken deshalb weiter nach ökonomischen Risiken und Länderrisiken.[18] Dieser Differenzierung liegt wohl die Überlegung zugrunde, dass aus Sicht des Gläubigers die Frage entscheidend ist, warum der Schuldner, nicht zahlt, und nicht wer der Schuldner ist. Die „ökonomischen Risiken" liegen in Insuffizienzen in der Sphäre der Marktteilnehmer begründet, während die „Länderrisiken" staatlicher Einflusssphäre entspringen. Diese Einteilung und Fragestellung findet aufseiten der Anbieter von Absicherungsmöglichkeiten eine gewisse Entsprechung, da der Absicherung politischer Risiken immer eine Ausnahmestellung zukommt.[20]

Diese Einteilung entspricht aber nicht dem Aufsichtsrecht, das die Länderrisiken den Adressenausfallrisiken unterordnet (zum Adressenausfallrisiko ausführlich sogleich).[21] Der Differenzierung im Aufsichtsrecht liegt – anders als der Literatur – wohl die Überlegung zugrunde, dass nicht danach zu unterscheiden ist, aus wessen Sphäre die Gefährdung der Investition stammt, sondern welchen Charakter das Risiko hat. Das Adressenausfallrisiko und das Länderrisiko haben jedenfalls die Nichtzahlung des Schuldners gemein. Warum der Schuldner nicht zahlt, spielt hier erst einmal keine Rolle. Dass der Schuldner seiner vertraglichen Verpflichtung nicht nachkommt, ist tatsächlich eine Gemeinsamkeit dieser Risikoarten, die sie zum Beispiel von der Verwirklichung von Preisrisiken deutlich unterscheidet (obwohl *Jahrmann* Preisrisiken eben unter ökonomische Risiken einordnet). Die Kategorisierung, wie sie dem Aufsichtsrecht zugrunde liegt, scheint daher für Zwecke dieser Untersuchung angemessener, da sie auf die

---

18 Ökonomische Risiken werden weiter unterteilt nach 1) Markt-, 2) Preis-, 3) Kredit-, 4) Lieferungs-/Annahme-, 5) Kurs-, 6) Transport-, und 7) Standortrisiken. Länderrisiken nach 1) politisches Risiko im engeren Sinne, 2) Zahlungsverbots- und Moratoriumsrisiko, 3) Transfer- und Konvertierungsrisiko, 4) Rechtliches Risiko und 5) Soziokulturelles Risiko. *Jahrmann*, Außenhandel, S. 291, Definitionen nachfolgend.

19 Siehe auch die Differenzierung bei *Möller*, Außenhandel im Bankgeschäft, S. 8/9, der zwischen politischen Risiken und ökonomischen Risiken unterscheidet, wobei die politischen Risiken den Länderrisiken bei Jahrmann inhaltlich weitgehend entsprechen.

20 *Möller* beschreibt politische Risiken als solche, die „nicht durch die Kontrahenten beeinflussbar sind und deren Problemstellungen sich in aller Regel nur durch staatliche Absicherungsinstrumente oder bi-/multilaterale Verhandlungen lösen lassen", *Möller*, Außenhandel im Bankgeschäft, S. 8.

21 Oder auch *Ehrmann*, Risikomanagement in Unternehmen, S. 27, der Adressenausfall- und Länderrisiko, Marktpreisrisiko und Liquiditätsrisiko den „Finanzwirtschaftlichen Risiken" unterordnet. Politische Risiken sollen wiederum eine davon zu unterscheidende Kategorie auf gleicher Ebene darstellen.

Art des eingegangenen Risikos fokussiert. Anhand dessen kann rein praktisch auch besser bestimmt werden, wer die „Schuld“ für die Verwirklichung eines bestimmten Risikos trägt. Das ist wiederum Voraussetzung dafür, potenzielle Fehlerquellen im Risikomanagement von Banken abzustellen.

Hinzu kommt, dass die Abgrenzung zwischen politischen und kommerziellen Risiken in der Praxis häufig schwierig ist.[22] Bei aller Kritik an der etwas schwammigen Differenzierung in der betriebswirtschaftlichen Literatur, ist zu bedenken, dass hier nicht, wie im Bankaufsichtsrecht, Kreditinstitute im Fokus stehen, sondern Unternehmen, die selbst Ex- oder Importgeschäfte betreiben. Aus ihrer Sicht mag eine Unterscheidung danach, woher das drohende Risiko kommt, also warum der Schuldner nicht zahlt, entscheidender sein als die Frage, welche Art von Risiko sich verwirklicht und wer dafür die Verantwortung trägt.[23] Zumal die Aufteilung in ökonomische Risiken und Länderrisiken durchaus die Frage beantwortet, ob es im Bereich typischer unternehmerischer Verantwortlichkeit liegt und damit beeinflussbar ist oder eben nicht. Es erscheint auch logisch, dass Unternehmen, die nicht den bankaufsichtlichen Vorschriften unterliegen, andere Anforderungen an ihr (eben rein internes) Risikomanagement stellen als Banken. Für die hier untersuchten Kreditinstitute gelten jedoch strenge Regeln, die eine differenziertere Sichtweise erfordern. Schließlich sind die Risiken, die Im- und Exporteure im Außenhandel gewärtigen, völlig anderer Natur als solche Risiken, die von mit der Finanzierung des Außenhandels befassten Banken eingegangen werden.[24]

II. Bankaufsichtsrechtliche Einordnung

Entscheidend für die hier vorliegende juristische Auseinandersetzung ist folglich, den Untersuchungsgegenstand aus Sicht des Bankaufsichtsrechts zu konkretisieren. Das Bankaufsichtsrecht stellt belastbare Definitionen zur Verfügung, die allerdings aufgrund der komplizierten Verweistechnik des KWG etwas unhandlich in der Anwendung sind. Dennoch ist die gesetzliche Terminologie

---

22 So auch *Herrmann*, in: Beckmann/Matusche-Beckmann, Versicherungsrecht-HdB, § 39, Rn. 106.

23 Eine Übersicht zu den zahlreichen Anforderungen an das Risikomanagement in Unternehmen aus betriebswirtschaftlicher Sicht bei *Diederichs*, Risikomanagement und Risikocontrolling, S. 5, Abb. 1-1.

24 Eine Übersicht über die verschiedenen Risiken, die mit den Oberbegriffen „politische Risiken“ und „wirtschaftliche Risiken“ für Im- und Exporteure verbunden sind, findet sich bei *Möller*, Außenhandel im Bankgeschäft, S. 7.

des KWG wiederum Anknüpfungspunkt zahlreicher Regelungen in verwandten Bereichen, wie zum Beispiel den Mindestanforderungen an das Risikomanagement. In der Zusammenschau der Regelungen kann der aufsichtsrechtliche Rahmen des Untersuchungsgegenstandes bestimmt werden.

Das Bankaufsichtsrecht hat sich die Kategorisierung der Praxis nur teilweise zu eigen gemacht. Das wird anschaulich anhand der Veröffentlichung der Bundesanstalt für Finanzdienstleistungsaufsicht (BaFin), die mit Rundschreiben an alle Kreditinstitute und Finanzdienstleistungsinstitute in der Bundesrepublik Deutschland vom 14.08.2009 Mindestanforderungen an das Risikomanagement aufgestellt hat.[25] Ausweislich der Vorbemerkung soll das Rundschreiben einen „flexiblen und praxisnahen Rahmen für die Ausgestaltung des Risikomanagements der Institute [im Sinne des § 1 I b KWG; AT 2.1.] vorgeben". Weiterhin sollen die Anforderungen der §§ 25a Abs. 1a und 2 KWG präzisiert (AT 1 1) und ein qualitativer Rahmen für die Umsetzung der Art. 22 und 123 der Richtlinie 2006/48/EG (Bankenrichtlinie) vorgegeben werden. Schließlich wird über § 33 I WpHG in Verbindung mit § 25a I KWG der Art. 13 der Richtlinie 2004/39/EG (Finanzmarktrichtlinie) umgesetzt, soweit diese [die Richtlinie] auf Kreditinstitute und Finanzdienstleistungsinstitute gleichermaßen Anwendung findet.

Der Anwendungsbereich des Rundschreibens wird im Hinblick auf die zu beurteilenden Risiken in AT 2.2. MaRisk wie folgt beschrieben:

> „Zu den zu berücksichtigenden Risikoarten zählen in der Regel: a) Adressenausfallrisiken (einschließlich Länderrisiken), b) Marktpreisrisiken, c) Liquiditätsrisiken und d) Operationelle Risiken."

Die Einteilung in Marktpreis-, Liquiditäts-, und operationelle Risiken haben die MaRisk und die oben aufgezeigte Kategorisierung der Deutschen Bank (als Beispiel aus der Bankpraxis) also gemein. Einzig das dort aufgeführte Kreditrisiko findet im Rundschreiben keine Erwähnung. Das ist insofern erstaunlich, als es sich beim „Kreditrisiko" um einen nicht nur in der Umgangssprache, sondern auch im fachspezifischen Diskurs vielfach verwendeten Begriff handelt. Im Interesse einer einheitlichen Bestimmung des Untersuchungsgegenstandes, der aus Sicht der Praxis und des Rechts gleichermaßen Gültigkeit beanspruchen kann, muss angesichts dieses Auseinanderfallens untersucht werden, wie sich der von der BaFin genutzte Begriff des Adressenausfallrisikos zum Begriff Kreditrisiko, wie ihn die Praxis verwendet, verhält.

---

25 Rundschreiben der Bundesanstalt für Finanzdienstleistungsaufsicht (BaFin) 10/2012 (BA) vom 14.12.2012 „Mindestanforderungen an das Risikomanagement – MaRisk".

Zur Annäherung an das „Adressenausfallrisiko“ geraten zunächst das KWG und die darin fußende Solvabilitätsverordnung (SolvV)[26] in den Blick. Letztere wurde ursprünglich vom Bundesministerium der Finanzen im Benehmen mit der Deutschen Bundesbank und nach Anhörung der Spitzenverbände der Institute auf Grundlage des § 10 Abs. 1 S. 9 KWG a.F. verordnet bzw. die Ermächtigung wurde gemäß § 10 Abs. 1 S. 10 KWG a.F. auf die BaFin übertragen.[27] Zweck der Solvabilitätsverordnung a.F. war „die nationale Umsetzung der Vorgaben zur Mindest-Eigenkapitalausstattung der Institute nach den Richtlinien 2006/48/EG und 2006/49/EG“.[28] Nachdem die in Umsetzung der Basel II-Vorgaben in der SolvV geregelten Vorgaben nunmehr in Form der unmittelbar geltenden Verordnung (EU) 575/2013 („CRR“)[29] geregelt sind, ist der Anwendungsbereich der SolvV auf Verfahrensbestimmungen zu den in der CRR festgelegten Antrags- und Anzeigepflichten reduziert.[30]

In der SolvV a.F. wurde das Adressenausfallrisiko in § 4 Abs. 2 S. 2 als das Risiko bezeichnet, „das eine natürliche oder juristische Person oder eine Personenhandelsgesellschaft, gegenüber der das Institut einen bedingten oder unbedingten Anspruch hat, nicht oder nicht fristgerecht leistet oder das Institut gegenüber einer Person oder Personenhandelsgesellschaft aufgrund der Nichtleistung eines Dritten zu leisten verpflichtet ist sowie das finanzielle Risiko des Instituts in Bezug auf Beteiligungen“.[31] Eine Adressenausfallrisikoposition war also eine solche, die sich einer Person, einem „Adressaten“, zuweisen lässt. Diesem Begriff war die Verwandtschaft zu dem bankbetrieblich gebräuchlichen Kreditrisiko deutlich anzumerken.

Nach der Systematik des neuen Rechts wird zwischen Ausfallrisiken aus dem Handelsbuch und allen anderen Ausfallrisiken unterschieden.[32] Das Adressrisiko

---

26 Verordnung über die angemessene Eigenmittelausstattung von Instituten, Institutsgruppen und Finanzholding-Gruppen (Solvabilitätsverordnung – SolvV) vom 14.12.2006 (BGBl. I S. 2926).

27 Die Verordnungsermächtigung findet sich heute in § 10 Abs. 1 S. 1 KWG, die Übertragungsermächtigung in § 10 Abs. 1 S. 2 KWG.

28 Allgemeine Einführung der BaFin vom 18. Januar 2007, abgedruckt bei Boos/Fischer/Schulte-Mattler, KWG, 4. Auflage 2012, S. 1661.

29 Verordnung (EU) Nr. 575/2013 des Europäischen Parlaments und des Rates vom 26. Juni 2013 über Aufsichtsanforderungen an Kreditinstitute und Wertpapierfirmen und zur Änderung der Verordnung (EU) Nr. 646/2012, ABl. EU L 176, S. 1 ff.

30 *Manns*, in: Boos/Fischer/Schulte-Mattler, KWG, SolvV, § 1, Rn. 1.

31 Der Begriff „Ausfall“ wurde für sich genommen in § 125 I Nr. 1 u. 2 SolvV a.F. definiert.

32 *Ostendorf*, in: Boos/Fischer/Schulte-Mattler, KWG, CRR, Art. 92, Rn. 15.

wird in zwei Komponenten gesplittet: das originäre Kreditrisiko und das Verwässerungsrisiko, wobei unter originärem Kreditrisiko das „traditionelle Risiko des Bankgewerbes“ zu verstehen ist, dass eine – wie auch immer ausgestaltete Kreditbeziehung – zu einem Ausfall führt.[33]

Mit dem Begriff des Adressenausfallrisikos bzw. Adressrisikos rückt der korrespondierende Begriff der Risikoposition in den Fokus. Nach SolvV a.F. wurde zwischen Adressenausfallrisikopositionen (§§ 9 ff. SolvV a.F.), Aufrechnungspositionen (§ 14 SolvV a.F.), und Abwicklungsrisikopositionen (§ 15 SolvV a.F.) unterschieden. Nach § 9 I SolvV a.F. setzten sich die Adressenausfallrisikopositionen wiederum aus bilanziellen, (Nr. 1, § 10 SolvV a.F.), derivativen, (Nr. 2, § 11 SolvV a.F.), außerbilanziellen (Nr. 3, § 13 SolvV a.F.) und Vorleistungsrisikopositionen (Nr. 4, § 14 SolvV a.F.) zusammen. Für Zwecke dieser Untersuchung kommen allein die außerbilanziellen Adressenausfallrisikopositionen in Betracht, unter denen „Außerbilanzielle Geschäfte im Sinne von § 19 Abs. 1 Satz 3 des Kreditwesengesetzes“ zu verstehen waren. Dieser § 19 KWG hat auch nach neuem Recht Bestand und stellt eine Grundnorm des Bankaufsichtsrechts dar. Er definiert den Begriff des Kredits für § 14 KWG und den des Kreditnehmers für die §§ 14, 15 und 18 KWG. In § 19 Abs. 1 S. 3 Nr. 1-16 KWG werden diejenigen (anderen) außerbilanziellen Geschäfte, die den Tatbestand des Kredits erfüllen, abschließend aufgezählt. Im Bereich der Außenhandelsfinanzierung kommen drei Möglichkeiten in Betracht:

Nach Reihenfolge und potenzieller Eignung für den untersuchten Zweck kommt zunächst § 19 Abs. 1 S. 3 Nr. 3 KWG infrage. Dort werden „Bürgschaften und Garantien für Bilanzaktiva“ als andere außerbilanzielle Geschäfte im Sinne des § 19 Abs. 1 S. 1 KWG erfasst. Unter diesen Posten fallen „Bürgschaften und Garantien, durch die sich das Institut als Bürge oder Garant verpflichtet, für die Erfüllung einer Forderung eines Dritten gegen den Forderungsschuldner einzustehen“.[34] Die Bank schließt in diesen Fällen einen Bürgschafts- oder Garantievertrag mit dem Gläubiger, muss bei Eintritt des Bürgschafts- oder Garantiefalles an ihn leisten und erwirbt einen Regressanspruch gegen den Dritten, den Hauptschuldner. Das von der Bank zu tragende Kreditrisiko liegt im Ausfall des Regressanspruchs gegen den Dritten. Ein Fall des § 19 Abs. 1 S. 3 Nr. 3 KWG liegt allerdings nur vor, wenn sich die Bürgschaft- oder Garantiestellung auf Bilanzaktiva im Sinne des § 19 Abs. 1 S. 2 Nr. 1–10 KWG bezieht. Nur dann handelt es sich um ein anderes außerbilanzielles Geschäft und damit

33 So *Ostendorf*, ebenda, Rn. 15, 17.

34 *C. Bock*, in: Boos/Fischer/Schulte-Mattler, KWG, § 19, Rn. 72.

Kreditvergabe im Sinne des § 19 Abs. 1 S.1 KWG. Allerdings erfüllen weder das Akkreditivgeschäft noch das Außenhandelsbürgschafts- und Garantiegeschäft diese Voraussetzung, insbesondere auch nicht den Auffangtatbestand des § 19 Abs. 1 S. 2 Nr. 10 KWG. Sie stellen damit keine Bürgschaft oder Garantie für Bilanzaktiva und in der Folge auch kein anderes außerbilanzielles Geschäft im Sinne des § 19 Abs. 1 S. 3 Nr. 3 KWG dar.

Eine weitere Möglichkeit ist § 19 Abs. 1 S. 3 Nr. 4 KWG. Dort werden „Erfüllungsgarantien und andere als die in Nr. 3 genannten Garantien und Gewährleistungen, soweit sie sich nicht auf die in Satz 1 genannten Derivate beziehen", als außerbilanzielle Geschäfte im Sinne des § 19 Abs. 1 S. 1 KWG definiert. Durch diese Formulierung wird eine gewisse Auffangfunktion der Nr. 4 im Verhältnis zu Nr. 3 deutlich. Unter anderen Garantien und Gewährleistungen fallen vertraglich begründete Verpflichtungen des Garanten bzw. Gewährleistenden, für einen bestimmten Erfolg einzustehen, im Falle des § 19 Abs. 1 S. 3 Nr. 4 KWG „Gewährleistungen für Leistungen einer anderen Person"[35]. Im Unterschied zu Nr. 3 geht es hier also um Verpflichtungen aus Verträgen, die durch die Bank abgesichert werden und nicht um Verbindlichkeiten bezogen auf Bilanzaktiva. Die Bank steht für diese Verpflichtung ein, erbringt im Falle der Nichterfüllung die Gewährleistung (in Geld) und erwirbt einen Regressanspruch gegen den Hauptschuldner. Dies ist eine typische Situation für die Bankgarantiestellung im Außenhandel, wie sie unten detailliert beschrieben wird. Das Ausschlusstatbestandsmerkmal des „Bezugs auf Derivate im Sinne des S. 1" ist nicht erfüllt. Folglich ist die Stellung einer Bankgarantie in den oben beschriebenen Konstellationen ein anderes außerbilanzielles Geschäft gemäß § 19 Abs. 1 S. 3 Nr. 4 KWG, das wiederum einen Kredit im Sinne des § 19 Abs. 1 S. 1 KWG darstellt. Das Kreditrisiko ist der potenzielle Ausfall des Regressanspruchs gegen den Hauptschuldner.

Die andere hier zu behandelnde Form der Außenhandelsfinanzierung, das Akkreditivgeschäft, fällt unter die dritte Möglichkeit, den § 19 Abs. 1 S. 3 Nr. 5 KWG. Ausdrücklich werden dort die Eröffnung und Bestätigung von Akkreditiven als außerbilanzielle Geschäfte aufgezählt. Ob das Institut das Akkreditiv selbst eröffnet oder das von einer anderen Bank eröffnete Akkreditiv bestätigt, entscheidet, wer Kreditnehmer ist. Im Falle der Eröffnung eines Akkreditivs zugunsten eines Kunden des Instituts entsteht das Kreditverhältnis gegenüber diesem Kunden. Bestätigt hingegen die Bank das Akkreditiv einer (ausländischen) Bank, so entsteht das Kreditverhältnis zu diesem Institut. Das

35 *C. Bock*, in: Boos/Fischer/Schulte-Mattler, KWG, § 19, Rn. 76.

Kreditverhältnis entsteht jeweils zu der Person, gegen die das Institut einen Regressanspruch hätte, als Kreditrisiko ist der Ausfall des Regressanspruchs zu sehen. Auch die zweite Form der Außenhandelsfinanzierung ist anderes außerbilanzielles Geschäft und damit Kredit im Sinne des KWG. Tätigt ein deutsches Kreditinstitut eines dieser Geschäfte, gewährt es einen Kredit im Sinne des § 19 KWG. Aus Sicht des Risikomanagements gelten die speziellen Anforderungen des BTR 1 Nr. 1–7 MaRisk Ba „Adressenausfallrisiken"; sie stellen sogenannte „wesentliche Risiken" dar, die besondere Aufmerksamkeit der Geschäftsleitung erfordern. In AT 2.3 Abs. 1 MaRisk Ba knüpft das Rundschreiben auf die Kreditdefinition des Kreditwesengesetzes an, Kreditvergabe sind danach „Geschäfte nach Maßgabe des § 19 I KWG (Bilanzaktiva und außerbilanzielle Geschäfte mit Adressenausfallrisiken).

Damit ist das Verhältnis der Begriffe „Kredit- bzw- Kreditrisiko" und „Adressenausfallrisiko" bzw. „Adressrisiko" für den Bereich des Bankaufsichtsrechts geklärt: Wer einen Kredit (der hier untersuchten Art) gewährt, geht ein anderes außerbilanzielles Geschäft im Sinne des § 19 KWG ein. An diese Einordnung schließen sich die besonderen Anforderungen an die angemessene Eigenmittelausstattung des Instituts nach der CRR und die Anforderungen an das Risikomanagement an.

Fraglich ist jedoch, wie sich die Begrifflichkeiten des Bankaufsichtsrechts zu denen der bankbetrieblichen Praxis verhalten. Unter Kreditrisiko war im exemplarisch herangezogenen Risikobericht der Deutschen Bank das Ausfall-, Branchen-, Länder- und Produktrisiko zu verstehen. Insofern stimmen das bankaufsichtsrechtliche Adressrisiko und der Begriff aus der Praxis überein. Die daran anschließende Differenzierung, wie sie in der betriebswirtschaftlichen Literatur vorgenommen wird, findet im Aufsichtsrecht nicht statt.

Ein signifikanter Unterschied zwischen bankbetrieblicher und aufsichtsrechtlicher Terminologie besteht jedoch im Hinblick auf (bloße) Abwicklungsrisiken. Auch diese werden in der Praxis teilweise dem Kreditrisiko zugeordnet. Das Aufsichtsrecht widmet Abwicklungsrisiken in Art. 378 CRR ff. einen eigenen Titel.[36] Abwicklungsrisiken gehören also nicht zu den Adressrisiken. Sie fallen auch aus dem Kreditbegriff des § 19 Abs. 1 S. 1 KWG heraus. Die Eingehung

36 § 378 Abs. 1 CRR: Im Fall von Geschäften, bei denen Schuldtitel, Aktieninstrumente, Fremdwährungen und Waren, mit Ausnahme von Pensionsgeschäften und Wertpapier- oder Warenverleih- und Wertpapier- oder Warenleihgeschäften, nach dem festgesetzten Liefertag noch nicht abgewickelt wurden, muss das Institut die Preisdifferenz berechnen, die sich daraus ergibt.

einer Abwicklungsrisikoposition stellt damit aufsichtsrechtlich kein Kreditrisiko dar. Hier wird der bankaufsichtsrechtlichen Terminologie und Systematik gefolgt, die unter Kreditrisiko zwar Ausfall- und Länderrisiken, aber keine Abwicklungsrisiken versteht.

III. Ökonomische Einordnung von Ausfall und Länderrisiken

Unabhängig von Fragen der Terminologie und Systematisierung ist für das Verständnis des Zusammenspiels zwischen Grundgeschäft und Risikotransfer und damit dieser Arbeit wichtig darzustellen, welche Arten von Risiken Banken im Außenhandelsgeschäft aus ökonomischer Sicht eingehen. Diese decken sich im Ausgangspunkt weitgehend mit den in anderen Geschäftsbereichen auftretenden Risiken. Der wesentliche Unterschied ist ihre Verknüpfung mit den besonderen Risiken, die die Kunden der Banken im Außenhandel betreffen. Wie zu zeigen sein wird, geht eine Bank im Akkreditiv- und Außenhandelsgarantiegeschäft ein klassisches Kreditrisiko in Form eines Haftungskredits ein: Sie übernimmt eine Haftung, bei deren Eintritt sie zur Leistung verpflichtet ist und Gefahr läuft, sich durch ihren Regressanspruch nicht (vollständig) befriedigen zu können.[37] Der Schuldner kann zahlungsunfähig oder zahlungsunwillig oder im Verzug sein (Delkredererisiko). Zahlungsverzug spielt für Banken eine geringere Rolle als in anderen Teilen der Wirtschaft, da sie im Normalfall über genügende Liquiditätsreserven verfügt, sodass ein bloßer Verzug sie nicht in finanzielle Schwierigkeiten bringt. Jedenfalls gewiss nicht bei Geschäften mit geringen Einzelvolumen, wie den hier untersuchten. Aus ihrer Sicht trägt sie also ein typisches Ausfallrisiko.

Der Ausfall eines Schuldners gilt gemäß Art. 178 Abs. 1 CRR als gegeben, wenn a) das Institut es als unwahrscheinlich ansieht, dass der Schuldner seine Verbindlichkeiten gegenüber dem Institut, seinem Mutterunternehmen oder einem seiner Tochterunternehmen in voller Höhe begleichen wird, ohne dass das Institut auf Maßnahmen wie die Verwertung von Sicherheiten zurückgreift und/oder b) eine wesentliche Verbindlichkeit des Schuldners gegenüber dem Institut, seinem Mutterunternehmen oder einem seiner Tochterunternehmen mehr als 90 Tage überfällig ist. Tritt eines oder treten beide dieser Ereignisse ein, liegt ein Verlust vor, der in Art. 5 Nr. 2 CRR als wirtschaftlicher Verlust definiert ist, der wesentliche Diskontierungseffekte sowie wesentliche direkte und indirekte Kosten der Beitreibung einschließt. Die Höhe des Ausfallrisikos der Bank wird durch die Bonität ihres Schuldners determiniert. Konkret ist zu erörtern,

---

37 Siehe sogleich unter B. I.

in welche Geschäfte der Kreditnehmer die Darlehensvaluta investiert, oder bei einem Haftungskredit, auf welchem Gebiet die Bank eine Haftung übernimmt. Ist dies der Bereich des Exports oder Imports, kommt das Kreditinstitut mittelbar mit den in diesen Marktsegmenten typischerweise auftretenden Risikoszenarien in Kontakt. Diese lassen sich – aus Sicht der Unternehmer – am sinnvollsten in ökonomische und politische Risiken einteilen.[38] Für beide Kategorien gilt, dass die Internationalität des Geschäfts das Risiko erhöht. Im Falle der politischen Risiken gilt dies ganz besonders, da hier neben die Rechtsordnung des Staates, in dem das Unternehmen seinen Sitz hat, eine zweite Rechtsordnung mit unterschiedlichen Rahmenbedingungen und eigener politischer Dynamik hinzutritt.

Während die meisten Formen ökonomischer Risiken, wie Markt-, Preis- oder Lieferrisiken auch im innerstaatlichen Handel eingegangen werden, kommen bei internationalen Geschäftsbeziehungen, einige originäre hinzu, insbesondere die politischen Risiken. Das Transportrisiko wird durch die häufig größere Entfernung zwischen Leistungs- und Erfüllungsort gesteigert, kommt aber auch im Binnenhandel vor, zumal diese Entfernung in großen Flächenstaaten auch eine Bedeutung haben kann, während das Transportrisiko durch die Grenzüberschreitung beispielsweise zwischen den Niederlanden und Belgien nicht signifikant erhöht wird. Daher handelt es sich beim Transportrisiko nicht um ein typisches, ausschließlich im Außenhandel vorkommendes Risiko.

Politische oder Länderrisiken sind hingegen solche, die von den beteiligten Unternehmern nicht oder jedenfalls nur sehr eingeschränkt beeinflusst werden können. Sie umfassen politische Risiken im eigentlichen Sinne wie Krieg, Boykott, Blockade, Streiks, Unruhen oder Bürgerkriege sowie Zahlungsverbote und Moratorien, Transfer- und Konvertierungsrisiken, rechtliche und soziokulturelle Risiken.[39] Während den zuletzt genannten rechtlichen und soziokulturellen Risiken durch sorgfältige Vorbereitung Rechnung getragen werden kann (weswegen man sie als „weiche" Länderrisiken bezeichnen könnte), gilt dies beispielsweise für einen Krieg und die anderen vorstehend aufgezählten Verhältnisse nicht (die daher als „harte" Länderrisiken bezeichnet werden könnten). Wie zu zeigen sein wird, sind politische Risiken („harter" oder „weicher" Natur) im Unterschied zu klassischen kommerziellen Risiken nur eingeschränkt versicherbar. Häufig steht (derzeit) nur der Staat als Abnehmer für solche Risiken zur Verfügung. Es hat sich darüber hinaus aber ein Markt für politische

38 Ausführlich zur Risikosituation im Außenhandel aus praktischer Sicht: *Möller*, Außenhandel im Bankgeschäft, S. 5 ff.

39 Aufzählung nach *Jahrmann*, Außenhandel, S. 291.

Risiken entwickelt, der stark in Bewegung ist. Zunehmend drängen private Anbieter in die Absicherung ursprünglich als „nicht-marktfähig“ bezeichneter Risiken vor. Da die Kreditinstitute die Geschäftsaktivitäten der in diesen Risikobereichen tätigen Unternehmern bankmäßig begleiten bzw. finanzieren, liegen ihren Forderungen gegen die finanzierten Unternehmen letztlich die von diesen eingegangenen politischen Risiken zugrunde. Hier wird deutlich, welche entscheidende Bedeutung der Einteilung der unterschiedlichen Risiken zukommt, und zwar nicht nur aus der Perspektive des Bankaufsichtsrechts, sondern auch aus rein ökonomischer Sicht: Die Zinsen, die eine finanzierende Bank von ihren Kunden für Kredite im Bereich gebundener Auslandskredite (dazu sogleich) fordert, sind wesentlich höher als der Vergleichszins für die Finanzierung im reinen Binnenhandel. In der Folge ist der Transfer der von der finanzierenden Bank eingegangenen Risikoposition für diese auch nicht ohne „Risikoaufschlag“ sprich hohe, jedenfalls höhere Kosten zu erlangen.

B. Außenhandel

Nachdem die Verwendung des Begriffs „Risiko“ für Zwecke dieser Untersuchung geklärt und als Ausfall- und Länderrisiko im vorstehend erläuterten Sinne bezeichnet worden ist, folgt die Annäherung an den Außenhandel bzw. die Außenhandelsfinanzierung.[40] Dazu wird zunächst das Begriffsverständnis erläutert und im Anschluss die auf diesem Gebiet untersuchten einzelnen Geschäfte dargestellt. Dies unter der Prämisse, dass Möglichkeiten der Absicherung oder des Transfers von Außenhandelsrisiken sinnvoll nur dann untersucht werden können, wenn in einem ersten Schritt eindeutig bestimmt wird, was unter dem abzusichernden oder zu transferierenden Außenhandelsrisiko zu verstehen ist.

I. Außenhandelsfinanzierung

Der Begriff „Außenhandelsfinanzierung“, international und auch in Deutschland häufiger als „*Trade Finance*“ bezeichnet, wird sowohl im allgemeinen Sprachgebrauch als auch in zahlreichen Fachpublikationen vielfach verwendet. Trotzdem hat sich keine einheitliche Definition der darunter zu fassenden Geschäfte etabliert. Mit anderen Worten: *Trade Finance* kann vieles heißen.[41] Daher wird hier

---

40 Monographische Auseinandersetzung mit der Zahlungssicherung im Außenhandel, insbesondere auch Akkreditiven und Garantien bei *Ehrlich/Haas/Zahn*, Zahlung und Zahlungssicherung im Außenhandel, S. 1 ff.

41 *Bauer*, in: Kümpel/Wittig, Bank- und Kapitalmarktrecht, Rn. 13.1.

der Versuch unternommen, zu beschreiben, welche Aspekte der unübersichtlichen Begriffsvielfalt für die Untersuchung eine Rolle spielen.

Für den Begriff des Außenhandels kann zunächst auf den § 1 AHStatGes[42] zurückgegriffen werden, wonach „über den *grenzüberschreitenden Warenverkehr* eine Bundesstatistik geführt wird".[43] Dies deckt sich auch mit dem Ansatz von *Büter*, wonach „konstitutiv für den Außenhandel letztlich immer staatliche Grenzen überschreitende Handelsbeziehungen [sind]".[44] Diese Handelsbeziehungen können in Form von Export, Import oder Transithandel auftreten.[45] Für die Bundesrepublik Deutschland sind alle drei dieser Grundformen des grenzüberschreitenden Handels von großer Bedeutung.[46] Festzuhalten bleibt jedenfalls, dass die entscheidenden Bausteine der Begriffsdefinition der „Waren- und Dienstleistungsverkehr" und die „Grenzüberschreitung" sind.

Das Außenwirtschaftsgesetz definiert in seinem § 1 AWG den Begriff des „Außenwirtschaftsverkehrs" als Waren-, Dienstleistung-, Kapital-, Zahlungs- und sonstigen Wirtschaftsverkehr mit fremden Wirtschaftsgebieten sowie der Verkehr mit Auslandswerten und Gold zwischen Gebietsansässigen.[47] Diese Definition ist weiter als die des AHStatGes, da sie neben dem Waren- und Dienstleistungsverkehr auch den Kapital-, und Zahlungsverkehr (und sonstigen Verkehr) umfasst. Sie entspricht damit in etwa der weiten Definition bei *Jahrmann*, der unter Außenhandel zunächst „alle betriebswirtschaftlichen Tätigkeiten bei der Unterhaltung von wirtschaftlichen Beziehungen zum Ausland" versteht, allerdings nur „auf der Grundlage des grenzüberschreitenden Waren- und Dienstleistungsverkehrs sowie von Rechtsübertragungen".[48]

---

42 Gesetz über die Statistik des grenzüberschreitenden Warenverkehrs (Außenhandelsstatistikgesetz – AHStatGes) vom 01.05.1957, BGBl. III, 7402-1. Das Gesetz spricht von Extra- und Intrahandel statt dem allgemein geläufigeren Ex- und Import.

43 Nach der Außenhandelsstatistik erstreckt sich der grenzüberschreitende Warenverkehr Deutschlands mit dem Ausland auf alle körperlich ein- und ausgehenden Waren sowie Strom. Quelle: Statistisches Bundesamt, Fachserie 7, Reihe 1, Außenhandel – Zusammenfassende Übersichten für den Außenhandel, Mai 2018, Seite 5. Abrufbar unter www.destatis.de.

44 *Büter*, Außenhandel, S. 2.

45 Neben zahlreichen Sonderformen, siehe *Jahrmann*, Außenhandel, S. 22.

46 Definitionen bei *Jahrmann*, Außenhandel, S. 21.

47 „Außenwirtschaftsgesetz" idF v. 27.05.2009 (BGBl. I S. 1150). Das AWG verwendet die Begriffe Ausfuhr und Einfuhr anstelle von Export und Import.

48 *Jahrmann*, Außenhandel, S. 21.

Für Zwecke dieser Untersuchung soll demgegenüber einschränkend unter Außenhandel der Im- und Export von Waren und Dienstleistungen verstanden werden. Dieses traditionelle Verständnis erscheint hier deshalb angemessen, da auch der grenzüberschreitende Kapitalverkehr häufig vom Waren- und Dienstleistungsverkehr abgeleitet ist. Der reine Kapitalverkehr über die Grenze ist für die hier untersuchten Finanzierungsformen und ihre Absicherung kein tauglicher Untersuchungsgegenstand, da die auf der untersten Ebene ausgetauschten Güter Waren sind und eben nicht Kapital. Dem Zahlungsverkehr kommt, da Warenaustausch in den seltensten Fällen auf Tauschbasis erfolgt, gegenüber dem Waren- und Dienstleistungsverkehr keine eigenständige Bedeutung zu.

Außenhandelsgeschäfte unterscheiden sich nach Umsatzvolumen und Kundenstruktur deutlich von inländischen Einzelhandelsgeschäften.[49] Während im Einzelhandel typischerweise kleinvolumige Geschäfte getätigt werden, ist der Außenhandel überwiegend von großvolumigen Transaktionen geprägt. Hinzu kommt, dass zumindest das traditionelle Außenhandelsgeschäft typischerweise zwischen Unternehmen abgewickelt wird, während im Einzelhandel *business to consumer* (*b2c*) Verträge dominieren. Für die Zukunft ist jedoch ein Anstieg kleinvolumiger *business to consumer* Geschäfte im Außenhandel durchaus denkbar, da der Onlinehandel vielfältige neue Möglichkeiten bietet. Obwohl es sich im Fall einer Onlinebestellung im Ausland auch um ein grenzüberschreitendes Geschäft handelt, das definitionsgemäß dem Außenhandelsgeschäft unterfallen könnte, ändert dies nichts daran, dass das Begriffsverständnis im allgemeinen – wie auch im fachspezifischen – Sprachgebrauch ein anderes ist. Auch neue Möglichkeiten des Onlinehandels und seine steigende Bedeutung für die Gesamtwirtschaft werden dieses Verständnis voraussichtlich nicht ändern.

Der zweite Baustein des Außenhandelsbegriffs, neben dem soeben erörterten Waren- und Dienstleistungsverkehr, ist die Grenzüberschreitung. Diese liegt unproblematisch vor, wenn Waren- oder Dienstleistungen von einem Staatsgebiet auf ein anderes transferiert werden. Da es hier aber letztlich um die Bestimmung des Begriffs „Außenhandelsfinanzierung" geht, stellt sich die Situation etwas differenzierter dar. Hier kann das Erfordernis der Grenzüberschreitung mit der gewählten Finanzierungsform kollidieren:

Wenn man das Merkmal der Grenzüberschreitung, so wie es beim Warenverkehr verstanden wird, direkt auf die Finanzierung[50] überträgt, so müsste die

---

49 *Büter*, Außenhandel, S. 2.

50 Unter „Finanzierung" wird man immer eine Form der Kreditvergabe verstehen, sei es ein Haftungs- oder ein Zahlungskredit, siehe auch *Wunderlich*, in: Schimansky/Bunte/Lwowski, Bankrechts-Handbuch Bd. 1, § 75, Rn. 1 ff.

Finanzierung selbst grenzüberschreitend sein. Der Prototyp einer solchen Konstellation ist die Gewährung eines Kredits an einen ausländischen Kreditnehmer. Nach diesem engen Begriffsverständnis sind andere Bereiche, die typischerweise zur Außenhandelsfinanzierung gezählt werden, ausgeschlossen. Prototyp einer nicht selbst grenzüberschreitenden Außenhandelsfinanzierung ist die Kreditgewährung an einen inländischen Exporteur. Voraussetzung ist allerdings in beiden Fällen, dass die Finanzierung in der einen oder anderen Weise direkt mit dem grenzüberschreitenden Waren- und Dienstleistungsverkehr verbunden ist („Zweckbindung der Finanzierungsmittel",[51] ganz allgemein auch „gebundener Finanzkredit"[52]). Für Zwecke dieser Arbeit bedeutet Außenhandelsfinanzierung neben der Kreditgewährung ins Ausland, immer auch Kreditgewährung an inländische Exporteure. Dieses Begriffsverständnis liegt auch maßgeblichen Stimmen in der Literatur zugrunde: Nach *Büter* soll Außenhandelsfinanzierung vorliegen, „sobald sich der betriebliche Leistungsprozess auf die Finanzierung von Aktivitäten bezieht, die mit dem grenzüberschreitenden Handelsverkehr verbunden sind".[53] Dieses auch der Untersuchung zugrunde liegende, weite Begriffsverständnis wird dadurch gestützt, dass es auch in der bankbetrieblichen Praxis Anwendung findet. So betreut beispielsweise die Deutsche Bank AG, Frankfurt a.M., in ihrem Geschäftsbereich *Global Transaction Banking*, unter dem Rubrum *Trade Finance*, das *Exportfinanzierungs-* und Risikoabsicherungsgeschäft mit Finanzinstituten und Firmenkunden. Unter „traditionellem Auslandsgeschäft" versteht sie Akkreditive, Garantien und Inkassi. Diesen Produkten ist gemeinsam, dass sie nicht nur als Kreditgewährung ins Ausland vorstellbar sind, sondern auch als Finanzierungsmöglichkeit für inländische Exporteure.[54]

---

51 *Büter*, Außenhandel, S. 317.

52 *Janus*, in: Schimansky/Bunte/Lwowski, Bankrechts-Handbuch Bd. 2, § 122, Rn. 70.

53 *Büter*, Außenhandel, S. 317. Siehe auch die ausführliche Definition bei *Jahrmann*, Außenhandel, S. 23: „Die Außenhandelsfinanzierung befasst sich mit der Kapitalbeschaffung für einen Zeitraum, der frühestens mit der Leistungsvorbereitung im Exportland beginnt und spätestens beim Zahlungseingang vom Abnehmer des Exporteurs endet. Sie schließt die Dispositionen zur Abwicklung des Zahlungsverkehrs und zur Abwälzung der finanziellen Außenhandelsrisiken mit ein".

54 Von Bedeutung ist daneben auch die Unterscheidung von kurzfristiger und mittel-/langfristiger Außenhandelsfinanzierung. Unter „kurzfristig" versteht man in der Praxis einen Finanzierungszeitraum von bis zu einem Jahr, „mittel-/langfristig von einem bis fünf Jahren und darüber hinaus", s. *Büter*, Außenhandel, S. 319.

Auf den ersten Blick ist es überraschend, dass sich weder Literatur noch Praxis unter der Überschrift „Außenhandelsfinanzierung“ mit der Grundform der Bankfinanzierung, dem Darlehen, befassen. Weder die zitierten Stellen in der Literatur noch die exemplarisch ausgewählte Deutsche Bank AG, Frankfurt a.M., erwähnen in diesem Zusammenhang die Kreditgewährung in der Gestalt simpler Darlehensverträge im Sinne der §§ 488 ff. BGB. Der Grund dafür ist darin zu sehen, dass es sich bei im Außenhandel auftretenden Finanzierungsinstrumenten um Haftungskredite und keine Zahlungskredite handelt, die kein Spezifikum des Außenhandels darstellen. Bei einem Zahlungskredit „überträgt der Kreditgeber dem Kreditnehmer ein Wirtschaftsgut zur Nutzung für eine begrenzte Zeit“.[55] Auch die Gewährung eines Darlehens, also die Überlassung von Geld auf Zeit, kann ein Instrument der Außenhandelsfinanzierung darstellen. Ein typisches Beispiel wäre die Einräumung einer Kreditlinie, unter der ein Exporteur einzelne Darlehen zwecks Vorfinanzierung eines herzustellenden Exportgutes abrufen kann. Diese Form der Finanzierung ist aber nicht auf den Bereich des Außenhandels beschränkt, sondern kommt in zahllosen Konstellationen vor. Da es sich im Unterschied zu den Haftungskrediten in Form von Akkreditivstellung und Außenhandelsgarantie um keine für diesen Wirtschaftszweig typischen Instrumente handelt, bleiben sie für Zwecke dieser Untersuchung außer Betracht.

Hier soll der Begriff Außenhandelsfinanzierung die finanzielle Begleitung grenzüberschreitenden Waren- und Dienstleistungsverkehrs durch Haftungskredite von Kreditinstituten bedeuten. Dieses Verständnis wird durch die Definition in Art. 4 Abs. 1 Nr. 80 CRR gestützt, wonach Handelsfinanzierung „Finanzierungstätigkeiten einschließlich Bürgschaften im Zusammenhang mit dem Austausch von Gütern und Dienstleistungen durch Finanzprodukte mit festgelegter kurzer Laufzeit (…)“ sind.[56] Untersuchungsgegenstand im engeren Sinn sind die Eröffnung und Bestätigung von Akkreditiven sowie die Gewährung von Außenhandelsgarantien.

---

55 *Wunderlich*, in: Schimansky/Bunte/Lwowski, Bankrechts-Handbuch Bd. 1, § 75, Rn. 3.

56 Nach Art. 4 Abs. 2 CRR sind „Handelsfinanzierungen im Sinne des Absatzes 1 Nummer 80 (…) im Allgemeinen nicht zweckgebunden und erfordern zufriedenstellende Belege über alle Transaktionen betreffende Kreditanträge, sodass eine Ablehnung der Finanzierung möglich wird, wenn Zweifel an der Kreditwürdigkeit oder den Belegen über die Transaktion auftreten; die Rückzahlung von Risikopositionen aus der Handelsfinanzierung ist in der Regel unabhängig vom Kreditnehmer, vielmehr stammen die Mittel aus Zahlungen von Importeuren oder den Einkünften aus dem Verkauf der zugrundeliegenden Güter.“

II. Akkreditive

Im Folgenden wird zunächst die Außenhandelsfinanzierung durch Eröffnung oder Bestätigung von Akkreditiven dargestellt. Dabei wird auf die verschiedenen praktischen und rechtlichen Konstellationen und Interessenlagen der wirtschaftlich Beteiligten eingegangen. Besonderes Augenmerk gilt dem Rechtsverhältnis des finanzierenden inländischen Kreditinstituts zu seinen Kunden und den Korrespondenzbanken. Nachdem zu Anfang der Arbeit gezeigt wurde, welcher Art das von der Bank eingegangene Risiko aus juristischer und ökonomischer Sicht ist, soll nun untersucht werden, welches der zahlreichen Rechtsverhältnisse, die unter dem Sammelbegriff „Akkreditivfinanzierung" (dazu sogleich) firmieren, das im zweiten Schritt abzusichernde oder zu teilende Risiko in sich trägt.

1. Einordnung und wirtschaftliche Bedeutung

Akkreditiv ist ein „Sammelbegriff für dokumentäre Zahlungsversprechen aller Art".[57] Es handelt sich dabei nicht um eine Rechtsfigur, sondern um ein „Zahlungs- und Sicherungsinstrument eigener Art"[58], das sich im grenzüberschreitenden Wirtschaftsverkehr entwickelt hat. Dabei bestehen zwischen den Beteiligten nicht etwa nur eine Rechtsbeziehung, „das Akkreditiv", sondern mehrere Rechtsverhältnisse, die unter dem Begriff Akkreditivgeschäft zusammengefasst werden.

Aus Kostengründen und um eine einheitliche Abwicklung des Akkreditivgeschäfts zu ermöglichen, hat die Internationale Handelskammer in Paris (ICC) einheitliche internationale Standards erarbeitet.[59] Nach der letzten Revision im Jahre 2006 (in Kraft seit 2007) heißen sie in ihrer aktuellen Version „Einheitliche Richtlinien und Gebräuche für Dokumentenakkreditive", ICC Publikation Nr. 600 („ERA 600"). Danach ist Akkreditiv „jede wie auch immer benannte oder

---

57 *Nielsen/Jäger*, in: Schimansky/Bunte/Lwowski, Bankrechts-Handbuch Bd. 2, § 120, Rn. 1. Instruktiv, aber für Zwecke dieser Arbeit zu detaillierte Beschreibung von Akkreditiven bei *Schütze/Vorpeil*, Das Dokumentenakkreditiv im internationalen Handelsverkehr.

58 *Nielsen/Jäger*, in: Schimansky/Bunte/Lwowski, Bankrechts-Handbuch Bd. 2, § 120, Rn. 1. *Joos*, in: Langenbucher/Bliesener/Spindler, Bankrechts-Kommentar, S. 1538: „Das Dokumentenakkreditiv ist im Kern ein vom Grundgeschäft abstraktes Zahlungsversprechen einer Bank."

59 Ausführlicher Überblick über die Geschichte und Rechtsnatur der Einheitlichen Richtlinien und Gebräuche für Dokumentenakkreditive bei *Schütze/Vorpeil*, Das Dokumentenakkreditiv im internationalen Handelsverkehr, Rn. 4 ff.

bezeichnete Vereinbarung, die unwiderruflich ist und dadurch eine feststehende Verpflichtung der eröffnenden Bank begründet, eine konforme Dokumentenvorlage zu honorieren“[60]. Die ERA 600 sind Grundlage nahezu aller im Bereich der Dokumentenakkreditive getätigten Geschäfte weltweit.[61] Akkreditiveröffnungen und Bestätigungen sind eine Form der „sonstigen Gewährleistung“ und damit erlaubnispflichtiges Bankgeschäft im Sinne des § 1 Abs. 1 S. 2 Nr. 8 KWG[62] und daneben auch das „Eingehen einer Eventualverbindlichkeit“ als Unterform des Kredits für Zwecke der §§ 13–13b KWG und §§ 15–18 KWG.[63]

Die wirtschaftliche Bedeutung und die Häufigkeit der Anwendung von Akkreditiven im Außenhandel sind hoch. Als grenzüberschreitendes Zahlungsmittel wurde es als *„the life blood of international commerce“* bezeichnet.[64] Dies mag als prosaische Übertreibung gewertet werden, wird jedoch durch eine Studie der ICC aus dem Jahre 2017 bestätigt. Darin gaben die befragten Finanzinstitute an, dass 41 % der von ihren jeweiligen Trade Finance Abteilungen gezeichneten Verpflichtungen *commercial letters of credit*, Akkreditive sind.[65] Dies gilt für Import- und Exporttransaktionen in gleichem Maße. Akkreditive stellen folglich ein wesentliches Instrument des internationalen Handelsverkehrs dar.

2. *Erscheinungsformen*

Akkreditive kommen in unterschiedlichen Erscheinungs- und Abwicklungsformen vor.[66] Bis zur Revision im Jahre 2006 und Gültigkeit der neuen Fassung

---

60 Art. 2 der Einheitlichen Richtlinien und Gebräuche für Dokumentenakkreditive der Internationalen Handelskammer Revision 2007, ICC Publikation Nr. 600 (ERA 600) oder in der englischen Originalfassung Uniform Customs and Practice for Documentary Credits – UCP 600.

61 *Seeger*, in: Kümpel/Wittig, Bank- und Kapitalmarktrecht, Rn. 13.102.

62 *Schäfer*, in: Boos/Fischer/Schulte-Mattler, KWG, § 1, Rn. 104.

63 *Schäfer*, in Boos/Fischer/Schulte-Mattler, KWG, § 1, Rn. 94

64 R.D. Harbottle (Mercantile), Ltd. v. National Westminster Bank Ltd. (1978) Q.B. 146–158 (155); Power Curber International, Ltd. v. National Bank of Kuwait, S.A.K. (1981) 2 Lloyd's Rep. (C.A.) 394–401 (400); zitiert nach *Nielsen/Jäger*, in: Schimansky/Bunte/Lwowski, Bankrechts-Handbuch Bd. 2, § 120, Rn. 2.

65 Quelle: ICC Global Survey on Trade Finance 2017, „Rethinking Trade and Finance“, S. 102.
Abrufbar unter https://cdn.iccwbo.org/content/uploads/sites/3/2017/06/2017-rethinking-trade-finance.pdf.

66 Ausführlich Übersicht über sämtliche Erscheinungsformen des Dokumentenakkreditivs bei *Schütze/Vorpeil*, Das Dokumentenakkreditiv im internationalen Handelsverkehr, Rn. 41 ff.

seit Juli 2007 stand es den Anbietern offen, sie widerruflich oder unwiderruflich auszugestalten. Nach der Revision ist die eröffnende Bank ausweislich Art. 7 b ERA 600 vom Zeitpunkt der Eröffnung des Akkreditivs an, unwiderruflich zur Honorierung verpflichtet, das widerrufliche Akkreditiv wurde abgeschafft. Sollte die Korrespondenzbank das Akkreditiv der eröffnenden Bank bestätigen, so begründet sie damit eine eigene, „feststehende Verpflichtung (…), zusätzlich zu derjenigen der eröffnenden Bank, eine konforme Dokumentenvorlage zu honorieren oder zu negoziieren" (Art. 2 ERA 600).

Was „honorieren" im Einzelfall bedeutet, richtet sich nach der gewählten Abwicklungsform. Welche Form gewählt wurde, die Frage, wie das Akkreditiv benutzbar ist, muss gemäß Art. 6 b ERA in der Dokumentation 600 eindeutig beantwortet werden. Möglich ist die Benutzbarkeit durch Sichtzahlung (*sight payment*), hinausgeschobene Zahlung (*deferred payment*), Akzeptleistung (*acceptance*) oder Negoziierung (*negotiation*). Abhängig von der Frage, welche Form der Benutzbarkeit gewählt wurde, bedeutet „honorieren" gemäß Art. 2 ERA 600, „bei Sicht zu zahlen, wenn das Akkreditiv durch Sichtzahlung benutzbar ist" (*sight payment* (a)), „eine Verpflichtung zur hinausgeschobenen Zahlung zu übernehmen und bei Fälligkeit zu zahlen, wenn das Akkreditiv durch hinausgeschobene Zahlung benutzbar ist" (*deferred payment* (b)), oder „einen vom Begünstigten gezogenen Wechsel (Tratte) zu akzeptieren und diesen bei Fälligkeit zu zahlen, wenn das Akkreditiv durch Akzeptleistung benutzbar ist" (*acceptance* (d)). Negoziierung bedeutet ausweislich der Definition in Art. 2 ERA 600, „den Ankauf von Tratten (die auf eine andere Bank als die benannte Bank gezogen sind) und/oder von Dokumenten aus einer konformen Dokumentenvorlage durch die benannte Bank unter Vorleistung oder Übernahme einer Verpflichtung zur Vorleistung von Geldmitteln an den Begünstigten vor oder an dem Bankarbeitstag, an dem der Rembours an die benannte Bank fällig ist". Daneben gibt es vielfältige Sonderformen, wie das Revolvierende Akkreditiv, das „*red clause*"- oder das „*back-to-back*"-Akkreditiv, deren Darstellung im Einzelnen den Rahmen dieser Arbeit sprengen würde.[67]

Das übertragbare Akkreditiv ist ausführlich in Art. 38 ERA 600 geregelt. Die Möglichkeit, das Akkreditiv übertragbar zu stellen, ergibt sich implizit aus dieser Regelung, wobei zu beachten ist, dass es sich bei der Übertragung an sich keineswegs um eine Verpflichtung handelt. Dies stellt Art. 38 a ERA 600 klar.

---

67 Siehe ausführlich zu allen Erscheinungsformen des Akkreditivs *Schütze/Vorpeil*, Das Dokumentenakkreditiv im internationalen Handelsverkehr, Rn. 84 ff., in dessen Anhang I die ERA 600 in deutscher Sprache abgedruckt sind.

Ein übertragbares Akkreditiv ist ein solches, das „ausdrücklich als übertragbar bezeichnet ist". Es kann im Auftrag des Begünstigten (Erstbegünstigten) ganz oder teilweise für einen anderen Begünstigten (Zweitbegünstigten) benutzbar gestellt werden" (Art. 38 b ERA 600).

Eine besonders weit verbreitete Sonderform des Akkreditivs sind *standby letters of credit*. Diese entsprechen in ihrer Wirkung der einer Bürgschaft oder Garantie auf erstes Anfordern. Sie sind in der Regel nicht dazu gedacht, den ordnungsgemäßen Warenaustausch gegen Entgelt an sich abzusichern, sondern dienen der Sicherung eines Begünstigten.[68] Historisch geht diese Sonderform darauf zurück, dass US-amerikanischen Banken bis 1996 untersagt war, Bürgschaften und Garantien auf erstes Anfordern auszulegen.[69] Um dieses Verbot zu umgehen, haben amerikanische Institute, Produkte, deren Struktur und Funktion einer Garantie auf erstes Anfordern inhaltlich entsprach, unter dem Namen *standby letter of credit* vermarktet. Die ERA 600 gelten für *standby letters of credit* lediglich, soweit sie anwendbar sind, sprich, soweit die Ausgestaltung des *standby letters of credit* derjenigen eines Akkreditivs so weit angenähert ist, dass die Vorschriften sinnvoll darauf angewendet werden können.[70]

Der all diesen unterschiedlichen Akkreditivformen gemeinsame Grundsatz ist die sogenannte Auftrags- und Dokumentenstrenge.[71] Danach ist die Akkreditivbank verpflichtet, das Akkreditiv in exakt der Form und Frist zu eröffnen, wie es in Auftrag gegeben ist und die Avisbank ihrerseits verpflichtet zu prüfen, ob alle Akkreditivbedingungen eingehalten wurden.[72] Durch diese „Nulltoleranz" im Hinblick auf etwaige Abweichungen vom übereinstimmend gewählten Dokumentationsstandard wird das Vertrauen in die Akkreditivanwendung und damit letztlich ihr Wert als Finanzierungsmittel gesteigert. Sie stellt einen wesentlichen Grund dar, der die weite Verbreitung dieses Finanzierungsmittels über Wirtschaftsräume und Zeitläufe hinweg erklärt.

---

68 *Nielsen/Jäger*, in: Schimansky/Bunte/Lwowski, Bankrechts-Handbuch Bd. 2, § 120, Rn. 24.

69 *Seeger*, in: Kümpel/Wittig, Bank- und Kapitalmarktrecht, Rn. 13.131.

70 Art. 1 ERA 600. Wo das nicht der Fall ist, greifen die Richtlinien „Rules of International Standby Practices (ISP 98)" vom 1.1.1999, ICC Publication No. 590, die im Unterschied zu den ERA 600 und den ERAG (dazu sogleich) auch Vorschriften über Syndizierung von und Unterbeteiligung an *standby letters of credit* enthalten.

71 *Schütze/Vorpeil*, Das Dokumentenakkreditiv im internationalen Handelsverkehr, Rn. 507 ff.: „Das Akkreditivgeschäft wird beherrscht von dem Grundsatz der Dokumentenstrenge, der in seinem Formalismus dem Wechsel- und Scheckrecht ähnelt."

72 *M. Hakenberg*, in: Boujong/Joost/Ebenroth, HGB, II 486/497.

3. *Leistungsbeziehungen und rechtliche Einordnung*

Wie oben bereits ausgeführt, handelt es sich beim Akkreditivgeschäft nicht um ein einzelnes Rechtsverhältnis, sondern einen Sammelbegriff für mehrere Rechtsbeziehungen. Klassischerweise besteht ein Dreiecksverhältnis aus Auftraggeber (*applicant*), eröffnender Bank (*issuing bank*) und Begünstigtem (*beneficiary*).[73] Die zwischen ihnen bestehenden wirtschaftlichen Beziehungen werden hier kurz beschrieben und dann rechtlich eingeordnet. Besonderes Augenmerk liegt dabei auf dem Rechtsverhältnis zwischen dem Auftraggeber und der Bank, da diesem Rechtsverhältnis das letztlich abzusichernde Kreditrisiko entspringt. Dieses Risiko wird identifiziert und rechtlich eingeordnet. Damit wird die Grundlage geschaffen für die im Weiteren folgende Ausführungen zu Absicherung bzw. Transfer des in diesem Abschnitt identifizierten Kreditrisikos.

Sämtliche nachstehend vorgenommenen Einordnungen der Rechtsverhältnisse zwischen den Akkreditivbeteiligten beschränken sich auf das deutsche Recht. Dies ist für Zwecke dieser Arbeit zwingend, da die Einordnung der Rechtsbeziehungen nach deutschem Zivilrecht Grundlage für die Einordnung in anderen Rechtsgebieten ist.

a) *Rechtsverhältnis zwischen Auftraggeber und Begünstigtem*

Ausgangspunkt für die Nutzung eines Akkreditivs ist in der Regel ein grenzüberschreitender Kaufvertrag über Waren zwischen einem Exporteur und einem Importeur. Die Abwicklung dieses Kaufvertrages mithilfe eines Akkreditivs kann unterschiedliche, sich teilweise auch überschneidende Gründe haben:

- Die Geschäftspartner kennen sich nicht und leben in weit entfernten Ländern.
- Es ist schwierig, Informationen über den Partner zu bekommen und deshalb besteht Ungewissheit über die Zahlungsfähigkeit des Käufers bzw. die Lieferfähigkeit des Verkäufers.
- Im Importland herrschen politisch oder wirtschaftlich schwierige Verhältnisse.
- Die Behörden gestatten den Warenimport oder –export nur bei Stellung eines Akkreditivs.

---

73 *Nielsen/Jäger*, in: Schimansky/Bunte/Lwowski, Bankrechts-Handbuch Bd. 2, § 120, Rn. 28.

Mit vorstehender Aufzählung bewirbt die Zürcher Kantonalbank, Zürich, ihr Akkreditivgeschäft, die Aufzählung soll die unterschiedlichen Gründe für die Benutzung eines Akkreditivs aus praktischer Sicht veranschaulichen.[74]

Den dort aufgezählten Gründen ist gemeinsam, dass das Akkreditiv zur Absicherung von Risiken verwendet wird, die durch Internationalität gekennzeichnet sind. Dies kann für Exporte von Investitionsgütern in politisch-ökonomisch instabile Länder genauso gelten, wie für die Vorfinanzierung von Rohstoffexporten oder Infrastrukturprojekten in Regionen, die durch eine gewisse Instabilität der Verhältnisse gekennzeichnet sind. In allen diesen Fällen ist das Risiko des Ausfalls wesentlich höher als bei einem inhaltlich vergleichbaren Geschäft im Heimatmarkt, das ohne Grenzüberschreitung und zu gleichen politisch-ökonomischen Bedingungen erfolgt. Die Vereinbarung einer Akkreditivklausel im jeweiligen Kaufvertrag dient der Kompensation der durch die oben beschriebenen Faktoren entstehenden Unsicherheiten. Hier zeigt sich die besondere Risikosituation, die kennzeichnend ist für den Außenhandel und die besondere Bedeutung des politischen Risikos. Die Lösung ist in vielen Fällen die Abwicklung des Geschäfts mithilfe eines Akkreditivs.

Der in der Praxis mit den Risiken des Außenhandels konfrontierte Exporteur, der mit seinem Vertragspartner eine Akkreditivklausel vereinbart hat, erteilt der Bank einen der Akkreditivklausel entsprechenden Auftrag zur Eröffnung eines Akkreditivs. Wenn Auftrag oder Eröffnung nicht den vereinbarten Bedingungen entsprechen, ist der Importeur gehalten, unverzüglich zu widersprechen, wenn er verhindern will, dass die tatsächlichen Bedingungen gelten. Die Befriedigung der Geldforderung des Exporteurs erfolgt tatsächlich durch die eröffnende Bank, die Stellung des Akkreditivs erfolgt erfüllungshalber.[75] Um Unstimmigkeiten zu vermeiden, werden in der Praxis die weitverbreiteten „*Incoterms*“ (*International Commercial Terms*[76]) für den Kaufvertrag verwendet.[77] Akkreditivgestaltungen erfordern ein besonders hohes Maß an Präzision hinsichtlich der Vertragsgestaltung, da der Grundsatz der Dokumentenstrenge keinen Auslegungsspielraum zulässt.

---

74 Quelle: Zürcher Kantonalbank, „Das Dokumentar-Akkreditiv mit den einheitlichen Richtlinien und Gebräuchen. Mit Incoterms“, Ausgabe 4, 2014, S. 15; abrufbar unter https://www.zkb.ch/media/pub/finanzieren/dokumentar-akkreditiv-220130.pdf.

75 *Nielsen/Jäger*, in: Schimansky/Bunte/Lwowski, Bankrechts-Handbuch Bd. 2, § 120, Rn. 29.

76 ICC Publication Nr. 715 ED „Incoterms 2010“, 7. Revision, September 2010.

77 Ausführlich zu Liefer- bzw. Zahlungsbedingungen im Außenhandel: *Büter*, Außenhandel, S. 219 ff. bzw. S. 291 ff.

b) Rechtsverhältnis zwischen eröffnender Bank und Begünstigtem

Die Bank eröffnet im Auftrag ihres Kunden ein Akkreditiv gegenüber dem Begünstigten. Rechtlich handelt es sich um ein abstraktes Schuldversprechen im Sinne des § 780 BGB.[78] Schuldversprechen nach § 780 BGB sind einseitig verpflichtende, abstrakte Verträge.[79] Die Abstraktheit des einseitig ausgesprochenen Schuldversprechens vom Grund- oder Valutaverhältnis beschreibt Art. 4a ERA 600 so: „Ein Akkreditiv ist seiner Natur nach ein von dem Kauf- oder anderen Vertrag, auf dem es möglicherweise beruht, getrenntes Geschäft. Banken haben in keiner Hinsicht etwas mit einem solchen Vertrag [zwischen Auftraggeber und Begünstigtem] zu tun und sind durch ihn auch nicht gebunden, selbst wenn im Akkreditiv irgendein Bezug darauf enthalten ist." Daraus folgt, dass eine Störung im Grundverhältnis Auftraggeber – Begünstigter der Bank nicht entgegengehalten werden kann. Daraus folgt allerdings auch, dass sich das Grundverhältnis auch nicht zugunsten der Bank auswirkt, da das Schuldversprechen eben ein selbstständiges ist. Die Verpflichtung der Bank gegenüber dem Begünstigten ist in den Worten der ERA 600 „(...) nicht abhängig von Ansprüchen oder Einreden des Auftraggebers, die sich aus seinen Beziehungen zur eröffnenden Bank oder zum Begünstigten ergeben"[80]. Die Zahlungsverpflichtung ist unabhängig von etwa bestehenden Einwendungen aus dem Valutaverhältnis zu erfüllen.[81]

Die Verpflichtung des Begünstigten, bei konformer Dokumentenvorlage zu leisten, ist auch unabhängig vom Deckungsverhältnis Bank – Auftraggeber. Der Begünstigte kann sich „keinesfalls auf die vertraglichen Beziehungen berufen, die zwischen den Banken oder zwischen dem Auftraggeber und der eröffnenden Bank bestehen"[82]. Sollte die Bank ihrerseits feststellen, dass ihre Leistung an

---

78 So die h.L. siehe *Staub*, in: Canaris (Hrsg.), HGB, Bd. 5, Rn. 984, 1005. *Schütze/Vorpeil*, Das Dokumentenakkreditiv im internationalen Handelsverkehr, Rn. 79: „Nach deutschem Recht gibt die Akkreditivbank ein selbstständiges abstraktes Zahlungsversprechen im Sinne von § 780 BGB ab, und zwar dergestalt, dass bei Vorlage bestimmter Dokumente Zahlung an den Akkreditivbegünstigen zu leisten ist, der einen unmittelbaren und selbstständigen Anspruch gegen die Akkreditivbank erhält." Zahlreiche weitere Nachweise eben da.

79 *Sprau*, in: Palandt, BGB, § 780, Rn. 1a. Siehe zum abstrakten Schuldversprechen auch die Kommentierung bei *Gehrlein*, in: BeckOK BGB, § 780 und insbesondere zum Akkreditiv auch *Habersack*, in: MüKo BGB, § 780, Rn. 39.

80 Art. 4a Abs. 1 S. 3 ERA 600.

81 *Schütze/Vorpeil*, Das Dokumentenakkreditiv im internationalen Handelsverkehr, Rn. 79: „Einwendungen und Einreden aus dem Grundverhältnis sind abgeschnitten, außer soweit ein Fall des Rechtsmissbrauchs vorliegt."

82 Art. 4 a Abs. 2 ERA 600.

den Begünstigten nicht durch den Auftraggeber gedeckt ist, so kann sie diesen Umstand dem Begünstigten nicht entgegenhalten.[83]

Allenfalls höchst ausnahmsweise kann die Bank die Leistung verweigern, nämlich dann, wenn sie sich auf groben Rechtsmissbrauch beruft und diesen in der Folge darlegen und beweisen kann.[84]

c) Rechtsverhältnis zwischen Auftraggeber und eröffnender Bank

Die rechtliche Einordnung des Verhältnisses zwischen Auftraggeber und eröffnender Bank ist für die Untersuchung von besonderer Bedeutung, da ihre Qualifikation die weiteren Anforderungen an den Umgang mit dem darin liegenden Risiko determiniert.

Die eröffnende Bank ist im Regelfall die Geschäftsbank des Auftraggebers, zwischen ihnen besteht eine bankmäßige Geschäftsverbindung. Aus Sicht der Bank hat dies den Vorteil, dass sie ihren Schuldner und seine Kreditwürdigkeit keiner gesonderten Prüfung unterziehen muss. Neben diese bankmäßige Geschäftsverbindung, die den allgemeinen Geschäftsbedingungen der Bankwirtschaft (AGB Banken) unterliegt, tritt ein weiteres Schuldverhältnis im engeren Sinne. Rechtlich liegt ein Werkvertrag, der auf eine Geschäftsbesorgung gerichtet ist[85] bzw. zum Gegenstand hat[86] im Sinne der §§ 675, 631 ff. BGB vor. Das zu besorgende Geschäft ist die Übernahme der Akkreditivverpflichtung. Das Akkreditiv muss eröffnet und bei konformer Dokumentenvorlage honoriert bzw. negoziiert werden. Dadurch verpflichtet sich die Bank, für ihren Kunden einen Haftungskredit zugunsten des Exporteurs zu übernehmen.[87] Hierfür gilt über den Verweis des § 675 BGB ins Auftragsrecht der Grundsatz der Aufsatzstrenge (§ 665 BGB).

---

83 *Nielsen/Jäger*, in: Schimansky/Bunte/Lwowski, Bankrechts-Handbuch Bd. 2, § 120, Rn. 78.

84 *Sprau*, in: Palandt, BGB, § 783, Rn. 17. Ausführlich zur rechtsmissbräulichen Inanspruchnahme bei *Schütze/Vorpeil*, Das Dokumentenakkreditiv im internationalen Handelsverkehr, Rn. 585 ff. „(…) ist allgemein anerkannt, dass die Zahlungsverpflichtung der eröffnenden oder bestätigenden Bank ihre Grenze dort findet, wo die Inanspruchnahme des Akkreditivs durch den Begünstigten rechtsmissbräulich ist. Liegt ein Rechtsmissbrauch vor, so ist die Bank dem Begünstigten gegenüber berechtigt und dem Auftraggeber gegenüber verpflichtet, die Zahlung der Akkreditivsumme zu verweigern."; eben da mwN.

85 So *Nielsen/Jäger*, in: Schimansky/Bunte/Lwowski, Bankrechts-Handbuch Bd. 2, § 120, Rn. 83.

86 So *Seeger*, in: Kümpel/Wittig, Bank- und Kapitalmarktrecht, Rn. 13.138.

87 *Sprau*, in: Palandt, BGB, § 675, Rn. 10.

Ebenso dem Auftragsrecht entspringt der Aufwendungsersatzanspruch der Bank gegen den Auftraggeber, wenn das Akkreditiv auftragsgemäß honoriert wurde.[88]

Der allgemeine Aufwendungsersatzanspruch des § 670 BGB ist in aller Regel individualvertraglich ausgestaltet. Wenn sich der durch konforme Dokumentenvorlage bedingte Anspruch des Exporteurs realisiert, ist der Auftraggeber verpflichtet, der Bank die Aufwendung zu ersetzen, die sie gegenüber dem Begünstigten hatte. Wirtschaftlich handelt es sich aus Sicht der Bank um eine Inanspruchnahme des gegenüber dem Gläubiger des Auftraggebers übernommenen Haftungskredits. Das Risiko der Bank liegt im Ausfall des Regressanspruchs gegen ihren Kunden, weil dieser zahlungsunfähig- oder -willig ist, oder weil sie (die Bank) trotz nichtkonformer Dokumentenvorlage oder offensichtlich rechtsmissbräuchlichem Verhalten geleistet hat. Aus Sicht des Risikomanagements typisch ist also das Ausfall- bzw. Adressenausfallrisiko, ergänzt durch das allgemeine operationelle Risiko eigenen Fehlverhaltens.[89] Das typische Ausfall- bzw. -adressenausfallrisiko gründet rechtlich in einem Regressanspruch der eröffnenden Bank gegen ihren Auftraggeber aus §§ 675, 670 BGB.

4. *Hinzutreten einer Zweitbank*

Aus der vorstehend dargestellten Grundkonstellation des Akkreditivgeschäfts wird durch die Einschaltung einer sogenannten Zweitbank in der Praxis häufig ein Vier-Personen-Verhältnis.[90] Dies verkompliziert die Lage insofern, als durch das Hinzutreten eines weiteren Akteurs auch weitere Rechtsverhältnisse entstehen, was wiederum Auswirkungen auf die hier im Fokus stehende Risikoposition hat. Weiter verkompliziert wird die Lage dadurch, dass das Hinzutreten der Zweitbank auf drei unterschiedliche Arten erfolgt, die mit unterschiedlichen Verpflichtungen verbunden sind.

Im Ausgangspunkt ist den drei Konstellationen jedoch eines gemeinsam: Typischerweise wendet sich die ausländische Hausbank eines Importeurs im Auftrag

---

88 *Nielsen/Jäger*, in: Schimansky/Bunte/Lwowski, Bankrechts-Handbuch Bd. 2, § 120, Rn. 87.

89 Art. 4 Abs. 1 Nr. 52 CRR: „operationelles Risiko" [ist] das Risiko von Verlusten, die durch die Unangemessenheit oder das Versagen von internen Verfahren, Menschen und Systemen oder durch externe Ereignisse verursacht werden, einschließlich Rechtsrisiken.

90 Eine ausführliche, nach Form der Einschaltung und Rechtsbeziehungen ausdifferenzierte Darstellung aller Rechtsbeziehungen bei Einschaltung weiterer Banken findet sich bei *Schütze/Vorpeil*, Das Dokumentenakkreditiv im internationalen Handelsverkehr, Rn. 371–485.

ihres Kunden an eine aus Sicht des Exporteurs inländische Bank. Häufig unterhalten die in diesem Geschäftszweig tätigen Kreditinstitute ein weitläufiges Netz von Korrespondenzbanken auf der ganzen Welt. Die aufseiten des Exporteurs hinzutretende, inländische Zweitbank kann drei unterschiedliche Funktionen übernehmen. Das ökonomische und rechtliche Verhältnis der Zweitbank zum Begünstigten hängt davon ab, welche der sogleich erörterten Funktionen die Zweitbank übernimmt. Daran entscheidet sich, ob das zur Grundkonstellation gefundene Ergebnis in gleichem Maße für das Vier-Personen-Verhältnis gilt oder angepasst werden muss.

a) Zweitbank als avisierende Bank

Die Zweitbank kann gegenüber der Erstbank die Verpflichtung übernehmen, gegenüber dem Begünstigten die Eröffnung des Akkreditivs zu „avisieren". Der Begriff der Avisierung wird in den ERA 600 nicht definiert. Dort findet sich nur der Hinweis, dass „die avisierende Bank diejenige ist, die das Akkreditiv im Auftrag der eröffnenden Bank avisiert".[91] Im allgemeinen Sprachgebrauch ist unter Avisierung die Kundgabe, Bekanntmachung oder Anzeige einer Tatsache zu verstehen. Der Art. 9a ERA 600 beschreibt die Verpflichtung einer Avisbank wie folgt: „Eine avisierende Bank, die nicht bestätigende Bank ist [dazu sogleich], avisiert das Akkreditiv (und jegliche Änderungen), ohne irgendeine Verpflichtung zu honorieren oder zu negoziieren". Durch die Betonung der Tatsache, dass keinerlei Verpflichtung übernommen wird, wird der bloße Anzeigecharakter deutlich. Faktisch handelt es sich bei der Avisierung um die Übermittlung des Angebots der Erstbank auf Abschluss eines Akkreditivvertrags an den Begünstigten.[92] Dieser kann dann entscheiden, ob er unter den ihm übermittelten Akkreditivbedingungen zum Abschluss des Vertrages mit der Erstbank bereit ist. Zwischen der avisierenden Bank und dem Begünstigten besteht zu keinem Zeitpunkt ein Vertragsverhältnis. Ausweislich Art. 9b ERA 600 gibt die Zweitbank durch die Avisierung lediglich zu erkennen, dass sie sich von der „*augenscheinlichen* Echtheit" des Akkreditivs überzeugt hat und dass das Avis die Bedingungen des ihr zugegangenen Akkreditivs exakt widerspiegelt. Die weiteren Pflichten der Avisbank ergeben sich aus den Absätzen e) und f) des Art. 9 ERA 600.

Zwischen dem Auftraggeber und der Zweitbank entsteht weder ein Vertragsverhältnis noch eine Unterbeauftragung mit der Folge einer etwaigen

---

91 Art. 2 ERA 600.

92 *Nielsen/Jäger*, in: Schimansky/Bunte/Lwowski, Bankrechts-Handbuch Bd. 2, § 120, Rn. 121.

Haftung der Zweitbank für fehlerhafte Ausführung aus § 664 Abs. S. 2 BGB. Die Annahme einer Unterbeauftragung ist abzulehnen, da die Avisbank lediglich als Durchleitungsstelle des Angebots der akkreditiveröffnenden Bank fungiert und keinen selbstständigen Handlungsspielraum hat, womit es an einer entscheidenden Auftragsvoraussetzung fehlt.

Festzuhalten bleibt: Der Begünstigte erlangt mit der Avisbank keinen zusätzlichen Schuldner. Auch die rechtliche Qualifikation des Verhältnisses Auftraggeber zu akkreditiveröffnender Bank wird durch die Einschaltung der Zweitbank nicht berührt. Für die Frage des Umgangs mit der Risikoposition „Regressanspruch gegen den Auftraggeber" folgen aus der Beauftragung einer bloß avisierenden Bank keine Konsequenzen.

*b) Zweitbank als benannte (*nominated*) Bank*

Die Einschaltung einer benannten – *„nominated"* – Bank richtet sich nach den Art. 2 und 12 ERA 600. Ersterer definiert die benannte Bank als diejenige, „bei der das Akkreditiv benutzbar gestellt ist, oder im Falle eines Akkreditivs, das bei jeder Bank benutzbar gestellt ist, jede Bank". Dabei übernimmt die benannte Bank für Rechnung und im Auftrag der Erstbank die Verpflichtung, die Dokumente gegebenenfalls zu honorieren oder zu negoziieren.[93] Die benannte Bank tritt nicht als zusätzlicher Akkreditivschuldner auf, sie handelt für die eröffnende Bank, zu der sie in einem Geschäftsbesorgungsverhältnis im Sinne der §§ 675, 670, 631 BGB steht. Art. 12a ERA 600 stellt dann auch klar, dass die Ermächtigung zu honorieren oder zu negoziieren keine Verpflichtung der benannten Bank begründet, es sei denn, die benannte Bank hätte diese Verpflichtung ausdrücklich übernommen und dies dem Begünstigten mitgeteilt. Wie bei der Einschaltung einer bloßen Avisbank besteht auch hier kein Vertragsverhältnis zum Begünstigten. Das Gleiche gilt für die benannte Bank und den Auftraggeber. *Nielsen/Jäger* sprechen von einer bloß „technischen Verlagerung der Abwicklung des Akkreditivs" von der eröffnenden auf die benannte Bank.[94]

Für die Frage der Haftung der Zweitbank für fälschliche Honorierung oder Negoziierung bei nichtkonformer Dokumentenvorlage ergibt sich durch die von dieser eigenverantwortlich durchgeführten Prüfung ein anderes Ergebnis als bei der Avisbank. Die Einräumung eigenen Entscheidungsspielraums rechtfertigt die Einordnung als Unterbeauftragung im Sinne des § 664 Abs. 1 S. 2 BGB. Die

93 *Seeger*, in: Kümpel/Wittig, Bank- und Kapitalmarktrecht, 13.162.

94 *Nielsen/Jäger*, in: Schimansky/Bunte/Lwowski, Bankrechts-Handbuch Bd. 2, § 120, Rn. 137.

eröffnende Bank haftet demgegenüber nur, wenn ihr beim Übertragungsvorgang auf die benannte Bank ein Verschulden zur Last gelegt werden kann. Die „technische Verlagerung“ funktioniert in der Regel so, dass die bestätigende Bank die erhaltenen Dokumente an die eröffnende Bank übersendet und diese sie eingehend prüft. Im nächsten Schritt leitet die eröffnende Bank den Kaufpreis an die bestätigende Bank weiter. Diese schreibt ihn dem Konto des Verkäufers gut, während die eröffnende Bank das Konto des Käufers mit dem Betrag belastet.

Für den Fall der Einschaltung einer bestätigenden Bank wird festgehalten, dass die für diese Untersuchung maßgebliche Rechtsbeziehung keine wesentliche Modifikation erfährt.

*c) Zweitbank als bestätigende (*confirming*) Bank*

Schließlich zur Einschaltung einer Zweitbank als bestätigende – *„confirming“* – Bank: Eine bestätigende Bank ist eine solche, die einem Akkreditiv aufgrund Ermächtigung oder im Auftrag der eröffnenden Bank ihre Bestätigung hinzufügt.[95] Die Bestätigung selbst bedeutet nach der Definition des Art. 2 ERA 600 „eine feststehende Verpflichtung der bestätigenden Bank, zusätzlich zu derjenigen der eröffnenden Bank, eine konforme Dokumentenvorlage zu honorieren oder zu negoziieren“. Diese zusätzliche Verpflichtung ist nicht akzessorisch zur Verpflichtung der eröffnenden Bank, sondern ein selbstständiges Schuldversprechen im Sinne des § 780 BGB.[96] Da beide Banken ein abstraktes Schuldversprechen gegenüber dem Begünstigten abgeben, dieser die Leistung aber nur einmal zu fordern berechtigt ist, entsteht eine gesamtschuldnerische Haftung im Sinne des § 421 BGB. Werden den Akkreditivbestimmungen entsprechende Dokumente vorgelegt, ist die eröffnende Bank gemäß Art. 7a ERA 600 und die bestätigende Bank gemäß Art. 8a ERA 600 zur Honorierung oder Negoziierung verpflichtet. Damit ist festzuhalten, dass die Einschaltung einer bestätigenden Bank dem Begünstigten einen veritablen zweiten Schuldner gewährt. Dadurch entsteht ggf. ein zweiter Aufwendungsersatzanspruch gegen den Auftraggeber in Abhängigkeit davon, welche Bank den Begünstigten in welcher Höhe befriedigt. Darin liegt ein für die Untersuchung entscheidender Unterschied zur Einschaltung einer avisierenden oder benannten Bank.

Zwischen der Erstbank und der bestätigenden Bank besteht (wie nach hier vertretener Auffassung auch bei der benannten Bank) ein

---

95 Art. 2 ERA 600.

96 *Nielsen/Jäger*, in: Schimansky/Bunte/Lwowski, Bankrechts-Handbuch Bd. 2, § 120, Rn. 153.

Unterbeauftragungsverhältnis im Sinne des § 664 BGB. Entscheidend ist der Umstand, dass dem Begünstigten in seiner Heimatjurisdiktion ein Anspruch verschafft wird. Dieser ist aus ökonomischer Sicht wertvoller als der Anspruch gegen die eröffnende Bank, da er z.B. nicht mit politischen Risiken verbunden ist. Wie werthaltig der Unterschied zwischen einem Anspruch gegen eine ausländische und einem Anspruch gegen eine inländische Bank ist, zeigt der Umstand, dass politisches Risiko ein eigenständiger Versicherungszweig ist, der unter dem Namen *political risk insurance* (*PRI*) angeboten wird. Wie auch im Falle der benannten Zweitbank ist die Unterbeauftragung ausweislich § 664 Abs. S. 1 und 2 BGB allerdings nur möglich, wenn der Auftraggeber sie gestattet. Diese rechtliche Wertung ist wirtschaftlich nachvollziehbar, da sich das Risiko durch die Einschaltung der Zweitbank ins Ausland verlagert. Das ist dem Begünstigten willkommen, kann für den Auftraggeber jedoch Nachteile mit sich bringen. Eine Rechtsbeziehung zwischen bestätigender Bank und Auftraggeber entsteht durch die Unterbeauftragung freilich nicht.

Zwischen bestätigender Bank und Begünstigtem besteht ein abstraktes Schuldversprechen, das einseitig verpflichtend ist. Keineswegs ist der Begünstigte verpflichtet, sich an die bestätigende Bank zu halten. Der (begünstigte) Verkäufer kann die Dokumente auch bei der eröffnenden Bank einreichen, da das Akkreditiv im Zweifel auch bei dieser benutzbar gestellt ist. Dann entfällt allerdings die Zahlungsverpflichtung der bestätigenden Bank. Außerdem entfallen dann die Vorteile des inländischen Anspruchs, da das Risiko für den das Versendungsrisiko tragenden Verkäufer im Vergleich zur Einreichung bei der bestätigenden Bank höher wäre.

Entscheidende Frage aus Bankensicht ist allerdings, wer in letzter Konsequenz das Risiko trägt. Wie oben ausgeführt ist die Rechtsbeziehung zwischen Käufer und eröffnender Bank als Werkvertrag, der eine Geschäftsbesorgung zum Gegenstand hat, einzuordnen und die Rechtsbeziehung zwischen eröffnender und bestätigender Bank als Unterbeauftragungsverhältnis zu qualifizieren. Im Normalfall entsteht folglich eine Regresskette von der Zweitbank, die den Kaufpreis an den Verkäufer auszahlt, über die Erstbank, die das Akkreditiv eröffnet hat, zum Käufer.

Ist der Käufer zahlungsunwillig oder -fähig ist, realisiert sich für die Erstbank das Risiko, ihren Regressanspruch nicht durchsetzen zu können. Der Begünstigte wird von der Zweitbank befriedigt, die wiederum einen Regressanspruch gegen die Erstbank hat, der auch in Tagen der Bankenkrise als vermeintlich sicher gelten kann. In dieser Konstellation treten durch die Einschaltung einer bestätigenden Bank im Hinblick auf die letztlich entscheidende Risikoposition keine Besonderheiten auf. Das gleiche Ergebnis gilt, wenn die Erstbank nicht in der Lage oder willens ist, den Regressanspruch der Zweitbank zu befriedigen. Rechtlich geht es sowohl bei der Erst- als auch der Zweitbank um die Risikoposition aus einem Aufwendungsersatzanspruch. Im Unterschied zur Einschaltung einer avisierenden oder benannten Bank existiert im Falle der bestätigenden Bank aber eine zweite potenzielle Risikoposition, da in dieser Konstellation eine echte Forderung (gegen die Erstbank) besteht.

Ökonomisch handelt es sich um unterschiedliche Untersuchungsgegenstände, insbesondere weil die Erstbank das Konto ihres Kunden direkt belasten kann, insofern also ein eher theoretisches Risiko trägt. Für die juristische Einordnung ergibt sich allerdings eine weitere Risikoposition. Da die beteiligten Banken gesamtschuldnerisch haften, ändert sich auch die Höhe des Regressanspruchs in Abhängigkeit davon, welche Bank in welcher Höhe der Begünstigte in Anspruch nimmt und damit das Risiko, dass die jeweilige Bank bilanzieren und ggf. mit Eigenkapital unterlegen muss.

Insofern besteht ein erheblicher Unterschied im Vergleich zur oben dargestellten Grundkonstellation im Drei-Personen-Verhältnis. Die rechtliche Qualifikation des jeweiligen Anspruchs als Anknüpfungspunkt für alle weiteren Untersuchungen ändert sich zwar nicht. Aber tatsächlich entsteht eine weitere Risikoposition.

5. *Wirtschaftliche Funktion*

Das Akkreditiv erfüllt drei unterschiedliche wirtschaftliche Funktionen. Neben der bereits erörterten Zahlungsfunktion[97] (Akkreditiv als Instrument des bargeldlosen Zahlungsverkehrs) hat es Sicherungs- und eine Liquiditätsfunktion.[98] Diese Funktionen des Akkreditivs im Wirtschaftsverkehr werden hier abschließend dargestellt, da sich daraus ggf. der Umgang mit der durch die Akkreditivstellung begründeten Risikoposition erschließt.

Unter den Begriff der Sicherungsfunktion werden verschiedene Interessen der Beteiligten zusammengefasst. Zunächst erhält der Verkäufer die Sicherheit, den Kaufpreis tatsächlich zu erhalten. Ihm steht ein zusätzlicher Schuldner zur Verfügung, bei Einschaltung einer bestätigenden Zweitbank sogar zwei. Als Kreditinstitute sind diese – in der Regel – solvent. Hinzu kommt die Ausgestaltung als abstraktes, von Einreden aus Drittverhältnissen unabhängiges

---

97 Schon hier zeigt sich der entscheidende wirtschaftliche Unterschied zur Bankgarantie, der zwar Sicherungs-, aber eben keine Zahlungsfunktion zukommt. Siehe hierzu ausführlich *Westphalen*, Die Bankgarantie im internationalen Handelsverkehr, S. 63 ff.

98 *Seeger*, in: Kümpel/Wittig, Bank- und Kapitalmarktrecht, 13.118 – 13. 126.

Schuldversprechen, sodass man von einer vergleichsweise „sicheren" Rechtsposition ausgehen kann.

Aus Sicht des Käufers hat das Akkreditiv auch Sicherungsfunktion, da gewährleistet ist, dass er die Kaufsache tatsächlich und vertragskonform erhält. Hinzu kommt, dass der Verkäufer ohne das Sicherungsmittel Akkreditiv häufig nicht vertragsbereit sein würde. Das Akkreditiv ist nicht nur eine zusätzliche Sicherung, sondern letztlich der entscheidende Faktor, der den Verkäufer von Vertragsschluss und Lieferung überzeugt. Unter diesem Aspekt wäre es denkbar, von einer „Ermöglichungsfunktion" oder einer „Abschlussfunktion" zu sprechen. Schließlich haben Akkreditive auch Liquiditäts- oder Kreditfunktion. Die Inanspruchnahme des Akkreditivs schont die Liquidität des Käufers, da er keine Vorauszahlungen leisten muss.[99] Für den Verkäufer bedeutet das Akkreditivversprechen der ausländischen Bank eine werthaltige Forderung, die zur Besicherung der Exportvorfinanzierung verwendet werden kann.[100]

Aus dieser wirtschaftlichen Interessenlage lassen sich Rückschlüsse auf den Umgang der darin liegenden Risikoposition der Bank ziehen: Die Kreditfunktion der Akkreditivstellung für den Käufer ist die Kehrseite der oben bereits dargestellten Kreditgewährung des Kreditinstituts (§ 19 Abs. S. 3 Nr. 5 KWG). Die Kreditgewährung hat aufsichts- und bilanztechnische Implikationen, die wiederum die Motivation für die Bank darstellen, die Risikoposition an den Kapitalmarkt oder andere Risikonehmer zu übertragen oder aufzuteilen. So wie die Kehrseite des abstrakten Schuldversprechens rechtlich der Aufwendungsersatzanspruch der Bank ist, so entspricht dem aus ökonomischer Sicht das Zusammenspiel von Kreditgewährung zugunsten des Käufers und dem Kreditausfallrisiko der Bank.

III. Außenhandelsgarantien

Außenhandelsgarantien gehören, neben dem Akkreditiv- und dem Inkassogeschäft, zu den drei klassischen Formen des Bankgeschäfts im Außenhandel.[101] Auch die Außenhandelsgarantie hat mehrere Rechtsverhältnisse zur Folge. Der Fokus der Untersuchung liegt naturgemäß auf demjenigen Rechtsverhältnis, das der Risikoposition der Bank zugrunde liegt. Wie schon für das Akkreditivgeschäft werden die wirtschaftlichen und (deutsch)rechtlichen Grundlagen der

---

99 *Seeger*, in: Kümpel/Wittig, Bank- und Kapitalmarktrecht, 13.125.

100 *Seeger*, in: Kümpel/Wittig, Bank- und Kapitalmarktrecht, 13.126.

101 Ausführliche monographische Darstellung zu Bankgarantien bei *Westphalen*, Die Bankgarantie im internationalen Handelsverkehr.

Außenhandelsgarantie dargestellt, da sie Anknüpfungspunkte für ihre Behandlung in anderen Rechtsgebieten sind.

1. Einordnung und wirtschaftliche Bedeutung

Die Außenhandelsgarantie ist ein weitverbreitetes Mittel der Handelsfinanzierung, das weltweit der Vereinfachung internationaler Handelsbeziehungen dient. Diese Form der Garantie machte im Jahre 2015 nach einer Studie der ICC rund 22 % der von Banken im Außenhandel vertriebenen Produkte im Bereich Außenhandelsfinanzierung aus.[102] Sie folgt damit an zweiter Stelle auf Akkreditive (*commercial letters of credit*), auf die 41 % entfallen und liegt in etwa gleichauf mit den dem US-amerikanischen Recht entstammenden *standby letters of credit*, auf die wiederum ca. 17 % entfallen.[103] Nach den Erfahrungen der Bankenkrise wurde Garantien ein nicht unwesentlicher Anteil am Wiederaufblühen des Außenhandels zugesprochen, da sie als wirksames Sicherungsmittel gelten, das Investitionsbereitschaft fördert, indem es die Parteien gegen Vertragsverstöße absichert, ohne den Unternehmen Liquidität zu entziehen.[104]

Wenn im Folgenden von Garantie gesprochen wird, ist damit naturgemäß keine Haftungsverschärfung nach §§ 443, 444 BGB gemeint. Vielmehr ist eine Garantie im hier behandelten Sinn eine Verpflichtung „für den Eintritt eines bestimmten Erfolges einzustehen oder die Gefahr eines künftig eintretenden Schadens zu übernehmen“[105]. Das Rechtsinstitut der Garantie hat im deutschen Zivilrecht im Unterschied zur Bürgschaft keine ausdrückliche Regelung erfahren, ist jedoch in Rechtsprechung und Literatur vor dem Hintergrund der Vertragsfreiheit des § 311 Abs. 1 BGB allgemein anerkannt.[106] Die speziellere

---

102 Quelle: ICC Global Trade and Finance Survey 2017 „Rethinking Trade & Finance“, S. 102.
Abrufbar unter https://cdn.iccwbo.org/content/uploads/sites/3/2017/06/2017-rethinking-trade-finance.pdf.

103 Ebenda. Weitere ca. 19 % entfallen auf Inkassi („*collections*“), diese sind aber nicht Gegenstand dieser Untersuchung, siehe unten Teil 1 § 2 B. IV.

104 Originalwortlaut aus dem Jahre 2012: „With the greatest economic crisis since the great depression still a fresh memory, guarantees were said to provide greater security in trade, as they are designed to restore confidence by protecting the parties against performance breaches without the need for businesses to post onerous cash deposits to secure their performance duties“; Quelle: ICC Global Trade and Finance Survey 2012 „Rethinking Trade & Finance“, S. 16.

105 *Fischer*, in: Lwowski/Fischer/Langenbucher, Recht der Kreditsicherung, § 9, Rn. 213.

106 „Von einer gesetzlichen Regelung hat der historische Gesetzgeber vor allem wegen der Vielfalt der Erscheinungsformen der Garantie abgesehene; auch heute finden sich

Bankgarantie „dient der Sicherung einer Verbindlichkeit des Auftraggebers der Bank gegenüber dem daraus Begünstigten; im internationalen Handelsverkehr oft der Sicherung des Käufers gegen Leistungsstörungen jeder Art auf der Verkäuferseite oder andersherum“[107]. Sie stellen eine Form der „sonstigen Gewährleistung“ und damit ein erlaubnispflichtiges Bankgeschäft im Sinne des § 1 Abs. 1 S. 2 Nr. 8 KWG und daneben eine Form des Kredits für Zwecke der §§ 13–13b KWG[108] und §§ 15–18 KWG dar.[109]

2. *Leistungsbeziehungen und rechtliche Einordnung*

Wie beim Akkreditiv besteht auch bei der Garantie im Grundfall ein Drei-Personen-Verhältnis, bei dem drei Rechtsbeziehungen zu unterscheiden sind: das Grundgeschäft zwischen Käufer und Verkäufer. Das Auftragsverhältnis zwischen dem Käufer als Auftraggeber und der Bank. Schließlich der Garantievertrag zwischen der Bank als Garant und dem Verkäufer als Begünstigten.

a) Rechtsverhältnis zwischen Auftraggeber und Begünstigtem

Das Grund- oder Valutaverhältnis zwischen Auftraggeber und Begünstigtem ist im Regelfall ein Kaufvertrag über Waren, der mit einer Garantieklausel versehen ist. Hintergrund der Vereinbarung einer Garantieklausel ist entweder, dass der verkaufende Begünstigte die Bonität des Käufers als zu gering ansieht oder sich vor den Risiken, die mit der Internationalität des Geschäfts einhergehen, insbesondere dem politischen Risiko, schützen will. Deswegen verlangt er vom Käufer die Stellung einer zusätzlichen Sicherheit in Form einer Bankgarantie. Die Stellung dieser Sicherheit wird in der Garantieklausel vereinbart, die die inhaltliche (wenn auch nicht rechtliche) Verbindung zwischen Grund- und Deckungsverhältnis herstellt (im Unterschied zur streng akzessorischen Bürgschaft).[110]

---

nur vereinzelte Vorschriften für bestimmte Arten des Garantievertrags“, *Habersack*, in: MüKO BGB, Vor § 765, Rn. 18; *Grüneberg*, in: Palandt, BGB, Überbl. v § 311, Rn. 13; *Sprau*, in: Palandt, BGB, Einf. v § 765, Rn. 16 ff. mwN.

107 *Sprau*, in: Palandt, BGB, Einf. v § 765, Rn. 22.

108 *Schäfer*, in Boos/Fischer/Schulte-Mattler, KWG, § 1, Rn. 94.

109 *C.Bock*, in: Boos/Fischer/Schulte-Mattler, KWG, § 21, Rn. 57.

110 *Habersack*, in: MüKo BGB, Vor § 765, Rn. 20: „Die Garantie dient wie die Bürgschaft der Sicherung eines fremden Interesses, ist aber nicht wie diese notwendig vom Bestehen einer fremden Verbindlichkeit abhängig. Der aus dem Garantievertrag folgende Anspruch des Garantienehmers ist somit nicht akzessorisch. Er verhält sich zum Anspruch des Gläubigers gegen den Bürgen wie die Grundschuld zur Hypothek, wobei den Parteien allerdings freisteht, die Verpflichtung der Garantien

b) Rechtsverhältnis zwischen Auftraggeber und Bank

Das zwischen dem Käufer und der Garantiebank bestehende Deckungsverhältnis ist rechtlich ein entgeltlicher Geschäftsbesorgungsvertrag mit Werkvertragscharakter im Sinne der §§ 675, 631, 670 BGB.[111] Darin wird die Garantiebank gegenüber dem Käufer als Auftraggeber verpflichtet, mit dem begünstigten Verkäufer einen Garantievertrag zu schließen. Dabei ist die Bank streng an die Weisungen des Auftraggebers gebunden und dem Grundsatz der Auftragsstrenge unterworfen.[112] Durch die Ausführung des Auftrags gewährt die Bank dem Auftraggeber einen Haftungskredit in Form eines Avalkredits.[113] Im Gegenzug ist der Auftraggeber zur Zahlung einer Avalprovision an die Garantiebank verpflichtet.[114] In der Praxis verfügen gerade Großkunden über einen Avalkreditrahmen, unter dem sie bei Bedarf einzelne Avale abrufen können. Die Einräumung eines Kreditrahmens seitens der Bank ist für den Käufer gleichzeitig ein positives Signal hinsichtlich der Bonität des Käufers, da die Bank die Vermögensverhältnisse des Käufers geprüft hat.

Tritt der Garantiefall ein, ist die Bank zur Zahlung an den Begünstigten verpflichtet. Sie kann dann nach §§ 675 Abs. 1, 670 BGB vom Auftraggeber Ersatz ihrer Aufwendungen verlangen.[115]

c) Rechtsverhältnis zwischen Garant und Begünstigtem

Den eigentlichen Garantievertrag schließt die Bank mit dem Begünstigten. Dabei handelt es sich um einen einseitig verpflichtenden Vertrag *sui generis*[116], der durch vielfache und einheitliche Verwendung zu einem verkehrstypischen

---

an die Erfüllung bestimmter Voraussetzungen zu binden; vorbehaltlich derartiger Gestaltungen äußert sich die fehlende Akzessorietät der Garantie aber vor allem in dem Ausschluss von aus dem Valutaverhältnis zwischen dem Garantienehmer und dessen Schuldner abgeleiteten Einwendungen des Garanten. (…).“ *Welter*, in: MüKo HGB, Bd. 5, Anhang I, J 22.

111 *Sprau*, in: Palandt, BGB, Einf. v § 765 BGB, Rn. 24.

112 *Welter*, in: MüKo HGB, Bd. 5, Bd. 5, Anhang I, J 26.

113 *T.Fischer*, in: Schimansky/Bunte/Lwowski, Bankrechts-Handbuch Bd. 2, § 121, Rn. 78.

114 *Bauer*, in: Kümpel/Wittig, Bank- und Kapitalmarktrecht, Rn. 13.14.

115 *Welter*, in: MüKo HGB, Bd. 5, Anhang I, J 38; *Habersack*, in: MüKo BGB, Vor § 765, Rn. 30.

116 *Welter*, in: MüKo HGB, Bd. 5, Anhang I, J 2; Bauer, in: Kümpel/Wittig, Bank- und Kapitalmarktrecht, Rn. 13.6; *T. Fischer*, in: Schimansky/Bunte/Lwowski, Bankrechts-Handbuch Bd. 2, § 121, Rn. 108.

Vertrag erstarkt ist. Dessen signifikante Eigenschaften werden vor allem in Abgrenzung zum Institut der Bürgschaft deutlich[117].

Gemeinsam ist den beiden Instituten zunächst das Prinzip der Haftungsübernahme für einen Anderen. Der Garant verpflichtet sich, den Gläubiger seines Auftraggebers schadlos zu halten.[118] Der wesentliche Unterschied ist die Akzessorietät, die die Bürgschaft kennzeichnet und der Garantie wesensfremd ist. Die Verpflichtung des Garanten ist unabhängig von dem Grundverhältnis zwischen Käufer und Verkäufer sowie vom Deckungsverhältnis zwischen der Bank und dem Auftraggeber.[119] Das Grundverhältnis ist lediglich der innere Grund für die Bestellung der Garantie, der Nexus tritt nur in der Sicherungsabrede oder Garantieklausel zutage. Aus der Sicherungsabrede folgt auch der Rückforderungsanspruch des Auftraggebers gegen den Begünstigten für den Fall einer ungerechtfertigten Inanspruchnahme der Garantie durch den Begünstigten.[120] Da die Beteiligten in der Außenhandelssituation ein besonders hohes Sicherungsbedürfnis haben, wäre eine Haftung, die Einwendungen zulässt, nicht angemessen.[121] Daher haben sich die Außenhandelsgarantie und eben nicht die Außenhandelsbürgschaft im internationalen Wirtschaftsverkehr durchgesetzt. Hinzu kommt das praktische Problem, dass die Bürgschaft ein Kind des deutschen Rechtskreises und ausländischen Partnern schwer zu vermitteln ist, während die Garantie auch in anderen Rechtskreisen mit ähnlichen Voraussetzungen und Rechtsfolgen verbreitet ist. In der Folge hat sich im internationalen

117 *Grüneberg*, in: Palandt, BGB, Überbl. v § 311, Rn. 13, *Nobbe*, in: Schimansky/Bunte/Lwowski, Bankrechts-Handbuch Bd. 2, § 92, Rn. 1.

118 *Fischer*, in: Lwowski/Fischer/Langenbucher, Recht der Kreditsicherung, § 9, Rn. 216.

119 *Welter*, in: MüKo HGB, Bd. 5, Anhang I, J 65.

120 Mit der Folge, dass § 818 Abs. 3 BGB auf diesen Sachverhalt kein Anwendung findet, siehe *Habersack*, in: MüKo BGB, Vor § 765, Rn. 30.

121 Zu Einwendungen seitens des Garanten auch *Habersack*, in: MüKo BGB, Vor § 765, Rn. 35: „(…). Soweit nicht die Garantie eine Effektivklausel enthält und damit auf den Eintritt des Garantiefalls Bezug nimmt, kommen grundsätzlich nur auf dem Rechtsverhältnis der Bank zum Garantienehmer beruhende Einwendungen in Betracht. Davon umfasst sind neben den inhaltlichen (urkundlichen) Einwendungen insbesondere Gültigkeitseinwendungen, also Einwendungen, durch die die Wirksamkeit der Garantie bestritten wird, und rechtsvernichtende oder -hemmende Einwendungen (sog. unmittelbare Einwendungen) wie etwa die Geltendmachung eines Zurückbehaltungsrechts oder die Aufrechnung mit einer liquiden Gegenforderung der Bank, soweit diese nicht dem Valutaverhältnis entstammt und vom Garanten im Wege der Abtretung erworben worden ist. (…).“ Weiters zu Einwendungen und bereicherungsrechtlicher Rückabwicklung, *ders.*, eben da, Rn. 22 (Einwendungen des Garanten).

Handelsverkehr die Bankgarantie auf erstes Anfordern (*first demand guarantee*) als am weitesten verbreitete Garantieform durchgesetzt.[122]

Aufgrund der weiten Verbreitung und Bedeutung für den Außenhandel hat die ICC für Bankgarantien auf erstes Anfordern ein einheitliches Regelwerk geschaffen. Die überarbeitete Fassung ist am 1. Juli 2010 unter dem Namen „Einheitliche Richtlinien für auf Anfordern zahlbare Garantien" („ERAG") in Kraft getreten.[123]

„Auf erstes Anfordern" bedeutet, dass die Garantiebank ihrer Inanspruchnahme grundsätzlich nur Einwendungen aus dem Garantievertrag entgegenhalten kann.[124] Neben der Unwirksamkeit des Garantievertrages kommt insbesondere das Nichtvorliegen der formellen Garantievoraussetzungen in Betracht.[125] Der Begünstigte kann schon bei Vorliegen des formellen Garantiefalls Zahlung verlangen, der bereits eintritt, wenn die Inanspruchnahme der Garantie, nach Maßgabe der Garantiebedingungen, erklärt wird.[126] Zur Prüfung des materiellen Garantiefalls ist die Bank weder berechtigt noch verpflichtet.[127] Zu dieser Prüfung ist sie tatsächlich auch gar nicht in der Lage, da sie nicht beurteilen kann, ob die Leistungsbeziehungen vertragsgemäß abgewickelt wurden.

Höchst ausnahmsweise kann die Garantiebank sich auf einen Fehler aus dem Grundverhältnis berufen, wenn ihre Inanspruchnahme rechtsmissbräuchlich wäre;[128] die Anforderungen an Darlegungs- und Beweispflicht sind jedoch hoch.[129] Die Verweigerung ist nur gerechtfertigt, wenn „klar erkennbar oder liquide beweisbar ist", dass der Begünstigte lediglich seine formale Rechtsposition

---

122 *Nobbe*, in: Schimansky/Bunte/Lwowski, Bankrechts-Handbuch Bd. 2, § 92, Rn. 31.

123 ICC Publikation Nr. 758 in der Version der Revision 2010 oder in der englischen Originalfassung ICC Uniform Rules for Demand Guarantees (URDG).

124 *T.Fischer*, in: Schimansky/Bunte/Lwowski, Bankrechts-Handbuch Bd. 2, § 121, Rn. 148.

125 *Sprau*, in: Palandt, BGB, Einf. v § 765, Rn. 25; *Gehrlein*, in: BeckOK BGB, § 783, Rn. 22.

126 Siehe dazu die detaillierten Bestimmungen der URDG 758.

127 *Nobbe*, in: Schimansky/Bunte/Lwowski, Bankrechts-Handbuch Bd. 2, § 92, Rn. 35.

128 *Habersack*, in: MüKo BGB, Vor § 765, Rn. 36 mwN: „Auch im Fall einer Garantie auf erstes Anfordern steht der Ausschluss von Einwendungen aus dem Valutaverhältnis des Garantienehmers zum Garantieauftraggeber unter dem – nicht abdingbaren – Vorbehalt einer missbräuchlichen Inanspruchnahme der Garantie durch den jeweiligen Gläubiger."

129 *Welter*, in: MüKo HGB, Bd. 5, Anhang I, J 72; *Fischer*, in: Lwowski/Fischer/Langenbucher, Recht der Kreditsicherung, § 9, Rn. 221; *Gehrlein*, in: BeckOK BGB, § 783, Rn. 22.

ausnutzt, materiell aber nicht berechtigt ist.[130] Zusammenfassend schreibt *Gehrlein*, dass „[die Bank] abgesehen von Gültigkeitsmängeln der Garantie, die etwa vertraglich aufgehoben wurde, (…) den Begünstigten weder mit Einwänden aus dem Deckungs- und dem Valutaverhältnis noch nach Zahlung wegen Eintritts des materiellen Garantiefalls einen Bereicherungsanspruch [konfrontieren kann]; andererseits gilt nur bei Rechtsmissbrauch, wenn der Nichteintritt des Garantiefalles im Valutaverhältnis wegen des umseitigen Wegfalls des Kaufgeschäfts evident oder liquide, nämlich durch Urkunden, beweisbar ist."[131]

Von diesem Sonderfall abgesehen gilt bei Bankgarantien der Grundsatz „erst zahlen, dann prozessieren".[132] Materielle Fragen sind dann eventuellen Rückforderungsprozessen vorbehalten,[133] wobei das Kreditinstitut als Kläger mit erheblichen Beweisschwierigkeiten konfrontiert ist.[134]

3. *Hinzutreten einer Zweitbank*

Wie im Akkreditivgeschäft wird auch im Garantiegeschäft häufig eine zweite Bank einbezogen. Die Zweitbank hat ihren Sitz typischerweise in der Jurisdiktion des Garantienehmers. Bei grenzüberschreitenden Zahlungsströmen hat dies aus Sicht des inländischen Verkäufers und Garantienehmers den Vorteil, dass Risiken, wie zum Beispiel Zahlungsmoratorien in der Jurisdiktion des Käufers, ausgeschlossen werden können.

Die ausländische Garantiebank schließt dazu mit der inländischen Zweitgarantiebank einen Geschäftsbesorgungsvertrag mit Werkvertragscharakter im Sinne der §§ 675 Abs. 1, 631, 670 BGB. Maßgeblicher Inhalt ist die Abgabe einer Garantieerklärung zugunsten des Verkäufers. Der Garantienehmer verfügt mit der Zweitbank – neben dem Auftraggeber – über einen zusätzlichen (potenziellen) Schuldner. Dann spricht man von einer indirekten Garantieübernahme durch die Zweitbank.[135] Dieses besonders hohe Absicherungsniveau ist für den

---

130 BGHZ 90, 287, 292, NJW 1984, 2030; BGH NJW 1988, 2610; OLG Köln WM 1988, 21, 22; OLG Saarbrücken WM 2001, 2055, 2061.

131 *Gehrlein*, in: BeckOK BGB, § 783, Rn. 22 mwN.

132 *Nobbe*, in: Schimansky/Bunte/Lwowski, Bankrechts-Handbuch Bd. 2, § 92, Rn. 44.

133 *Habersack*, in: MüKo BGB, Vor § 765, Rn. 36.

134 *Sprau*, in: Palandt, BGB, Einf. v § 765, Rn. 25. Zur einstweiligen Verfügung im Eilverfahren siehe auch *Gehrlein*, in: BeckOK BGB, § 783, Rn. 22: „Freilich sind in dem Eilverfahren strenge Anforderungen an die Glaubhaftmachung des Missbrauchs zu stellen." „Strenge Anforderungen" auch bei *Habersack*, in: MüKo BGB, Vor § 765, Rn. 37.

135 *Welter*, in: MüKo HGB, Bd. 5, Anhang I, J 117.

garantiestellenden Schuldner kostenintensiv, da für ihn zwei Avalprovisionen zu Buche schlagen. Wirtschaftlich ist dies nur dann gerechtfertigt, wenn ein lukrativer Vertrag sonst überhaupt nicht zustande gekommen wäre oder der Gläubiger dem Schuldner an anderer Stelle der Vertragsverhandlungen entgegenkommt.

Aus Risikosicht kommt zum Regressanspruch der Erstbank derjenige der Zweitbank als Risiko vermittelndes Rechtsgeschäft hinzu. Wird die Zweitbank aus der Garantie in Anspruch genommen, steht ihr ein Aufwendungsersatzanspruch aus dem Geschäftsbesorgungsvertrag mit der Erstbank zu und dieser wiederum ein Aufwendungsersatzanspruch gegen den ursprünglichen Auftraggeber, den Schuldner. Die Erfüllung des Regressanspruchs der Erst- durch die Zweitbank stellt eine Aufwendung im Verhältnis zum Auftraggeber dar, die die Erstbank im Sinne des § 670 BGB für erforderlich halten durfte. Ebenso verhält es sich mit der Provision, die als Aufwendung zwischen Erst- und Zweitbank sowie als Aufwendung zwischen Erstbank und Auftraggeber gilt.[136]

Neben der indirekten Garantieübernahme ist – auch hier die Parallele zum Akkreditiv – die Einschaltung der Zweitbank als avisierende oder bestätigende Bank denkbar. Die Ausführungen zur Einschaltung von Zweitbanken bei Akkreditiven sind entsprechend übertragbar.

IV. Inkassi

Neben Akkreditiven und Außenhandelsgarantien steht als drittes „klassisches" Außenhandelsgeschäft der Banken das Inkassogeschäft, der Einzug von Forderungen. Speziell im Außenhandel ist darunter der Einzug von Handelsforderungen, die gegen Dokumente zahlbar sind, zu verstehen.[137] Unterschieden wird zwischen dem Inkasso von Zahlungspapieren (einfaches Inkasso) und dem von Handelspapieren (Dokumenteninkasso), in Abhängigkeit von der Frage, welche Art von dokumentärem Zahlungsversprechen vorliegt.[138]

Auch für das Inkassogeschäft hat die ICC mit den ERI 522, den „Einheitlichen Richtlinien für Inkassi",[139] die seit 1996 gelten, einen weltweit verwendeten Vertragsstandard geschaffen. Dokumenteninkasso ist eine für Im- und Exporteure gleichermaßen günstige Form des bargeldlosen Zahlungsverkehrs.[140] Auf

---

136 *Welter*, in: MüKo HGB, Bd. 5, Anhang I, J 120.

137 *Seeger*, in: Kümpel/Wittig, Bank- und Kapitalmarktrecht, Rn. 13.221.

138 *T. Fischer*, in: Schimansky/Bunte/Lwowski, Bankrechts-Handbuch Bd. 2, § 119, Rn. 1.

139 „Einheitliche Richtlinien für Inkassi", ICC Publ. Nr. 522 vom 1.1.1996, englische Originalfassung Uniform Rules for Collections (URC 522).

140 *M. Hakenberg*, in: Boujong/Joost/Ebenroth, HGB, II 452.

diesen Geschäftszweig entfallen laut der vorstehend bereits zitierten ICC-Studie weitere 19 % der Außenhandelsfinanzierung.[141] Beim Dokumenteninkasso sind mehrere Rechtsverhältnisse zu unterscheiden: Das grundlegende Rechtsverhältnis ist der Kaufvertrag zwischen Exporteur und Importeur. Hinzu kommen Geschäftsbesorgungsverträge zwischen dem Exporteur und seiner Bank, dem Importeur und dessen Bank sowie den Banken untereinander.[142] Der Exporteur reicht die Dokumente bei seiner Bank ein, die sie wiederum an die Bank des Importeurs weiterleitet. Die den Versand der Ware belegenden Dokumente werden dem Importeur entweder gegen Zahlung des Kaufpreises oder Akzeptierung einer auf ihn bezogenen Tratte (Wechsel) von seiner Bank ausgehändigt. Kaufpreis oder Tratte werden von der ausländischen Bank über die inländische Bank zum Exporteur weitergeleitet.

Diese Form der Mitwirkung an Handelsgeschäften stellt ein klassisches Betätigungsfeld von Kreditinstituten dar. Der bargeldlose Scheck- und Wechseleinzug ist gemäß § 1 Abs. 1 S. 2 Nr. 9 KWG für Zwecke des Aufsichtsrechts erlaubnispflichtiges Bankgeschäft. Der Unterschied zur dokumentären Handelsabwicklung mittels Akkreditiv besteht darin, dass die beteiligten Banken lediglich eine Inkassofunktion übernehmen. Der Exporteur erwirbt weder gegen seine noch die ausländische Bank einen Zahlungsanspruch.[143] Aus dem Vertragsverhältnis mit der inländischen Bank steht dem Exporteur lediglich ein Anspruch auf Aushändigung des Kaufpreises oder der Tratte aus dem Geschäftsbesorgungsverhältnis zu. Die Bank selbst trägt kein Risiko, sie fungiert als bloße Zahlstelle.[144]

Da kein Risiko besteht und keine Risikoposition eingegangen wird, ist das Dokumenteninkasso für die Frage des Umgangs mit Risikopositionen kein tauglicher Untersuchungsgegenstand. Deswegen findet es hier nur der Vollständigkeit halber Erwähnung. Für Zwecke dieser Untersuchung wird daher im Folgenden der Begriff Außenhandelsfinanzierung exklusive Dokumenteninkasso verwendet.

---

141 Quelle: ICC Global Survey on Trade Finance 2017, „Rethinking Trade and Finance", S. 102.
Abrufbar unter https://cdn.iccwbo.org/content/uploads/sites/3/2017/06/2017-rethinking-trade-finance.pdf

142 Siehe auch die Übersicht über den Ablauf und die beteiligten Rechtsverhältnisse bei *Möller*, Außenhandel im Bankgeschäft, S. 56 bzw. 57.

143 *M. Hakenberg*, in: Boujong/Joost/Ebenroth, HGB, II 454.

144 *Nielsen*, in: MüKo HGB, Bd. 5, Anhang I, Rn. 12.

V. *Zwischenergebnis*

Für die weitere Untersuchung bleibt hinsichtlich der rechtlichen Einordnung von im Außenhandel übernommenen Akkreditivverpflichtungen und Bankgarantien festzuhalten: Im Falle der Akkreditivverpflichtung sind das Verhältnis zwischen der Erstbank und deren Auftraggeber entscheidend. Der in diesem Verhältnis bei ordnungsgemäßem Ablauf des Grundgeschäfts entstehende Regressanspruch bzw. dessen Ausfall ist die maßgebliche Risikoposition. Die Einschaltung einer Zweitbank als avisierende oder benannte Bank ändert daran nichts. Durch die Erweiterung um eine bestätigende Bank entsteht jedoch eine zusätzliche Risikoposition, die sich ihrerseits auf die ursprüngliche auswirkt, da die eröffnende Bank einen Regressanspruch gegen die bestätigende Bank hat.

Parallel dazu gilt für die Außenhandelsbankgarantie: Die Risikoposition ist der Regressanspruch der Garantiebank gegen ihren Auftraggeber – nicht etwa die Garantiestellung selbst. Im Falle der Einschaltung einer Zweitbank kommt der Regressanspruch der Zweitbank gegen die Erstbank hinzu, es sei denn, die Zweitbank tritt nur als avisierende oder benannte Bank auf.

C. Kreditrisikotransfer

Nach Festlegung der Begriffe Bankrisiko und Außenhandel für Zwecke dieser Untersuchung folgt eine Annäherung an den Begriff des Risikotransfers, der sodann in den weiteren Zusammenhang des Risikomanagements eingeordnet wird.

I. *Kreditrisikotransfer als Form des Risikomanagements*

Die Bedeutung des Wortbestandteils „Transfer" kann hier nicht auf den Wortsinn beschränkt werden, da dieser lediglich das Übertragen (lat. *transferre*) von Risiken beinhalten würde. Kreditrisiken können zwar auf einen oder mehrere Dritte übertragen werden, der Begriff Kreditrisikotransfer ist aber in einem weiteren Sinne zu verstehen und bezeichnet eben nicht nur die Übertragung, wie sie zivilrechtlich durch die Abtretung der Kreditforderung erreicht wäre. Als Bezeichnung wird dennoch an ihm festgehalten, weil darunter in der Praxis eben nicht nur die Übertragung von Kreditrisiken, sondern unterschiedliche Arten des Umgangs mit Risikopositionen verstanden werden, wie sie im Folgenden in § 2 noch näher beschrieben werden.[145]

---

145 *Rudolph/Hofmann/Schaber/Schäfer*, Kreditrisikotransfer, S. 9.

Der technische Umgang mit Risiken, die aus der Vergabe von Krediten folgen, wird als Kreditrisikomanagement bezeichnet. Das Kreditrisikomanagement ist eine Unterkategorie des allgemeinen Risikomanagements. Unter dem Oberbegriff Risikomanagement versteht man Maßnahmen zur Erkennung, Analyse, Bewertung, Überwachung und Bewältigung von Risiken.[146] Das allgemeine Risikomanagement umfasst auch andere Risikoquellen, zum Beispiel solche, die auf aufbau- und ablauforganisatorischen Fehlerquellen beruhen.[147] Ziel des allgemeinen Risikomanagements ist nach *Diederichs* „die Sicherung des Unternehmensbestandes und zukünftigen Erfolges, die Steigerung des Unternehmenswertes sowie die Vermeidung oder Senkung von Risikokosten".[148] Das speziellere Kreditrisikomanagement konzentriert sich auf die aus der Kreditvergabe resultierenden Risiken. Der angemessene Umgang mit Kreditrisiken ist für Banken betriebswirtschaftliche Notwendigkeit und gesetzliche Verpflichtung. Während es aus betriebswirtschaftlicher Sicht für jedes Unternehmen sinnvoll ist, über ein funktionierendes Risikomanagement zu verfügen, tritt bei Kreditinstituten der Aspekt der gesetzlichen Verpflichtung aus § 25a Abs. 1 S. 1 KWG hinzu. Das dort aufgestellte Postulat der ordnungsgemäßen Geschäftsorganisation wird in den Mindestanforderungen an das Risikomanagement der Banken (MaRisk Ba) konkretisiert.[149]

Vorschriften in vergleichbarer Strenge finden sich sonst in Deutschland nur für das Versicherungswesen. Auch die Versicherungsaufsicht stellt besondere Anforderungen an das Risikomanagement von Versicherungsunternehmen auf. Gesetzliche Grundlage ist § 64a VAG (ggf. mit § 104s VAG) i.V.m. dem Rundschreiben MaRisk VA. Das Rundschreiben konkretisiert die gesetzlichen

146 „Das Risikomanagement als immanenter Bestandteil der Unternehmensführung stellt die Gesamtheit der organisatorischen Maßnahmen und Prozesse dar, die auf die Identifikation, Beurteilung, Steuerung und Überwachung von Risiken abzielen und eine Gestaltung der Risikolage ermöglichen", *Diederichs*, Risikomanagement und Risikocontrolling, S. 13. Andere Definition von *Brühwiller* in *Ehrmann*, Risikomanagement in Unternehmen, S. 27: „Risk management umfasst die gesamte Unternehmenspolitik unter besonderer Berücksichtigung der ihr innewohnenden Chancen und Risiken."

147 *Ehrmann*, Risikomanagement in Unternehmen, S. 24, 25.

148 *Diederichs*, Risikomanagement und Risikocontrolling, S. 12. Zu den im Risikomanagement verfolgten Zielen, *ders.* S. 13.

149 AT 1 1 MaRisk Ba: Dieses Rundschreiben gibt auf Grundlage des § 25a I KWG einen flexiblen und praxisnahen Rahmen für die Ausgestaltung des Risikomanagements der Institute vor.

Anforderungen und gibt der Aufsichtsbehörde im Interesse einer konsistenten Anwendung der Regeln eine verbindliche Auslegung des § 64a VAG vor.

Für den Umgang mit Kreditrisiken, Risikokonzentrationen oder drohendem Ausfall sind nach § 25a Abs. 1 S. 2 KWG die Geschäftsleiter verantwortlich. Geschäftsleiter i.S.d. KWG sind gemäß § 1 Abs. 1 S. 1 „diejenigen natürlichen Personen, die nach Gesetz, Satzung oder Gesellschaftsvertrag zur Führung der Geschäfte und zur Vertretung eines Instituts in der Rechtsform einer juristischen Person oder Personenhandelsgesellschaft berufen sind". Der Entscheidung der Geschäftsleiter über den Umgang mit einer bestimmten Risikoposition, einem Großrisiko oder einer Risikokonzentration, gehen mehrere Schritte voraus. *Jahrmann* beschreibt den Risikoprozess als Aufeinanderfolge der Schritte Erkennung, Analyse, Politik und Kontrolle.[150] Risikopolitik entspricht dabei dem in der Praxis verbreiteten Begriff *risk management*.[151] Demgegenüber erscheint es vorzugswürdig, sich an der Terminologie des Gesetzgebers zu orientieren, da dieser Anknüpfungspunkt für den gesetzlichen Verhaltensappell ist. In den MaRisk BA werden die Pflichten, die der Umgang mit Risikopositionen erfordert in Identifizierung, Beurteilung, Steuerung, Überwachung und Kommunikation der Risiken gegliedert. Diese Prozessschritte zu übernehmen ist vorzugswürdig, da es letztlich auf die Verhaltenspflicht der Verantwortlichen ankommt und nicht auf die willkürliche Benennung von Prozessschritten.

Der Einzelfallentscheidung über den Umgang mit einem Risiko gehen Identifizierung und Beurteilung voraus. Die Kommunikation der Risiken an die BaFin steht als selbstständige Pflicht daneben, da sie keine Entscheidungsvoraussetzung, sondern Negativvoraussetzung für Sanktionen ist. Der § 25a KWG enthält im Zusammenspiel mit den MaRisk Ba detaillierte Bestimmungen darüber, wie der Prozess der Erfassung der relevanten (wesentlichen) Risiken unternehmensintern organisiert werden muss und die Bemessung und Gewichtung rechnerisch vonstattengeht, sofern die Bestimmungen nicht in die CRR ausgelagert wurden bzw. diese den Bestimmungen der MaRisk vorgehen. Zielvorgabe ist es, die „Risikotragfähigkeit" zu gewährleisten (AT 4.1 1 MaRisk Ba). Durch diese Maßnahmen wird die Einhaltung der gesetzlichen Vorschriften ermöglicht (*compliance*). Die einzuhaltenden gesetzlichen Vorschriften ergeben sich aus

150 *Jahrmann*, Außenhandel, S. 289. Inhaltlich übereinstimmend *Diederichs*, Risikomanagement und Risikocontrolling, S. 14: Risiko-Identifikation, Beurteilung, Steuerung und Überwachung.

151 Überblick über Phasen des Risikomanagements auch bei *Horsch/Rathmann*, Kreditrisikotransfer durch Kreditversicherung, S. 23, Abb. 2.

dem KWG ggf. in Verbindung mit weiteren Gesetzen, wie dem WpHG oder dem BörsenG.[152] Teilweise werden die gesetzlichen Anforderungen für den jeweiligen Bereich durch eine Rechtsverordnung konkretisiert, wie zum Beispiel der SolvV, LiqV und der der GroMiKV und natürlich die CRR. Diese definiert den Begriff der „Kreditrisikominderung" in Art. 4 Abs. 1 Nr. 57 CRR als „ein Verfahren, das ein Institut einsetzt, um das mit einer oder mehreren Risikopositionen seines Bestands verbundene Kreditrisiko herabzusetzen".

Wie eingangs erwähnt, hat das Risikomanagement rechtliche und betriebswirtschaftliche Gründe. Die gesetzlichen Bestimmungen und betriebswirtschaftlichen Notwendigkeiten ergänzen und überschneiden einander. Erfordert eine bestimmte Risikoposition nach den Anforderungen an die angemessene Eigenmittelausstattung einen besonders hohen Einsatz von Eigenmitteln, kann es betriebswirtschaftlich sinnvoll sein, sich von dieser Position zu trennen oder sie so zu minimieren, dass sie bestimmte Grenzwerte unterschreitet, um Eigenkapital freizusetzen. Zudem verbessert eine höhere Eigenkapitalquote das Rating und damit die Refinanzierungskosten. Die Erfüllung der gesetzlichen Vorgaben in einer streng regulierten Rechtsordnung kann jedoch einen Wettbewerbsnachteil gegenüber Marktteilnehmern aus liberaleren Rechtsordnungen darstellen.

Diese Ambivalenz gesetzgeberischer Eingriffe in die unternehmerische Freiheit verdeutlicht, dass die Gründe, die § 25a KWG für die Einrichtung eines Risikomanagements aufführt, in einem Spannungsverhältnis zueinanderstehen.

Um dieses Spannungsverhältnis im Einzelfall bestimmen und ggf. auflösen zu können, muss das Kreditrisiko den oben angesprochenen Risikoprozess durchlaufen: Es muss erfasst, bemessen und gewichtet werden. Wenn diese Schritte zu einem Ergebnis führen, dass aus rechtlicher oder betriebswirtschaftlicher Sicht oder weil die rechtlichen Vorgaben ein bestimmtes Vorgehen betriebswirtschaftlich unprofitabel werden lassen, nicht tragbar erscheint, muss entschieden werden, wie diese Situation aufgelöst werden kann.

Die vollständige Übertragung, also der Transfer des Risikos ist dabei nur eine Möglichkeit. *Diederichs* entwickelt ein ausdifferenziertes System, das fünf Risikosteuerungsstrategien unterscheidet. Er unterscheidet Vermeidung, Verminderung, Begrenzung, Überwälzung und Akzeptanz.[153] Bei *Jahrmann* werden als Alternativen zur Übertragung (dort als Umverteilung bezeichnet), die

152 Überblick über die einzuhaltenden aufsichtsrechtlichen Anforderungen bei *Braun*, in: Boos/Fischer/Schulte-Mattler, KWG, § 25a, Rn 15 ff.

153 *Diederichs*, Risikomanagement und Risikocontrolling, S. 124, insbes. Abb. 3.50 auf S. 124.

Risikoverminderung, Risikokompensation und Risikoübernahme aufgeführt.[154] Diese Kategorienbildung ist als Überblick hilfreich, täuscht aber darüber hinweg, dass Risiken im Grundsatz entweder geteilt oder weitergegeben werden können. Wenn als Anwendungsbeispiel für Risikokompensation *Hedgegeschäfte* genannt werden, so handelt es sich letztlich doch um eine Form der Weitergabe.[155] Das unerwünschte Risiko wird von der Gegenpartei des Absicherungsgeschäfts getragen, an die es also weitergegeben wurde. Ähnlich verhält es sich bei der Versicherung eines Risikos, auch hier behält der ursprüngliche Träger des Kreditrisikos das Aktivum in seiner Bilanz, nur das damit verbundene Ausfallrisiko geht auf die Versicherung über. Wenn man noch einen Schritt weitergeht und die Teilung eines Risiko mit Dritten vor oder nach Kreditvergabe als partielle Weitergabe versteht, so kann man letztlich doch alle Formen des Umgangs mit Kreditrisiken unter den Begriff Weitergabe fassen. Die Weitergabe im Sinne einer vollständigen Trennung vom risikobehafteten Aktivum ist davon begrifflich ohne Weiteres erfasst. Denkbar wäre auch bei einer vollständigen Trennung von „Weitergabe im engeren Sinne“ und bei einer partiellen Übertragung von „Weitergabe im weiteren Sinne“ zu sprechen. Hier schließt sich der Kreis zum Begriff „Risikotransfer“, der nicht im engeren Wortsinn, aber bei weiterem Verständnis doch ein sinnvoller Oberbegriff für die dargestellten Möglichkeiten ist. Wird also im Folgenden der Begriff Kreditrisikotransfer oder „Weitergabe“ von Kreditrisiken verwendet, ist er in diesem hier beschriebenen weiten Sinn zu verstehen.

II. Alternative Formen des Risikomanagements

Neben der aktiven Gestaltung im Sinne der Weitergabe von Risiken stehen Kreditinstituten auch andere Möglichkeiten zur Verfügung, die gesetzlichen und betriebswirtschaftlichen Anforderungen des Risikomanagements zu erfüllen. Dabei ist an die Einrichtung von Limiten und die Diversifizierung des Kreditportfolios zu denken. Die typische Gemeinsamkeit dieser Unterformen des Risikomanagements ist, dass sie der Vermeidung kritischer Risikosituationen dienen.[156] Eine weitere liegt darin, dass solche Situationen schon im Zeitpunkt

---

154 *Jahrmann*, Außenhandel, S. 291. Dort wird auch die Risikovermeidung als Instrument quantitativer Risikopolitik genannt. Das ist zwar richtig, bietet aber keinen Ansatzpunkt für weitere Überlegungen.

155 So *Jahrmann*, Außenhandel, S. 291.

156 Anders *Jahrmann*, Außenhandel, S. 291, der Begrenzung und Verminderung als Anwendungsfälle von Risikoverminderung versteht.

der Kreditvergabe vermieden werden und nicht erst dann, wenn der Kreditgeber das kritische Risiko gezeichnet hat.[157]

Die Einrichtung von Limiten, also Kreditobergrenzen bezieht sich auf die Höhe des einem Schuldner gewährten Kredits, während man unter Diversifizierung eines Kreditportfolios die Vermeidung mengenmäßiger Häufung von Risiken einer bestimmten Kategorie versteht. Die Diversifikation des Portfolios kann unter unterschiedlichen Aspekten erfolgen. Typisches Beispiel dafür ist die Vermeidung der Häufung von Risiken einer bestimmten Branche oder eines bestimmten Auslandsmarktes (Sektorenkonzentration). Wichtig ist aber auch die Vermeidung einer übermäßigen Konzentration des Kreditengagements auf einen einzelnen Schuldner (Adressenkonzentration). Auf diese Weise soll verhindert werden, durch ein Kreditereignis (gleich welcher Art) mehrfach oder in existenzgefährdendem Ausmaß betroffen zu sein. Die Häufung einer bestimmten Risikokategorie im Portfolio eines Kreditinstituts wird als Klumpenrisiko bezeichnet,[158] im Versicherungswesen spricht man analog dazu von Kumulrisiken.[159]

Die Einrichtung von Kreditobergrenzen dient der Vermeidung einer Konzentration des Kreditengagements auf einen bestimmten Schuldner. Theoretisch denkbar ist es aber auch, für einen Schuldner, mit dem man in unterschiedlichen Geschäftsbeziehungen steht, jeweils ein Limit für eine bestimmte Art von Geschäften einzurichten. Zum Beispiel könnte eine Versicherung einem Kreditinstitut ein Limit für die Absicherung des Immobilienfinanzierungsgeschäfts in Deutschland und ein anderes für die Vorfinanzierung von Verbrauchsgüterexporten aus Entwicklungsländern setzen. Diese Form der Obergrenze hat wiederum eine gewisse Ähnlichkeit mit Maßnahmen zur Diversifizierung, da sie der Vermeidung einer Konzentration einer bestimmten Art von Risiken dient.

Die auf beiden Wegen erreichte Vermeidung einer Risikoposition ist aus Sicht des betroffenen Unternehmens auf den ersten Blick vorteilhaft. Allerdings gehen durch beide Varianten auch Geschäftschancen und Umsatz verloren. Im Fokus dieser Untersuchung stehen daher solche Mittel des Risikomanagements, die

---

157 Eine gewisse Überschneidung ist allerdings nicht ausgeschlossen, zum Beispiel bei der Syndizierung auf dem Primärmarkt. Darüber hinaus können Elemente der Portfoliodiversifikation auch zu einem späteren Zeitpunkt relevant werden.

158 *Fischer*, in: Schimansky/Bunte/Lwowski, Bankrechts-Handbuch Bd. 2, § 130, Rn. 43.

159 Ein Kumulrisiko entsteht, „wenn die Schadensursache dazu geeignet ist, eine Vielzahl von versicherten Objekten zu schädigen oder bei einer Vielzahl von Dritten Schäden zu verursachen", *Schwepcke*, in: MüKo VVG, Rückversicherungsvertragsrecht, Rn. 215.

einen rechtlich und betriebswirtschaftlich vertretbaren Umgang mit einer Risikoposition ermöglichen, ohne die darin gleichzeitig immer auch liegenden Vorteile von vornherein zu verhindern.

§ 2: Der Markt für Kreditrisikotransfer im Überblick

Den Banken stehen als Abnehmer von Risiken, die sie im Rahmen ihres Risikomanagements teilweise oder vollständig teilen oder weitergeben wollen, verschiedene Partner zur Verfügung. Die Struktur und technische Abwicklung der Weitergabe orientiert sich weitgehend am Charakter des Abnehmers. Als potenzielle Risikonehmer kommen infrage: andere Kreditinstitute, der Kapitalmarkt bzw. kapitalmarktorientierte Aufkäufer von Kreditrisiken, Versicherungsunternehmen bzw. private Kreditversicherer, die staatliche Exportkreditversicherung und schließlich Factoringanbieter. Letztere nehmen eine Art Zwitterstellung ein, da Factoring oder Forderungskauf auch von Banken und Versicherungsunternehmen betrieben wird.

Ein Überblick über die Produktpalette auf dem Markt für Kreditrisikotransfer soll eine Positionsbestimmung der Syndizierung im Verhältnis zu alternativen Instrumenten und Methoden ermöglichen. Um dies zu erreichen werden die verschiedenen Risikonehmer und jeweiligen Strukturen dargestellt. Dadurch treten Gemeinsamkeiten und Unterschiede zutage, die Hinweise auf eine optimale Konstruktion geben.

A. Banken

Die Beteiligung einer Bank am Kreditengagement einer anderen Bank kann unterschiedliche Formen annehmen. Abgrenzungskriterien sind zum einen der Zeitpunkt der Einbeziehung des Dritten und zum anderen die rechtliche Ausgestaltung der Beziehung zwischen Kreditnehmer und Drittem. Um eine einheitliche Abwicklung gemeinschaftlicher Kreditvergabe von Banken zu erreichen und den Handel mit Kredittranchen zu vereinfachen, publiziert die 1996 in London gegründete *Loan Market Association* (LMA)[160] einheitliche Standards für die Kreditvertragsdokumentation.[161] Die Standardisierung führt zu höherer

160 Ebenso die in New York ansässige Schwesterorganisation der LMA, die *Loan Syndication and Trading Association* (LSTA).

161 Die LMA beschreibt ihre Funktion auf ihrer Homepage wie folgt: „By establishing sound, widely accepted market practice, the LMA seeks to promote the syndicated loan as one of the key debt products available to borrowers across the region."

Rechtssicherheit und niedrigeren Kosten. Dadurch gewinnt der *syndicated loan* als Finanzierungsinstrument zusätzlich an Attraktivität.[162]

Ein großer Vorteil der Syndizierung[163] von Krediten, im Ausgangspunkt als Teilung des Kreditrisikos mit anderen Banken verstanden, ist die hohe Aufnahmekapazität.[164] Ein weiterer Vorteil ist die hohe Informationsdichte im Hinblick auf andere Kreditinstitute, die eine präzise Beurteilung der Bonität des potenziellen Finanzierungspartners gewährleistet. Dadurch wird Vertrauen hergestellt und Abschlüsse werden befördert. Schließlich stellt die Syndizierung eine probate und in der Praxis weitverbreitete Strategie der Risikodiversifizierung zur Vermeidung von Klumpenrisiken dar.[165]

Auf der anderen Seite hat die internationale Finanzkrise ab 2007, in ihrem Anfangsstadium als Bankenkrise, gezeigt, wie schnell einmal begründetes Vertrauen in der Krise entzogen wird und die Refinanzierung zwischen Banken zum Erliegen kommt. Problematisch ist auch, dass Kreditinstitute ihren direkten Konkurrenten ungern Zugriff auf ihre Geschäftskundenbeziehungen gewähren. Letztlich wird es immer auf eine Abwägung im Einzelfall ankommen. Die weite Verbreitung dieser Möglichkeit der Risikodiversifizierung spricht jedoch dafür, dass diese Abwägung der Kreditinstitute häufig für die Gewährung eines Konsortialkredites spricht.

I. Primär- und Sekundärmarkt

Der Kreditmarkt ist eine Untereinheit des Finanzmarkts und wird – wie auch der Kapitalmarkt – in Primär- und Sekundärmarkt unterschieden.[166] Entscheidender Anknüpfungspunkt für die Unterscheidung in Primär- und Sekundärmarkt ist der Zeitpunkt zu dem der Kredit auf den Markt gegeben wird. Von (Kredit)primärmarkt spricht man, wenn Neukredite, die aktuell oder vor Kurzem

---

162 Zu den Gründen zunehmender Standardisierung schon im Jahre 1985 siehe *Hinsch/Horn*, Vertragsrecht internationaler Konsortialkredite, S. 194, 195.

163 International hat sich der Oberbegriff „*syndication*" durchgesetzt.

164 Ausdifferenzierung der Begriffe Syndizierung und Ausplatzierung sogleich.

165 Parallel dazu gibt es auf dem Versicherungsmarkt auch die gemeinsame Versicherung von Großrisiken, die der Vermeidung von Kumulrisiken dient.

166 Primärmarkt im Sinne des Kapitalmarkts bezeichnet die Phase der Emission der Wertpapiere, die Platzierung von Kapitalmarktprodukten bei interessierten Anlegern. Sekundärmarkt bezeichnet hingegen die Weiterveräußerung der neu geschaffenen Kapitalmarktprodukte; siehe *Oulds*, in: Kümpel/Wittig, Bank- und Kapitalmarktrecht, 14.62; *Poelzig*, Kapitalmarktrecht, Rn. 9.

gewährt wurden, veräußert werden sollen.[167] Der (Kredit)sekundärmarkt wird hingegen mit Bestandskrediten, die für einen gewissen Zeitraum im Portfolio des Kreditgebers waren, bedient.[168]

Vom Zeitpunkt der Verteilung, der Unterscheidung von Primär- und Sekundärmarkt, ist auch die Benennung der Methode abhängig: Die Verteilung der Kreditrisiken auf dem Primärmarkt bezeichnet man als *Syndizierung.*[169] Die kreditgebende Bank wendet sich dabei unmittelbar nach Eingehung des Kreditrisikos an andere Banken oder der Kredit wird von vornherein gemeinschaftlich vergeben. Anders die Situation auf dem Sekundärmarkt: Wenn die Bank den Kredit eigenständig vergibt, für einen gewissen Zeitraum in ihrem Kreditportfolio hält und erst später an andere Banken weitergibt, spricht man von *Ausplatzierung* von Kreditrisiken.[170] Bei der Ausplatzierung handelt es sich also um die Weitergabe bereits eingegangener Bestandsrisiken, während Syndizierung die Aufteilung der eingegangenen Risiken in engem zeitlichem Zusammenhang mit ihrer Entstehung bzw. *a priori* gemeinschaftliche Eingehung der Risiken bezeichnet.

Die *Ausplatzierung* von Risiken erfolgt meistens durch die (nachträgliche) Bildung eines Kreditkonsortiums oder die Einräumung einer Unterbeteiligung an einem Kredit.[171] Sie kann aber auch die völlige Lösung des Risikos aus dem Bestand des ursprünglichen Kreditgebers durch (nach deutschem Rechtsverständnis[172]) Verkauf- und Abtretungsvertrag bedeuten. In diesem Fall tritt der Zessionar vollständig in die Position des Kreditgebers ein.[173] Dem Kreditnehmer steht gegen diesen (ihm möglicherweise unerwünschten) Gläubigerwechsel kein Abwehrmittel zur Verfügung. Für das deutsche Recht kann schon aus der Möglichkeit der Vereinbarung eines Abtretungsverbots gemäß §§ 399 Alt. 2, 400 BGB im Umkehrschluss (*argumentum ex contrario*) geschlossen werden, dass es der Zustimmung des Schuldners im Normalfall nicht bedarf.[174] Zu beachten sind in jedem Fall die Rechtsfolgen einer unterbliebenen Abtretungsanzeige, §§ 406 ff. BGB.[175] Die Abtretung an sich kann höchstens am Bankgeheimnis oder

---

167 *Früh*, WM 2000, 497, 498.

168 Ebenda.

169 *Früh/Müller-Arends*, in: Bankrecht und Bankpraxis, 3/339a.

170 Ebenda.

171 *Früh*, WM 2000, 497, 499.

172 Ausführungen zum IPR im Dritten Teil unter § 6.

173 *Früh/Müller-Arends*, in: Bankrecht und Bankpraxis, 3/339b.

174 *Grüneberg*, in: Palandt, BGB, § 398, Rn. 1.

175 Zu etwaigen Folgen der Abtretung, Verpfändung, Unterbeteiligung und Verbriefung für Bankgeheimnis und Datenschutz siehe *Früh*, WM 2000, 497, 500 ff.

dem Verbot der Weitergabe vertraulicher Kreditunterlagen scheitern. Dies ist aber eine Frage des Einzelfalls und wird bei Kreditvergabe unter professionellen Vertragsparteien in den Kreditverträgen individuell geregelt.[176]

II. Insbesondere: Syndizierung

Wie bereits erläutert, ist unter Syndizierung die Aufteilung eines Kreditrisikos auf mehrere Risikoträger im Zuge der Schaffung der Risikoposition oder im direkten Anschluss daran zu verstehen. Sie findet also auf dem Primärmarkt statt.[177] Auf dem Primärmarkt können keine Bestandsrisiken weitergegeben werden, da „Bestandsrisiken" begriffslogisch nicht auf einem Markt für im Entstehen befindliche Neurisiken gehandelt werden können. Vergleichbar der Ausplatzierung auf dem Sekundärmarkt, schließen sich die Risikoträger auch auf dem Primärmarkt in Form von Unterbeteiligungen oder Kreditkonsortien zusammen.[178] Beide Formen (Unterbeteiligung und Kreditkonsortium) kommen in unterschiedlichen Konstellationen vor. Sie werden jeweils vor allem danach unterschieden, ob es sich um Beteiligung mit oder ohne Liquidität (Bareinschuss) handelt.

1. Kreditkonsortium

Das Phänomen, das sich mehrere Partner zwecks Erreichung eines gemeinsamen Ziels zu einem Konsortium zusammenschließen, kommt nicht nur im Rahmen der Kreditvergabe vor.[179] Ein prominentes weiteres Beispiel ist die Gründung eines Emissionskonsortiums[180], bei der Erstausgabe von Wertpapieren (Initial

---

176 Auch die Standardverträge der LMA treffen ausführliche Regelungen in Bezug auf die Abtretung einer Kreditforderung und deren Rechtsfolgen.

177 *Wunderlich*, in: Schimansky/Bunte/Lwowski, Bankrechts-Handbuch Bd. 2, § 76, Rn. 149; *Früh*, WM 2000, 497, 498; *Früh/Müller-Arends*, in: Bankrecht und Bankpraxis, 3/339 a; *Schaffelhuber/Sölch*, in: Gummert/Weipert/Bälz, Münchener HdB GesR, § 31, Rn. 1; anders *Rossbach*, in: Kümpel/Wittig, Bank- und Kapitalmarktrecht, Rz. 11.121.

178 *Früh*, WM 2000, 497, 498.

179 Nach *Schücking*, in: Unternehmensfinanzierung am Kapitalmarkt, § 26, Rn. 2 machen Kreditkonsortien zusammen mit den Emissionskonsortien das Konsortialgeschäft der Banken aus. *DeMeo* bildet mit den Sanierungskonsortien eine dritte, weitere Kategorie, siehe *DeMeo*, Bankenkonsortien, S. 18 ff.

180 Das Emissionsgeschäft ist in § 1 I Nr. 10 KWG und wortgleich in § 2 III Nr. 5 WpHG legaldefiniert als „Übernahme von Finanzinstrumenten für eigenes Risiko zur Platzierung oder die Übernahme gleichwertiger Garantien".

Public Offering – IPO).[181] Auch hier kommen selbstständige Partner zur Erreichung eines gemeinsamen Vorhabens zusammen.[182] Gleichermaßen ist der Anlass für die Zusammenarbeit darin zu sehen, dass ein für jeden Konsorten alleine nicht tragbares Risiko durch die Aufteilung auf mehrere Risikonehmer bewältigt wird.[183]

Emissions- und Kreditkonsortien unterscheiden sich in ihrer ökonomischen Funktion jedoch insofern, als die Bildung eines Emissionskonsortiums schwerpunktmäßig die gemeinsame Erbringung unterschiedlicher Dienstleistungen zum Gegenstand hat.[184] Beim Kreditkonsortium steht hingegen die Risikoteilung der Banken im Vordergrund, während die gemeinschaftliche Erbringung unterschiedlicher Dienstleistungen eine untergeordnete Rolle spielt.[185]

Die Dienstleistung „Kreditvergabe“ kann eine einzelne Bank theoretisch genauso gut, wenn nicht sogar effizienter bewerkstelligen. Höhe des Kredites oder Struktur des Risikoportfolios erfordern jedoch bei Konsortialkrediten die Einbeziehung einer weiteren Bank, obwohl der technische Vorgang auch von einer Bank bewerkstelligt werden könnte.[186] Die Dienstleistung „Wertpapieremission“ kann eine einzelne Bank jedoch häufig nicht alleine leisten. So erfordert beispielsweise die Vermarktung der Wertpapiere im Wege des *Bookbuilding* die Reichweite mehrerer Investmentbanken.[187]

---

181 Emissionskonsortien werden häufig nach den Empfehlungen der International Capital Market Association (ICMA) gebildet. Einzelheiten bei *Schäcker/Brehm*, in: Unternehmensfinanzierung am Kapitalmarkt, § 2, Rn. 21 und *Schücking*, § 26, Rn. 4 ff. Ein weiterer Anwendungsfall für die Bildung von Konsortien ist das Anlagebaukonsortium bei größeren Infrastrukturprojekten, siehe *Ulmer*, in: MüKo BGB, Vor § 705, Rn. 61 – 63.

182 *Bosch*, in: Bankrecht und Bankpraxis, 10/26.

183 *Ulmer*, in: MüKo BGB, Vor § 705, Rn. 51.

184 Zu historischen Entwicklungslinien im Konsortialgeschäft der Banken *Pöhler*, Internationales Konsortialgeschäft, S. 26 ff. Einen ausführlichen Überblick über die geschichtliche Entwicklung des Konsortialgeschäfts gibt *Scholze*, Das Konsortialgeschäft der deutschen Banken Bd. 1, S. 37 ff.

185 *Schücking*, in: Unternehmensfinanzierung am Kapitalmarkt, § 26, Rn. 2; *Bosch*, in: Bankrecht und Bankpraxis, 10/28.

186 „Aus Gründen der Risikostreuung und wegen der begrenzten Finanzierungskraft eines einzelnen Bankinstituts werden Großkredite besonders häufig von mehreren Banken gemeinschaftlich gewährt“, *DeMeo*, Bankenkonsortien, S. 12.

187 *Schäcker/Brehm*, in: Unternehmensfinanzierung am Kapitalmarkt, § 2, Rn. 33 ff., insbes. 39.

Charakteristisch für ein Kreditkonsortium ist nicht das Gewähren eines bestimmten Kredits, sondern die Form der Kooperation zwischen mehreren Banken bei der Kreditgewährung.[188] Das Kreditkonsortium ist nicht auf die Begebung eines Gelddarlehens im Sinne der §§ 488 ff. BGB begrenzt, auch das Stellen von Akkreditiven und Garantien[189] kann Gegenstand eines Kreditkonsortiums sein.[190] In diesen speziellen Fällen besteht die Verpflichtung der Konsorten gegenüber ihren Kunden in der quotalen Stellung eines Sicherungsmittels gegenüber Dritten und nicht in der anteiligen Auszahlung eines Kredits.[191]

Da Konsortien in verschiedenen Bereichen vorkommen und die Terminologie in diesem Bereich uneinheitlich erscheint, wird das hiesige Verständnis des Begriffs und seiner Bedeutung dargestellt. Konsortien werden nicht als Unterkategorie der Syndizierung verstanden, sondern als eines von mehreren denkbaren Mitteln, die der Erreichung von Kreditsyndizierung dienen. Auch eine Ausplatzierung, also die teilweise Trennung von Risiken in einem späteren Stadium kann aufseiten der Risikonehmer durch die Bildung von Konsortien ermöglicht werden.

Zu unterscheiden sind die echten von den unechten Kreditkonsortien.[192] Diese Unterscheidung beschreibt die Ausgestaltung des Vertragsverhältnisses zwischen den Konsorten untereinander und die Beziehung zwischen den Konsorten auf der einen und dem Kreditnehmer auf der anderen Seite. Rechtlich handelt es sich um zwei Schuldverhältnisse: Den *Konsortialvertrag* als Grundlage der Innenbeziehung der Konsorten zueinander und den *Konsortialkreditvertrag* als Grundlage der Beziehung zwischen den Konsorten und dem Kreditnehmer.[193]

Der *Konsortialkreditvertrag* ist typischerweise ein Darlehensverhältnis im Sinne der §§ 488 ff. BGB, kann aber auch – wie hier – die Stellung einer Sicherheit zugunsten eines Dritten darstellen. Der Konsortialkreditvertrag regelt detailliert

---

188 *DeMeo*, Bankenkonsortien, S. 12, 13.

189 Nach *Graf von Westphalen* bestehen bei Konsortialgarantien, neben der Abbedingung der gesamtschuldnerischen Haftung, keine Besonderheiten im Vergleich zur sonstigen Stellung einer Garantie; *Westphalen*, Die Bankgarantie im internationalen Handelsverkehr, S. 223.

190 Zu den unterschiedlichen Kreditarten, die einem Kreditkonsortium zugrunde liegen können, insbesondere auch dem Avalkredit, ausführlich: *Scholze*, Das Konsortialgeschäft der deutschen Banken Bd. 1, S. 102/104.

191 *Brandt/Sonnenhol*, WM 2001, 2329, 2335.

192 *Heise*, in: HdB Fachanwalt Bank- u. Kapitalmarktrecht, Rn. 1457.

193 *Schaffelhuber/Sölch*, in: Gummert/Weipert/Bälz, Münchener HdB GesR, § 31, Rn. 3, 4.

die Konditionen, die der Kreditgewährung zugrunde liegen.[194] Der Kreditnehmer schließt diesen Vertrag – je nach Ausgestaltung – mit einem Konsortialführer[195] oder individuell mit den einzelnen Konsorten (dazu sogleich). Durch diesen Vertrag wird die frühzeitige Einbindung der Konsortialbanken gewährleistet, und deren unterschiedliche Funktion bestimmt.[196] Wichtige Regelungen des Konsortialdarlehensvertrags sind beispielsweise die Konsortialquoten und jeweilige Haftungsbeschränkung, die Modalitäten der Inanspruchnahme des Kredits oder der Kreditlinie durch den Kreditnehmer, die Laufzeit, Zinsen und zu zahlenden Entgelten, die Kreditsicherheiten sowie Informationsrechte- und Offenlegungspflichten.[197]

Die Konsorten untereinander schließen den eigentlichen *Konsortialvertrag.* Der Konsortialvertrag wird bei Geltung deutschen Rechts überwiegend als BGB – Gesellschaftsvertrag im Sinne der §§ 705 ff. BGB eingeordnet.[198] Durch den (formfreien) Gesellschaftsvertrag verpflichten sich die Konsorten, das Ziel – die gemeinschaftliche Kreditvergabe – durch Leistung der im Vertrag im Detail vereinbarten Beiträge zu fördern. Der Einordnung dieses Vertrages als Gesellschaftsvertrag soll „allenfalls akademische Bedeutung [zukommen], denn die weitgehend dispositiven gesetzlichen Vorschriften der §§ 705 ff. BGB werden in Konsortial- und Poolverträgen fast ausnahmslos abbedungen“[199]. Dies ist aber schon deshalb nicht richtig, weil im Falle der Einordnung eines Kreditkonsortiums als Gesellschaft bürgerlichen Rechts, auch Kernelemente wie die gesellschaftsrechtliche Treupflicht oder das Kündigungsrecht aus § 723 Abs. 1 Satz

194 *Schaffelhuber/Sölch*, in: Gummert/Weipert/Bälz, Münchener HdB GesR, § 31, Rn. 4.

195 Der Konsortialführer wird in den überwiegend englischsprachigen Verträgen *„lead arranger“* oder *„mandated lead arranger“* genannt; Terminologie bei *Hanke/Socher*, NJW 2010, 1435, 1435.

196 *Heise*, in: HdB Fachanwalt Bank- u. Kapitalmarktrecht, Rn. 1461.

197 *Brandt/Sonnenhol*, WM 2001, 2329, 2335 ff.

198 *Ulmer*, in: MüKo BGB, Vor § 705, Rn. 54, 58; *Grundmann*, in: Schimansky/Bunte/Lwowski, Bankrechts-Handbuch Bd. 2, § 112, Rn. 84 (zum Emissionskonsortium); *Brandt/Sonnenhol*, WM 2001, 2329, 2331; *Früh/Müller-Arends*, in: Bankrecht und Bankpraxis, 3/338; *Früh*, WM 2000, 497, 498; *R. Müller*, in: Kümpel/Wittig, Bank- und Kapitalmarktrecht, Rz. 15.121.

199 *Schaffelhuber/Sölch*, in: Gummert/Weipert/Bälz, Münchener HdB GesR, § 31, Rn. 9, ebenso *Hinsch/Horn*, Vertragsrecht internationaler Konsortialkredite, S. 156.

2 BGB bestehen, die nicht oder jedenfalls nicht in Gänze abbedungen werden können.[200]

Die Differenzierung zwischen echten und unechten Kreditkonsortien ist keine rechtliche, sondern beschreibt den zahlungs- und buchungstechnischen Ablauf zwischen Konsortium und Kreditnehmer. Während beim (typischen) echten Kreditkonsortium der Konsortialführer den gesamten Betrag an den Kreditnehmer auszahlt und im nächsten Schritt die Beitragsleistung der Konsorten fordert, wird beim unechten Kreditkonsortium der anteilige Kreditbetrag von jedem Konsorten direkt an den Kreditnehmer ausgezahlt.[201] Im Falle des unechten Kreditkonsortiums kommt dem Konsortialführer lediglich eine überwachende Funktion zu, er ist für die Kontrolle des ordnungsmäßigen Ablaufs der Zahlungsströme zuständig.[202]

Da die Auskehrung des Kredits, die Zins- und Provisionszahlung usw. entweder auf einem Buchungskonto – dem des Konsortialführers – oder wie beim unechten Konsortium auf mehreren Konten erfolgt, spricht man auch von „zentralen" und „dezentralen" Konsortien.[203] Neben der Verantwortung für die buchungstechnische Abwicklung des Geschäfts ist der Konsortialführer beim echten Konsortialkredit auch für die Geschäftsführung des Konsortiums alleine verantwortlich. Er ist alleingeschäftsführungs- und vertretungsbefugt, während beim unechten Konsortialkredit, jeder Konsorte Teilgeschäftsführungs- und Vertretungsbefugnis hat.[204]

Die Klassifizierung „echter- oder unechter Konsortialkredit" nimmt, trotz der Regelungen der Geschäftsführungs- und Vertretungsbefugnis nicht die Frage vorweg, ob es sich um ein Außen- oder ein Innenkonsortium handelt.

---

200 *Rauch/Kaufmann*, WM 2018, 652, mit Hinweis auf eine Urteil des englischen High Courts of Justice und einer etwaigen Stimmbindung durch die gesellschaftsrechtliche Treupflicht in einem Sanierungsfall (siehe dort Rz. 5).

201 *Ulmer*, in: MüKo BGB, Vor § 705, Rn. 59; Sittmann, NJW 1996, 469, 471; Dasselbe gilt in umgekehrter Richtung für die Entrichtung von Zinsen und/oder Provisionen.

202 *DeMeo*, Bankenkonsortien, S. 14.

203 *Früh/Müller-Arends*, in: Bankrecht und Bankpraxis, 3/334.

204 *Schaffelhuber/Sölch*, in: Gummert/Weipert/Bälz, Münchener HdB GesR, § 31, Rn. 13. Die Alleingeschäftsführung ist vor dem Hintergrund des § 710 S. 1 BGB unproblematisch. Die übrigen Gesellschafter sind dann von der Geschäftsführung ausgeschlossen. Die Vertretungsbefugnis steht ausweislich § 714 BGB „im Zweifel" dem Geschäftsführer zu. Wieder ist allerdings zu bedenken, dass die Verträge in der Praxis detaillierte Regelungen auch zur Frage der Geschäftsführungs- und Vertretungsbefugnis enthalten, die gesetzlichen Vorschriften weitgehend abbedungen sind.

Dass der Konsortialführer die Rechtsmacht hat, das Konsortium gegenüber dem Kreditnehmer zu vertreten, beantwortet nicht die Frage, ob er das im Innenverhältnis zu den Konsorten auch darf. Theoretisch können sowohl echte als auch unechte Konsortien als Innen- oder als Außenkonsortium gestaltet werden.[205] Zwar korrelieren die Begriffe unechtes Konsortium und Innenkonsortium in der Praxis häufig, da selbstständige Verträge zwischen jedem Konsorten und dem Kreditnehmer geschlossen werden und das Konsortium nicht als solches verpflichtet wird. Zwingend ist das aber nicht. Ob tatsächlich ein Außen- oder ein Innenkonsortium vorliegt, entscheidet sich an der Frage, wie das Konsortium im Rechtsverkehr nach außen auftritt. Wenn der Konsortialführer in offener Stellvertretung im Namen und für Rechnung des Konsortiums auftritt und den einheitlichen Konsortialkreditvertrag schließt, liegt ein Fall des Außenkonsortiums vor.[206] Im entgegengesetzten Fall, dass ein Vertragsschluss in verdeckter Stellvertretung aber für Rechnung des Konsortiums erfolgt, liegt ein Innenkonsortium vor.[207] Für die Unterscheidung des Innen- vom Außenkonsortium ist also entscheidend, ob der Konsortialführer in offener oder verdeckter Stellvertretung handelt. Nicht entscheidend ist hingegen, ob die Gesellschaft ein Gesamthandsvermögen gebildet hat: Zwar ist die Bildung eines Gesamthandsvermögens und die damit einhergehende Gesamtgläubigerschaft ein typisches Merkmal der Gesellschaft bürgerlichen Rechts.[208] Dies verdeutlichen §§ 718 Abs. 1, 719 Abs. 1 BGB, die für die typisierte BGB-Gesellschaft eine gesamthänderische Bindung des Gesellschaftsvermögens vorsehen. Aber diese Vorschriften sind keinesfalls zwingend. Innengesellschaften, die keine Außenbeziehungen eingehen und Teilgläubigerschaft im Sinne des § 420 BGB vorsehen, sind genauso möglich und hindern die Einordnung des Konsortiums unter das Rubrum der BGB-Gesellschaft nicht.[209]

Aus praktischer Sicht kommt dem Innenkonsortium im Vergleich zum Außenkonsortium keine große Bedeutung mehr zu.[210] Je stärker die Position des Konsortialführers gegenüber den Mitkonsorten ist, desto wahrscheinlicher ist die Verabredung eines Innenkonsortiums. Dies liegt darin begründet, dass

205 *Schaffelhuber/Sölch*, in: Gummert/Weipert/Bälz, Münchener HdB GesR, § 31, Rn. 13.

206 *Früh/Müller-Arends*, in: Bankrecht und Bankpraxis, 3/336.

207 *Schaffelhuber/Sölch*, in: Gummert/Weipert/Bälz, Münchener HdB GesR, § 31, Rn. 10.

208 Ebenda.

209 *Ulmer*, in: MüKo BGB, § 718, Rn. 10.

210 *DeMeo*, Bankenkonsortien, S. 30. Zu weiteren Gründen, warum das Außen- das Innenkonsortium in der Praxis weitgehend verdrängt hat, *Scholze*, Das Konsortialgeschäft der deutschen Banken Bd. 1, S. 24.

eine konsortialführende Bank gegenüber dem Markt und den Wettbewerbern ungern offenlegt, dass ihre Ressourcen für die alleinige Vergabe des Kredites nicht ausreichen. Hat sie also gegenüber den anderen Konsorten eine starke Position, kann sie durchsetzen, dass deren Beteiligung nach außen nicht erkennbar ist. Die Konsorten werden ihrerseits darauf drängen, dass ihre Beteiligung an einer Finanzierung, mit der auch Prestige- und Werbeeffekte verbunden sind, für den Markt erkennbar sein soll. Regelmäßig setzen die Konsorten diesen Anspruch gegenüber dem Konsortialführer auch durch, sodass Innenkonsortien in der Praxis selten sind.

Zuletzt können Konsortialbeteiligungen mit oder ohne Einbringung von Liquidität eingegangen werden, wobei die Beteiligung mit Bareinschuss – die liquide Beteiligung – verbreiteter ist; bloß haftungsmäßige Beteiligungen ohne Bareinschuss kommen jedoch auch vor.[211]

Bei dieser haftungsmäßigen Beteiligung übernimmt der Konsorte einen Teil des Risikos der Kreditvergabe durch Stellung einer Personalsicherheit mit einer bestimmten Quote.[212] Diese Beteiligungsweise hat für den bloß haftungsmäßig Beteiligten zwei offensichtliche Vorteile: Sie schont die Liquidität des Konsorten und ist lediglich als Eventualverbindlichkeit zu bilanzieren. Der liquiditätsmäßig beteiligte (Haupt-)Konsorte erreicht dadurch die angestrebten Vorteile des Risikotransfers allerdings nicht. Wohl deshalb hat die bloß haftungsmäßige Beteiligung ohne Bareinschuss keine maßgebliche Verbreitung in der Praxis gefunden.

2. *Kreditunterbeteiligung*

Die soeben beim Kreditkonsortium aufgezeigte Differenzierung zwischen haftungsmäßiger Beteiligung ohne Liquidität und Beteiligung mit Bareinschuss, gilt auch bei der Kreditunterbeteiligung.[213] Beide Möglichkeiten kommen in der Praxis vor, die liquiditätsmäßige Beteiligung jedoch häufiger.

Zu unterscheiden ist die Kreditunterbeteiligung trotz der begrifflichen Nähe von der stillen Gesellschaft im Sinne der §§ 230 ff. HGB und der stillen Beteiligung an einem Gesellschaftsanteil. Letztere liegt dann vor, wenn „der Inhaber eines Gesellschaftsanteils, der Hauptbeteiligte, einem anderen, dem Unterbeteiligten, durch Gesellschaftsvertrag ohne Bildung von Gesellschaftsvermögen einen Anteil an seinem Gesellschaftsanteil in Form einer obligatorischen

---

211 *Früh/Müller-Arends*, in: Bankrecht und Bankpraxis, 3/334.
212 *Schaffelhuber/Sölch*, in: Gummert/Weipert/Bälz, Münchener HdB GesR, § 31, Rn. 14.
213 *Früh/Müller-Arends*, in: Bankrecht und Bankpraxis, 3/338.

Mitberechtigung einräumt, auf Grund derer er zumindest am Gewinn beteiligt ist".[214] Gemeinsam ist den drei Rechtsinstituten das Merkmal, dass die Beteiligung des Dritten nicht offen zutage tritt, also die „Stille"; inhaltlich sind sie verschieden.

Eine Kreditunterbeteiligung liegt vor, „wenn eine Konsortial- oder Individualkreditgeberin eine Drittbank an allen Rechten und Pflichten oder lediglich an für sie bestimmten Rechten und Pflichten unterbeteiligt, die sich für sie aus einem Kreditgeschäft ergeben".[215] Diese Unterbeteiligung erfolgt „still und ohne Herstellung direkter Rechtsbeziehungen der unterbeteiligten Bank zum Kreditnehmer"[216]. Der Hauptbeteiligte tritt einen Teil des Risikos an den Unterbeteiligten ab, ohne dass eine Verbindung zwischen Unterbeteiligtem und Kreditnehmer entstünde.[217] Ebenso wenig entsteht bei der Unterbeteiligung an einem Konsortialkredit eine Rechtsbeziehung zu den anderen Konsorten oder dem Konsortium selbst.[218]

Die Verbindung zwischen Haupt- und Unterbeteiligten ist als Gesellschaft bürgerlichen Rechts im Sinne der §§ 705 ff. BGB einzuordnen.[219] Da die Gesellschaft als solche nicht im Rechtsverkehr tätig wird, sondern immer nur der Hauptbeteiligte, handelt es sich um eine reine BGB-Innengesellschaft.[220] *Sittmann* verweist darauf, dass die Unterbeteiligung kleineren Kreditinstituten Möglichkeiten eröffnet, „sich in erstklassige Risiken einzukaufen, bei denen sie normalerweise nicht in den Kreis der teilnehmenden Banken aufgenommen worden wären"[221]. Dieser Vorteil für kleinere Banken korreliert mit der von *Brandt/Sonnenhol* geäußerten Vermutung, dass die geringe Beliebtheit von Innenkonsortien damit zusammenhängt, dass „eine für den Konsortialführer als Initiator vergleichbare Situation einfacher im Wege der Unterbeteiligung herbeigeführt werden kann"[222].

---

214 *Gayk*, in: Gummert/Weipert/Bälz, Münchener HdB GesR, § 30, Rn. 1 mwN.

215 Nach *DeMeo* erfasst der Begriff der Unterbeteiligung nur den Fall einer „Beteiligung an einer Konsortialbeteiligung" und nicht an einem Einzelkredit; *DeMeo*, Bankenkonsortien, S. 31.

216 *Sittmann*, NJW 1996, 469, 471.

217 *Wunderlich*, in: Schimansky/Bunte/Lwowski, Bankrechts-Handbuch Bd. 1, § 76, Rn. 149.

218 *DeMeo*, Bankenkonsortien, S. 31.

219 *Brandt/Sonnenhol*, WM 2001, 2329, 2330;

220 BGHZ 50, 316, 320 = WM 1968, 1083; *Früh*, WM 2000, 497, 498; *Wunderlich*, in: Schimansky/Bunte/Lwowski, Bankrechts-Handbuch Bd. 1, § 76, Rn. 149.

221 *Sittmann*, NJW 1996, 469, 470.

222 *Brandt/Sonnenhol*, WM 2001, 2329, 2331.

Mit anderen Worten: Für einen Konsortialführer, der mit der Finanzierung eines prestige- und/oder gewinnträchtigen Geschäfts betraut wurde, lohnt sich die Einbeziehung einer anderen Bank nicht, wenn diese sich lediglich am Kredit unterbeteiligt und kein nennenswertes eigenes *commitment* erbringt.

B. Kapitalmarkt

Ein weiterer potenzieller Abnehmer von Kreditrisiken aus dem Außenhandel ist der Kapitalmarkt. Der Kapitalmarkt zeichnet sich insbesondere auch im Vergleich zum vorstehend beschriebenen *syndicated loan* auf dem Interbankenmarkt durch nahezu unbegrenzte Aufnahmekapazitäten und ein Höchstmaß an Flexibilität aus. Trotz stetig wachsender Volumina und das Normalmaß übersteigender Risiken ist der Kapitalmarkt volumenmäßig theoretisch in der Lage, alle Außenhandelsrisiken von Kreditinstituten problemlos zu absorbieren. Da mit dem Kapitalmarkt – zumindest auf Volumenseite – ein geeigneter Abnehmer für Außenhandelsrisiken zur Verfügung steht, müssen die jeweiligen Kapitalmarktinstrumente auf ihre Eignung im Einzelfall überprüft werden. Die Aussage zu den Volumina beantwortet nämlich noch nicht die Frage, ob der Kapitalmarkt tatsächlich ein geeigneter Partner für Kreditinstitute sein kann, die sich in der im zweiten Teil der Arbeit dargestellten Risikosituation befinden.

Die Beteiligung an oder Übernahme von Kreditrisiken durch Kapitalmarktteilnehmer kann durch unterschiedliche Techniken erfolgen, deren zwei wichtigsten hier kurz dargestellt werden. Bei diesen beiden Techniken handelt es sich um die Verbriefung der Außenhandelsrisikopositionen und den Einsatz derivativer Instrumente. Denkbar ist auch eine Kombination beider Techniken durch eine Hybridform wie zum Beispiel *credit linked notes.*

*I. Verbriefung (*Securitization*)*

1. Bedeutung

Verbriefung bietet sich als Mittel zur Weitergabe verschiedener Arten von Forderungen an. Hier steht die Verbriefung von Kreditforderungen im Fokus, theoretisch kann aber jede Vielzahl gleichartiger Forderungen verbrieft werden, neben den Kreditforderungen von Banken auch Forderungen anderer Wirtschaftsunternehmen aus Lieferungen und Leistungen bis hin zu Ansprüchen der öffentlichen Hand.[223]

---

223 *Jahn*, in: Schimansky/Bunte/Lwowski, Bankrechts-Handbuch Bd. 2, § 114a, Rn. 7 ff.

Verbriefungen haben Wissenschaft und Praxis seit den frühen 70er-Jahren beschäftigt.[224] In den Fokus der breiten Öffentlichkeit sind sie jedoch erst durch die Finanzkrise 2007/2008 unter dem Stichwort *mortgage backed securities* gelangt. Während *mortgage backed securtities*[225]- oder allgemeiner *asset backed securities* (ABS)[226] vor der Krise noch als Wachstumsmarkt und wichtiges Refinanzierungsinstrument gefeiert wurden, verkehrt sich spätestens mit dem Zusammenbruch der amerikanischen Investmentbank *Lehmann Brothers* das Meinungsbild in sein Gegenteil. Noch im Jahre 2007 werden ABS-Transaktionen unter neuen und (vermeintlich) günstigeren rechtlichen Rahmenbedingungen als *„flexible Refinanzierungsmethode"* angepriesen, die weitere Marktanteile gewinnen werde.[227] Zwei Jahre später war der Markt nahezu vollständig zum Erliegen gekommen und *mortgage backed securities* als wesentliche Ursache der Finanzkrise und „Teufelswerkzeug" ausgemacht.[228]

Der ABS-Markt hat sich jedoch vergleichsweise schnell erholt, und ohne gesteigertes Interesse der Öffentlichkeit auf sich zu ziehen, zunächst in den Vereinigten Staaten und dann auch in Europa wieder an Dynamik gewonnen.[229] Wie sich die von der aktuellen Administration in den Vereinigten Staaten in Angriff genommene Aufweichung der von der Vorgängeradministration mit dem *Dodd-Frank-Act* beschlossenen stärkeren Regulierung der Finanzmärkte auf ABS-Produkte und den europäischen Markt auswirken werden, ist derzeit noch nicht abzusehen.

2. *Ablauf*

An einer ABS-Transaktion sind mehrere Parteien in unterschiedlichen Funktionen beteiligt, deren wichtigste der Originator, die Zweckgesellschaft (*special purpose vehicle,* SPV) und die Investoren sind. Neben diese tritt ein Konsortium aus Banken, das die eigentliche Emission der ABS betreibt (Emissionskonsortium) sowie Ratingagenturen, denen eine besonders wichtige Funktion zukommt. Im

224 *Tollmann*, in: Boos/Fischer/Schulte-Mattler, KWG, Vor §§ 22a-22o, Rn. 6 f. m.w.N. zu Herkunft und historischer Entwicklung; siehe auch *Rudolph/Hofmann/Schaber/Schäfer*, Kreditrisikotransfer, S. 37 ff.

225 Mit Grundpfandrechten besicherte ABS.

226 Alle nicht mit Grundpfandrechten, sondern z.B. Forderungen oder Anleihen besicherte ABS.

227 Z.B. bei *Zeising*, BKR 2007, 311, 317.

228 *Möschel*, Zeitschrift für Rechtspolitik 2009, 129, 130.

229 *Tollmann*, in: Boos/Fischer/Schulte-Mattler, KWG, Vor §§ 22a-22o, Rn. 6.

Folgenden werden die Beziehungen zwischen diesen Parteien beleuchtet, weitere Beteiligte finden dort Erwähnung, wo sie zum Tragen kommen.[230]

a) *Originator und Zweckgesellschaft*

Um den englischsprachigen Begriff ABS für den deutschen Anwender, in der Mehrheit aufsichtspflichtige Kreditinstitute, greifbar zu machen, hat die BaFin (damals noch BAKred – Bundesaufsichtsamt für das Kreditwesen) im Jahre 1997 eine Definition veröffentlicht.[231] Das noch heute gültige Rundschreiben ist an alle Kreditinstitute in der Bundesrepublik Deutschland adressiert und beschreibt den Begriff *asset backed securities* als „Wertpapiere oder Schuldscheine (…), die Zahlungsansprüche gegen eine ausschließlich dem Zweck der ABS-Transaktion dienende Zweckgesellschaft zum Gegenstand haben. Die Zahlungsansprüche werden durch einen Bestand unverbriefter Forderungen („assets") gedeckt („backed"), die auf die Zweckgesellschaft übertragen werden und im Wesentlichen den Inhabern der Asset-backed-securities (Investoren) als Haftungsgrundlage zur Verfügung stehen"[232]. Durch diese Definition ist insofern leider nicht viel gewonnen, als der Begriff ABS tautologisch durch „einer ABS-Transaktion dienend" beschrieben wird, ohne zu erklären, was darunter zu verstehen ist. Dennoch werden immerhin die entscheidenden Protagonisten der Transaktion mit ihrer jeweiligen Funktion genannt, woraus der Ablauf einer ABS-Transaktion abgeleitet werden kann:

Die Verbriefung geht vom Originator aus. Der Art. 4 Abs. 1 Nr. 13 CRR hält für den Begriff des Originators eine Definition vor, die inhaltlich derjenigen des § 1b Abs. 7 S. 1 KWG a.F. entspricht: „Originator ist ein Unternehmen, das selbst oder über verbundene Unternehmen direkt oder indirekt an der ursprünglichen Verpflichtung beteiligt war, die die Verpflichtungen oder potenziellen Verpflichtungen des Schuldners bzw. potenziellen Schuldners begründet und deren Forderungen nun Gegenstand der Verbriefung sind (a)), oder Forderungen eines Dritten auf eigene Rechnung erwirbt und dann verbrieft (b))". Der Originator ist demnach derjenige, der die zu verbriefenden Ausfallrisiken ursprünglich eingegangen ist oder zum Zwecke der Verbriefung angekauft hat. Weiteren Aufschluss

---

230 Ein Überblick über die Beteiligten einer ABS-Transaktion gibt Abbildung 3.2 bei *Rudolph/Hofmann/Schaber/Schäfer*, Kreditrisikotransfer, S. 43.

231 BaKred Rundschreiben 4/1997 vom 19.3.1997, abgedruckt in WM 1997, 1821,1822; bei *Tollmann*, in: Boos/Fischer/Schulte-Mattler, KWG, Vor §§ 22a-22o KWG, Rn. 6, weitere Definition in Art. 2 Nr. 5 der EG Prospektverordnung Nr. 809/2004/EG.

232 Rundschreiben 4/97 BAKred, WM 1997, 1821.

über die Tätigkeit des Originator*s* gibt § 1 Abs. 24 KWG, obwohl der Bundesgesetzgeber den gebräuchlichen Begriff des Originators nicht aufgegriffen, sondern den Begriff Refinanzierungsunternehmen eingeführt hat: Refinanzierungsunternehmen ist unter anderem „ein Unternehmen, [das] zum Zwecke der eigenen Refinanzierung (…) Gegenstände oder Ansprüche auf deren Übertragung aus [seinem] Geschäftsbetrieb an Zweckgesellschaften (…) [veräußert]".[233] Die Veräußerung der Ansprüche dient also vorwiegend der Refinanzierung. Die Refinanzierung muss aber nicht alleiniger Zweck sein, vielmehr „(…) steht [daher] nicht entgegen, wenn primärer Zweck der Transaktion die Verschlankung der Bilanz oder bei Kreditinstituten die Reduzierung der Kapitalunterlegungspflicht nach § 10 i.V.m. Grundsatz I ist".[234] Dabei ist es gemäß § 1 Abs. 24 KWG a.E. unschädlich, wenn das Refinanzierungsunternehmen daneben wirtschaftliche Risiken weitergibt, ohne dass damit ein Rechtsübergang einhergeht.[235]

Die im vorgenannten § 1 Abs. 24 KWG genannten Zweckgesellschaften auch *special purpose-* oder *single purpose vehicle* (kurz SPV) sind vom Originator ins Leben gerufene, von ihm rechtlich und bilanziell unabhängige Unternehmen.[236] Das Attribut „single purpose" folgt aus der Beschränkung des Unternehmenszwecks auf eine bestimmte ABS-Transaktion.[237] Die CRR definiert die „Verbriefungszweckgesellschaft" in Art. 4 Abs. 1 Nr. 66 CRR als „Treuhandgesellschaft oder ein anderes Unternehmen, die/das kein Institut ist und zur Durchführung einer oder mehrerer Verbriefungen errichtet wurde, deren/dessen Tätigkeit auf das zu diesem Zweck Notwendige beschränkt ist, deren/dessen Struktur darauf ausgelegt ist, die eigenen Verpflichtungen von denen des Originators zu trennen, und deren/dessen wirtschaftliche Eigentümer die damit verbundenen Rechte uneingeschränkt verpfänden oder veräußern können".

Der Originator verkauft und überträgt die zu verbriefenden Forderungen an die Zweckgesellschaft. Dabei handelt es sich in Abgrenzung von sogenannten synthetischen Verbriefungen um *truesale*-Transaktionen. Entscheidendes Kriterium einer *truesale*-Transaktion ist, neben der Abtretung der Forderungen, die

233 Die Begriffe Originator und Refinanzierungsunternehmen sind nicht deckungsgleich, siehe *Tollmann*, in: Boos/Fischer/Schulte-Mattler, KWG, § 1, Rn. 322.

234 *Tollmann*, in: Boos/Fischer/Schulte-Mattler, KWG, § 1, Rn. 331.

235 Gemeint sind synthetische Verbriefungen in Abgrenzung von *truesale* Verbriefungen; siehe dazu die untenstehenden Ausführungen zu synthetischen Verbriefungen.

236 Siehe dazu *A. Großfeld*, in: Ebke/Möhlenkamp/Welling (Hrsg.), Internationale Finanzmarktkrise, Bankabschlüsse und Mittelstand, S. 45.

237 Es existieren auch Mehrzweckgesellschaften, sogenannte Conduits oder Variable Interest Entities, deren Unternehmenszweck mehrere ABS-Transaktionen sind.

Vereinbarung eines Regressausschlusses zwischen Originator und SPV.[238] Nach Art. 242 Abs. 10 CRR ist eine „traditionelle Verbriefung“ eine „Verbriefung, die mit der wirtschaftlichen Übertragung der besicherten Forderungen einhergeht. Dabei überträgt der Originator das Eigentum an den verbrieften Forderungen an eine Verbriefungszweckgesellschaft oder gibt Unterbeteiligungen an eine Verbriefungszweckgesellschaft ab. Die ausgegebenen Wertpapiere stellen für das originierende Institut keine Zahlungsverpflichtung dar“.

Der Verkäufer haftet nur für das Bestehen, aber eben nicht die Bonität der Forderung, das Delkredererisiko geht vollständig auf das SPV über. Diese Transaktion zwischen Originator und SPV darf nicht mit der Verbriefung verwechselt werden, sie ist lediglich logische Voraussetzung der (eigentlichen) ABS-Transaktion (dazu sogleich). Nach der Definition des § 1 Abs. 26 KWG sind Zweckgesellschaften „Unternehmen, deren wesentlicher Zweck darin besteht, durch Emission von Finanzinstrumenten (…) Gelder aufzunehmen (…), um von Refinanzierungsunternehmen (…) Gegenstände aus dem Geschäftsbetrieb des Refinanzierungsunternehmens oder Ansprüche auf deren Übertragung zu erwerben“. Das SPV kauft die Kreditforderungen vom Originator und bekommt sie abgetreten, um sie sogleich zu verbriefen und an Investoren weiterzugeben. Durch den Weiterverkauf finanziert die Zweckgesellschaft den Kaufpreis der Forderungen. Die Ansprüche der Käufer der besicherten Wertpapiere, der Investoren, zum Beispiel Zinsansprüche, werden durch die laufenden Einnahmen aus den Forderungen bedient.

Theoretisch könnte der Originator die Forderung auch selbst verbriefen und an Investoren weiterverkaufen. Der technisch anspruchsvollere Umweg durch die Zwischenschaltung eines SPV hat dennoch gute Gründe:

Zum einen vermeidet der Investor die Risiken einer Insolvenz des Originators. Im Fall einer Insolvenz des Originators stünde den Investoren lediglich ein schuldrechtlicher Anspruch auf Übertragung der Forderung und kein Aussonderungsrecht nach § 47 InsO zu. Ein Investor wäre jedoch nicht – oder nur gegen einen Abschlag auf den Kaufpreis – bereit, neben dem Bonitätsrisiko der Forderung auch das Insolvenzrisiko des Emittenten zu tragen.[239] Das ist sinnvoll, weil das Rating der ABS sich immer nur auf die Forderung bezieht und den Emittenten außen vor lässt. Grundlage der Anlageentscheidung des Investors ist so nur das Produktrating, nicht das ungleich schwerer zu beurteilende

238 *Jahn*, in: Schimansky/Bunte/Lwowski, Bankrechts-Handbuch Bd. 2, § 114a, Rn. 4.

239 Zusammenfassung der Vorteile von ABS-Transaktionen von *Tollmann*, in: Boos/Fischer/Schulte-Mattler, KWG, Vor §§ 22a–22o, Rn. 9.

Insolvenzrisiko des Kreditinstituts. Zwar trägt der Investor im Falle einer Emission durch die Zweckgesellschaft deren Insolvenzrisiko. Aber die Zweckgesellschaft hat keinen anderen Zweck als die ABS-Transaktion. In der Folge hat sie keine weiteren Geschäftsbeziehungen und keine vorrangig gesicherten Gläubiger; die Abnehmer der ABS sind die einzigen (maßgeblichen) Gläubiger der Zweckgesellschaft.[240] Das Insolvenzrisiko der Zweckgesellschaft ist daher äußerst überschaubar.

Neben dieser insolvenzrechtlichen Überlegung tritt eine weitere: Wenn der Originator die Forderungen selbst verbrieft, verbleiben sie in seinem Eigentum und sind als illiquide Vermögensgegenstände zu aktivieren. Folglich tritt auch keine Verminderung der Pflicht zur Unterlegung mit Eigenkapital ein.[241] Durch den Verkauf der Forderungen an die Zweckgesellschaft verschafft sich die Bank hingegen Liquidität, die wiederum investiert werden kann und kein Eigenkapital bindet.[242]

Notwendige Voraussetzung ist nach dem Rundschreiben des BaKred ein rechtswirksamer Forderungsübergang und der Regressausschluss (außer für Bestand und Auswahl der Forderung).[243] Nach *König/van Aerssen* ist der Hauptgrund für die Tatsache, dass Kreditinstitute sich dieses Mittels bedienen, die Entlastung des Eigenkapitals verbunden mit den dadurch entstehenden neuen Investitionsmöglichkeiten.[244] Von besonderer Bedeutung ist daher die rechtliche Unabhängigkeit der Zweckgesellschaft vom Originator. Bestünde nämlich eine gesellschaftsrechtliche Verflechtung, so wären die Forderungen - wiewohl im Eigentum eines anderen Rechtsträgers - in den Konsolidierungskreis des Kreditinstituts einzubeziehen. Dies würde wiederum dem Zweck der ABS-Transaktion widersprechen.[245]

Dem Originator kommt jedoch trotz der rechtlichen Unabhängigkeit der Zweckgesellschaft und vollständigen Übertragung der Forderungen auf diese, häufig eine weitere wichtige Funktion in Rahmen der ABS-Transaktion zu. Da die Zweckgesellschaft nicht über die Mitarbeiter und damit nicht über die Möglichkeit verfügt, das Forderungsportfolio eigenständig zu verwalten, übernimmt

---

240 Neben dem Originator, dessen Ansprüche allerdings durch die Erlöse aus der Emission der ABS befriedigt wurden.

241 *Tollmann*, in: Boos/Fischer/Schulte-Mattler, KWG, Vor §§ 22a–22o, Rn. 9.

242 *König/van Aerssen*, WM 1997, 1777, 1778.

243 BaKred Rundschreiben 4/97 vom 19.3.1997, abgedruckt in WM 1997, 1821, 1822.

244 *König/van Aerssen*, WM 1997, 1777, 1778.

245 *Zeising*, BKR 2007, 311, 313.

das Kreditinstitut typischerweise auch die Servicerfunktion.[246] Trotz des Verkaufs der Forderungen bleiben Geschäftsführungsrecht und -pflicht beim abtretenden Kreditinstitut. Das hat für das Kreditinstitut neben den Gebühreneinnahmen den weiteren Vorteil, dass es den ursprünglichen Vertragspartnern die Zession nicht offenlegen muss, sondern Inkasso und mögliche Durchsetzung der Forderung selbst betreibt. Auch bedarf es bei der Abtretung von Originator an die Zweckgesellschaft auch unter dem Gesichtspunkt des Bankgeheimnisses und Datenschutzes keiner Einwilligung des Schuldners, da keine schuldnerbezogenen Daten an den Zessionar weitergegeben werden müssen, wenn das Kreditinstitut die Verwaltung der Forderungen weiterhin übernimmt.[247]

b) Zweckgesellschaft und Investoren

Entscheidendes Merkmal der ABS-Transaktion ist die Verbriefung der Forderungen an sich. Sie erfolgt unter der Schirmherrschaft der Zweckgesellschaft. Tatsächlich vorgenommen wird sie in der Praxis häufig vom Servicer, hier also dem Kreditinstitut, das auch Originator war.

Im Rahmen der Verbriefung der Forderungen tritt ein weiterer Beteiligter auf den Plan, nämlich eine Rechtsanwaltskanzlei oder WP-Gesellschaft, die die Tätigkeit des Servicers für die Zweckgesellschaft überwacht.[248] Die Platzierung der verbrieften Forderungen auf dem Kapitalmarkt übernimmt ein Konsortium aus Investmentbanken, das als *arranger* oder *underwriter* auftritt, und die ABS bei institutionellen und privaten Anlegern platziert.[249] Zivilrechtlich handelt es sich bei Geltung deutschen Rechts um Schuldverschreibungen im Sinne der §§ 793 ff. BGB oder Schuldscheine im Sinne des § 371 BGB.[250]

Die Zweckgesellschaft ist den Investoren gegenüber verpflichtet, die Zahlungsströme aus den sichernden Forderungen ordnungsgemäß weiterzuleiten. Diese Verpflichtung ist in einem Wertpapier verbrieft, das Voraussetzung für die Geltendmachung des darin verbrieften Anspruchs ist. Da es sich um Inhaberpapiere handelt, kann der Anspruch durch Übereignung des Papiers übertragen werden. Dadurch ist die Verkehrsfähigkeit, die Fungibilität von ABS-Papieren gewährleistet.

---

246 *Jahn*, in: Schimansky/Bunte/Lwowski, Bankrechts-Handbuch Bd. 2, § 114a, Rn. 4.
247 BaKred Rundschreiben 4/97 vom 19.3.1997, abgedruckt in WM 1997, 1821, 1822.
248 *Rudolph/Hofmann/Schaber/Schäfer*, Kreditrisikotransfer, S. 43.
249 *Rudolph/Hofmann/Schaber/Schäfer*, Kreditrisikotransfer, S. 41.
250 *Zeising*, BKR 2007, 311, 314.

Der Begriff der Verbriefung im aufsichtsrechtlichen Sinne ist in Art. 4 Abs. 1 Nr. 61 CRR ausführlich definiert: Danach ist Verbriefung ein „Geschäft oder eine Struktur, durch das bzw. die das mit einer Risikoposition oder einem Pool von Risikopositionen verbundene Kreditrisiko in Tranchen unterteilt [wird], und das bzw. die folgenden Merkmale aufweist:

a) die im Rahmen des Geschäfts oder der Struktur getätigten Zahlungen hängen von der Wertentwicklung der Risikoposition oder des Pools von Risikopositionen ab;

b) die Rangfolge der Tranchen entscheidet über die Verteilung der Verluste während der Laufzeit der Transaktion oder der Struktur."

Konstitutives Merkmal ist demnach die Aufteilung der Risikopositionen in Tranchen. Mit Tranchieren ist die Aufteilung in vorrangig zu bedienende und nachrangige Tranchen unterschiedlicher Bonität gemeint. Durch die „Ausgabe mehrerer Tranchen mit unterschiedlichen Haftungsrangfolgen, Laufzeiten und Cashflow-Zurechnungen können die Wertpapiere auf die Bedürfnisse unterschiedlicher Anlegergruppen zugeschnitten werden"[251]. Aufsichtsrechtlich wird die Tranche in Art. 4 Abs. 1 Nr. 67 CRR als „vertraglich festgelegtes Segment des mit ein oder mehreren Risikopositionen verbundenen Kreditrisikos, wobei eine Position in diesem Segment (…) mit einem größeren oder geringeren Verlustrisiko behaftet ist als eine Position gleicher Höhe in jedem anderen dieser Segmente".

Ein übliches Vorgehen bei der Tranchierung eines Verbriefungsportfolios ist die Bildung einer untersten Tranche, die das höchste Risiko trägt. Diese unterste Tranche, die auch als *equity*-Tranche oder plastischer als *first loss piece* bezeichnet wird, übernimmt in der Regel der Originator selbst. Das *first loss piece* ist derjenige Teil der Verbriefungstransaktion, der als Erster von Zahlungsverzögerungen betroffen wird. Nach dem Wasserfallprinzip sind sodann die *equity*-Tranche, dann die mit einem mittleren Risikoprofil ausgestatteten *mezzanine*-Tranchen und zuletzt die (volumenmäßig größte) *senior*-Tranche betroffen.

Die Übernahme der *equity*-Tranche durch den Originator ist als vertrauensbildende Maßnahme zu verstehen, die etwa bestehenden Informationsasymmetrien zwischen Investoren und Originator Rechnung trägt. Darüber hinaus dient die Übernahme der Tranche mit dem höchsten Ausfallrisiko durch den Urheber der Transaktion auch als Verkaufsargument in den Verhandlungen mit potenziellen Investoren.

---

251 *Rudolph/Hofmann/Schaber/Schäfer*, Kreditrisikotransfer, S. 50.

Terminologisch ist zu differenzieren: Längerfristige ABS-Transaktionen sind solche, bei denen die sichernden Assets lange Laufzeiten haben. Sie unterscheiden sich von kurzfristigen *Asset Backed Commercial Papers,* denen kurzfristige Sicherungsgegenstände zugrunde liegen.[252] Längerfristige ABS-Transaktionen (*collaterized debt obligations, CDO*) werden wiederum nach ihrem Sicherungsgegenstand unterteilt: Handelt es sich um eine Anleihe werden sie als *collaterized bond obligations* (*CBO*) bezeichnet. Ist der Sicherungsgegenstand hingegen eine Forderung spricht man von *collaterized loan obligations* (*CLO*).[253] Das mit der oben beschriebenen Syndizierung von Außenhandelskrediten auf dem Markt für Kreditrisikotransfer konkurrierende Pendant im Bereich der Verbriefungen sind folglich ABS-Transaktionen in Form von *collaterized loan obligations.*

3. *Synthetische Verbriefungen (*Credit Linked Notes*)*

Neben den „klassischen" *truesale*-Verbriefungen mit Forderungsübergang besteht auch die Möglichkeit einer „unechten" synthetischen Verbriefung. Dabei wird nicht die Forderung, sondern lediglich das in der sogenannten *credit linked note* verbriefte Ausfallrisiko der Forderung übertragen.[254] Es findet also keine Übertragung von Vermögenswerten statt.[255] Ein weiterer Unterschied ist die Abhängigkeit einer *credit linked note* von einer spezifischen Forderung, während ABS von einem Portfolio unspezifischer aber gleichartiger Forderungen abhängen, aus dem Tranchen gebildet werden.

Synthetische Verbriefungen sind deutlich unkomplizierter als *True sale* ABS-Transaktionen und erfreuen sich schon deshalb großer Beliebtheit. Zudem sind sie kostengünstiger, weil im Regelfall keine Zweckgesellschaft ins Leben gerufen werden muss.[256]

Für Zwecke des Aufsichtsrechts unterfallen auch synthetische Verbriefungen oben zitierten Definitionen des § 1 Abs. 24 S. 2 KWG, da „unschädlich ist, wenn sie [die Refinanzierungsunternehmen, Refinanzierungsmittler oder Zweckgesellschaften] daneben wirtschaftliche Risiken weitergeben, ohne dass damit ein

---

252 *Jahn*, in: Schimansky/Bunte/Lwowski, Bankrechts-Handbuch Bd. 2, § 114a. Rn. 10.

253 *Rudolph/Hofmann/Schaber/Schäfer*, Kreditrisikotransfer, S. 53.

254 *Jahn*, in: Schimansky/Bunte/Lwowski, Bankrechts-Handbuch Bd. 2, § 114a, Rn. 12 a.

255 *Zeising*, BKR 2007, 311, 313.

256 Nach *Rudolph* ist das Fehlen eines SPV sogar begriffsnotwendig für die Annahme einer *credit linked note* (*Rudolph/Hofmann/Schaber/Schäfer*, Kreditrisikotransfer, S. 81), während sich *Reiner/Schacht* die Einschaltung einer Zweckgesellschaft auch bei CLN vorstellen können (*Reiner/Schacht*, WM 2010, 385, 394).

Rechtsübergang einhergeht". Eine Notwendigkeit zur Eintragung in das Refinanzierungsregister (§§ 22 ff. KWG) besteht jedoch nicht, da keine Forderungsübertragung insolvenzfest gemacht werden muss. Die „synthetische Verbriefung" ist nach Art. 242 Abs. 11 CRR eine Verbriefung, „bei der der Risikotransfer durch Kreditderivate oder Garantien erreicht wird und die verbrieften Forderungen des originierenden Instituts bleiben".

Bei *credit linked notes* handelt es sich also um verbriefte (§ 793 BGB) Kreditderivate.[257] Im Unterschied zu diesen muss der Sicherungsgeber den Nennbetrag der zugrunde liegenden Forderung jedoch sofort aufbringen.[258] Dies hat für den Sicherungsnehmer den Vorteil, dass er nicht Gefahr läuft, dass neben dem Ausfall des Referenzaktivums auch der Sicherungsgeber selbst „ausfällt".[259] Für Zwecke der kapitalmarktrechtlichen Einordnung handelt es sich bei *credit linked notes* jedoch nicht um Kreditderivate im Sinne des § 2 Abs. 2 Nr. 4 WpHG, da sie bereits Wertpapiere im Sinne des § 2 Abs. 1 WpHG sind.[260] Die Systematik des § 2 WpHG schließt *credit linked notes* aus der Derivatedefinition aus, da ein Produkt (gesetzessystematisch) nicht gleichzeitig Wertpapier im Sinne des Absatzes 1 und ein Derivat im Sinne des Absatzes 2 sein kann.[261] Die Einordnung als Wertpapier erscheint bei *credit linked notes* auch sinnvoll, da der Schwerpunkt auf der Verbriefung des Derivats liegt und nicht das Wertpapier zum Basiswert eines davon abgeleiteten *swaps* wird. In Deutschland werden am häufigsten *credit default swaps* durch Schuldverschreibungen abgebildet, sodass auch von *credit default (linked) notes* gesprochen werden kann.[262]

---

257 *Jahn*, in: Schimansky/Bunte/Lwowski, Bankrechts-Handbuch Bd. 2, § 114, Rn. 29. *Rudolf* spricht in Bank und Kapitalmarktrecht, Rn. 19.253 von „als Schuldverschreibungen iS des § 793 BGB ausgestaltete Anleihen – kombiniert mit einem oder mehreren Kreditderivaten", *Berg* wiederum beschreibt auf S. 81 „Schuldverschreibungen, die mit ihrem Zahlungsprofil eine der (…) Grundformen von Kreditderivaten abbilden, indem die Höhe des Rückzahlungsbetrages oder der Zinszahlungen der Schuldverschreibung davon abhängt, wie sich das Kreditrisiko eines Referenzaktivums entwickelt".

258 *Rudolf*, in: Kümpel/Wittig, Bank- und Kapitalmarktrecht, Rn. 19.253.

259 *Berg*, Kreditderivate im deutschen Privatrecht, S. 82.

260 Wie hier *Rudolf*, in: Kümpel/Wittig, Bank- und Kapitalmarktrecht, Rn. 19.254; anders beispielsweise *Assmann*, in: Assmann/Schneider, WpHG, § 2, Rn. 55, der die credit linked note ohne Begründung als Derivat im Sinne des § 2 Abs. 1 Nr. 4 WpHG einordnet.

261 *Reiner/Schacht*, WM 2010, 385, 393.

262 So *Berg*, Kreditderivate im deutschen Privatrecht, S. 81.

II. Kreditderivate

1. Begriff und rechtlicher Hintergrund

Bevor das Kreditderivat als Mittel des Risikotransfers und Alternative zur Banksyndizierung dargestellt wird, ist zunächst zu klären, was unter dem Begriff Derivat zu verstehen ist. Nach der gängigen Definition von *Assmann*, ist das entscheidende Merkmal des Derivats, dass „die Bewertung (und damit der Preis) des Rechts, das in der Zukunft oder über einen zukünftigen Zeitraum geltend gemacht werden kann oder zu erfüllen ist, aufgrund seiner inhaltlichen Ausgestaltung unmittelbar oder mittelbar von einem Basiswert (auch „*underlying*") abhängt, der seinerseits Preis- und Bewertungsschwankungen unterliegt"[263]. Das Wertpapierhandelsgesetz enthält in § 2 Abs. 2 Nr. 1 WpHG eine Aufzählung der für vorstehende Definition infrage kommenden Basiswerte, von denen ein Derivate abgeleitet (von lat. *derivare*) werden kann. Infrage kommen Wertpapiere oder Geldmarktinstrumente (a), Devisen oder Rechnungseinheiten (b), Zinssätze oder andere Erträge (c), Indizes (…) (d) und Derivate selbst (e). Allgemein kann von jedem zukünftigen Ereignis, dessen Eintritt oder Entwicklung mit einem Element der Unsicherheit behaftet ist, ein Derivat abgeleitet werden.[264] Diese Flexibilität und Vielfalt der Gestaltungsmöglichkeiten machen den Reiz des Derivategeschäfts aus.

Die folgende Darstellung behandelt Derivate, die von dem Basiswert „Entwicklung einer Kreditrisikoposition" abgeleitet sind. Terminologisch ist zu beachten, dass nicht das Derivat selbst vom Basiswert abgeleitet ist, sondern der Wert des Derivats durch den Wert des Basiswerts bestimmt wird.[265] *Stefan Berg*

---

263 *Assmann*, in: Assmann/Schneider, WpHG, § 2, Rn. 43; vergleiche demgegenüber die Definition von Reiner/Schacht, WM 2010, 337, 342, die unter Derivaten „gegenseitige Verträge (bzw. durch Verbriefung verselbstständigte Rechte aus solchen Verträgen) [verstehen], deren Leistungspflichten bewusst so bestimmt sind, dass ihr wirtschaftlicher Ertrag für beide Seiten vom Zufallselement in Gestalt eines zukünftigen quantifizierbaren Ereignisses abhängt, also stochastisch bedingt ist". Grundlegend monographische Auseinandersetzung mit der rechtlichen Einordnung von Derivaten im deutschen Recht bei Reiner, Derivative Finanzinstrumente im Recht, 2002.

264 *Berg*, Kreditderivate im deutschen Privatrecht, S. 43.

265 *Reiner/Schacht*, WM 2010, 337, 342. *Reiner* weist zudem darauf hin, dass die Begrifflichkeit „abgeleitet" sich „nur dann zur Abgrenzung von Derivaten gegenüber anderen Finanzinstrumenten eignet, wenn man es i.S. von (theoretischer) ‚Bewertbarkeit' versteht, und nicht schon allein i.S. der kausalen Abhängigkeit des (theoretisch ermittelbaren oder nicht ermittelbaren) Wertes von der jeweiligen Höhe des Basiswerts", *Reiner*, Derivative Finanzinstrumente im Recht, 2002, S. 61.

macht zusätzlich darauf aufmerksam, dass der eigentliche Bezugsgegenstand des Derivats nicht der Kredit im Sinne von Kaufkraftüberlassung auf Zeit ist, sondern die Kreditwürdigkeit des Referenzschuldners.[266]

Vom Wert einer Kreditposition abgeleitete Derivate – Kreditderivate – sind nach der Legaldefinition des § 2 Abs. 2 Nr. 4 WpHG alle „als Kauf, Tausch oder anderweitig ausgestaltete Festgeschäfte oder Optionsgeschäfte, die zeitlich verzögert zu erfüllen sind und dem Transfer von Kreditrisiken dienen (Kreditderivate)".[267] Zu der für alle Derivate geltenden „zeitlich verzögerten Erfüllung" kommt das Tatbestandsmerkmal der „Bestimmung zum Transfer von Kreditrisiken" hinzu. Dadurch unterscheidet sich das Kreditderivat von den Derivaten im Sinne des § 2 Abs. 2 Nr. 1 WpHG, den Termingeschäften (Nr. 2), Arbitragegeschäften (Nr. 3) und den besonderen Termingeschäften der Nummer 5. Derivate sind Finanzinstrumente im Sinne des § 2 Abs. 2b WpHG und unterfallen damit allen Regelungsbereichen sowohl des weitgehend entkernten WpHG als auch der neuen Marktmissbrauchsverordnung (MAR)[268], insbesondere dem Insiderhandelsverbot, der Ad-hoc-Publizität und der Haftung für unterlassene oder falsche Kapitalmarktinformation.[269]

Das Bankaufsichtsrecht widmet sich Derivaten an verschiedenen Stellen und mit unterschiedlichen Definitionen. Der § 1 Abs. 11 S. 3 KWG definiert Derivat im Allgemeinen und Kreditderivat im Besonderen (§ 1 Abs. 11 S. 3 Nr. 4 KWG) inhaltsgleich mit § 2 Abs. 2 WpHG.[270] Die dieser Definition unterfallenden Derivate sind ausweislich § 1 Abs. 11 S. 1 KWG Finanzinstrumente im Sinne der Absätze 1 bis 3 und 17 und § 2 Abs. 1 und 6 KWG und Art. 4 Abs. 1 Nr. 50 c) CRR und damit Bankgeschäft im Sinne des § 1 Abs. 1 S. 2 Nr. 4 und 10 KWG und

266 *Berg*, Kreditderivate im deutschen Privatrecht, S. 45: „Kreditwürdigkeit ist der eigentliche Bezugsgegenstand des Kreditderivates".

267 Siehe auch die wortgleiche Definition in § 1 Abs. 11 S. 3 Nr. 4 KWG.

268 Verordnung (EU) Nr. 596/2014 des Europäischen Parlaments und des Rates vom 16. April 2014 über Marktmissbrauch (Marktmissbrauchsverordnung) und zur Aufhebung der Richtlinie 2003/6/EG des Europäischen Parlaments und des Rates und der Richtlinien 2003/124/EG, 2003/125/EG und 2004/72EG der Kommission.

269 Siehe zu Neuerungen der MAR und Unterschieden zum alten Recht nur *Poelzig*, NZG 2016, 528 und *dies.*, NZG 2016, 761.

270 Vereinheitlicht durch das Gesetz zur Umsetzung der Richtlinie über Märkte für Finanzinstrumente und der Durchführungsrichtlinie der Kommission (Finanzmarktrichtlinie-Umsetzungs-Gesetz (FRUG)), G. v. 17.07.2007, BGBl. I S. 1330.

Finanzdienstleistung im Sinne des § 1 Abs. 1a S. 2 Nr. 1 bis 4 KWG. Sie stehen gemäß § 6 Abs. 1 KWG unter der Aufsicht der BaFin.

Für Zwecke der §§ 14, 15 und 18 KWG trifft § 19 Abs. 1a KWG eine von § 1 Abs. 11 S. 3 KWG abweichende Regelung: Danach sind Derivate im Sinne der Vorschrift alle als „Kauf, Tausch oder durch anderweitigen Bezug auf einen Basiswert ausgestaltete Festgeschäfte oder Optionsgeschäfte, deren Wert durch einen Basiswert bestimmt wird und deren Wert sich infolge eines für wenigstens einen Vertragspartner zeitlich hinausgeschobenen Erfüllungszeitpunkt künftig ändern kann, einschließlich finanzieller Differenzgeschäfte", wobei "Basiswert im Sinne von Satz 1 auch ein Derivat sein kann" (S. 2). Durch den Verzicht auf die Aufzählung von Basiswerten ist die Definition des § 19 Abs. 1a KWG weiter als diejenige des § 1 Abs. 11 S. 3 KWG. In der Folge kann eine größere Anzahl von Transaktionen als Derivat und damit als Kredit im Sinne der Vorschrift erfasst und flexibel auf innovative Gestaltungen reagiert werden.[271]

Auffällig ist, dass Kreditderivate ausweislich § 19 Abs. 1 S. 3 Nr. 14 KWG zu den „anderen außerbilanziellen Geschäften" zählen und damit gemäß § 19 Abs. 1 S. 1 KWG Kredite darstellen, allerdings eben nicht unter dem Rubrum „Derivat", sondern „außerbilanzielles Geschäft".[272] Diese Einordnung hat ihren Grund darin, dass Kreditderivate keine Termingeschäfte sind und deshalb nicht unter die Definition des § 19 Abs. 1 a KWG fallen.[273] Diese Einordnung für Zwecke des § 19 KWG ändert jedoch nichts daran, dass Kreditderivate nach den daran Beteiligten und der jeweiligen Konstruktion (dazu sogleich) einen Unterfall des Derivats darstellen.

2. *Gestaltungsmöglichkeiten und Ablauf*

Kreditderivate treten in unterschiedlichen Formen auf. Üblicherweise wird zwischen *credit default swap* (CDS), *total return swap*, *credit spread products* (*swaps*) und teilweise noch *credit linked notes* als Kombination aus Anleihe und Kreditderivat unterschieden. Die enorme Bedeutung der Kreditderivate für die Weltwirtschaft wird anhand des gehandelten Volumens deutlich: Die Bank for

271 *C. Bock*, in: Boos/Fischer/Schulte-Mattler, KWG, § 19, Rn. 14; 57 f.

272 Konsequenterweise waren schon nach § 11 Abs. 1 S. 1 Nr. 1 SolvV a.F. „derivative Instrumente für den Transfer von Kreditrisiken, bei denen das Institut Gewährleistungsgeber ist und dieses derivative Instrument als außerbilanzielle Adressenausfallposition berücksichtigen muss" vom Anwendungsbereich der Derivativen Adressenausfallposition explizit ausgenommen.

273 *C. Bock*, in: Boos/Fischer/Schulte-Mattler, KWG, § 19, Rn. 65.

International Settlements (BIS) ging für das zweite Halbjahr 2017 alleine für Kreditderivate von ausstehenden Nominalbeträgen in Höhe von 9,577 Milliarden US-Dollar aus.[274] Der Gesamtmarktwert belief sich auf USD 312 Milliarden. Dies verdeutlicht die oben angesprochene gewaltige Aufnahmekapazität des Kreditderivatemarkts.

Die auf diesem Markt zur Verfügung stehenden Instrumente sind theoretisch in der Lage, alle Risiken aus Bankaußenhandelsgeschäften aufzunehmen. Dennoch ist der Markt für Kreditderivate genauso wie der Markt für ABS im Zuge der Finanzkrise in Verruf geraten. Dabei ging es weniger um die erste Phase der Finanzkrise, die eine Bankenkrise war und auf Ausfällen privater Schuldner von Immobilienkrediten in den Vereinigten Staaten beruhte. Die Kritik am Einsatz von Kreditderivaten konzentrierte sich auf ihre Funktion als „Brandbeschleuniger“ in der zweiten Phase der Finanzkrise, der Staatsschuldenkrise. Dieser – vermeintlich oder tatsächlich – schädliche Einsatz von Kreditderivaten, in den Medien oft als „Wetten“ bezeichnet, wurde sogar zum Ausgangspunkt strafrechtlicher Verfolgung durch die EU–Kommission.[275] In der Folge wurden seitens des Gesetzgebers große Bemühungen unternommen, um den Markt für Kreditderivate strenger zu regulieren, beispielsweise im Ursprungsland der Finanzkrise durch den Dodd-Frank-Act.

Technische Gemeinsamkeit aller Kreditderivate ist der isolierte Transfer des Kreditrisikos eines Gläubigers (Sicherungsnehmer oder Risikogeber) auf einen Dritten, den Sicherungsgeber oder Risikonehmer.[276] Entscheidend sind die Isolierung des Kreditrisikos und der Transfer desselben auf einen Vertragspartner.[277] Dies ist das Differenzierungskriterium der Kreditderivate zu den echten ABS-Transaktionen, bei denen eben nicht nur das isolierte Risiko, sondern die gesamte Forderung an die Zweckgesellschaft abgetreten wird. Wird nur die Risikoposition und nicht die Forderung selbst auf einen Sicherungsgeber (englisch: *protection seller* oder *risk buyer*)[278] übertragen, spricht man auch von „synthetischer“ Übertragung. Der Sicherungsgeber tritt in die Risikoposition ein, ohne eine eigene Verbindung zum risikobegründenden Asset zu haben.

---

274 BIS Statistical release: “Global OTC derivatives market“, Table D5.2, abrufbar unter http://www.bis.org/statistics.

275 FAZ vom 01.07.2013 „EU-Kommission verschärft CDS-Ermittlungen gegen 13 Großbanken“.

276 *Assmann*, in: Assmann/Schneider, WpHG, § 2, Rn. 54.

277 *Berg*, Kreditderivate im deutschen Privatrecht, S. 58.

278 Die andere Seite wird dann als „protection buyer“ und „risk seller“ bezeichnet.

Die Pflichten der Vertragsparteien eines Kreditderivats werden in den ausführlichen, überwiegend englischsprachigen, Rahmenverträgen detailliert festgelegt. Diese richten sich in der Praxis nach den Musterverträgen der International Swaps and Derivatives Association (ISDA) mit Hauptsitz in den Vereinigten Staaten. Die ISDA stellt auf ihrer Homepage Rahmenverträge sowie die einheitlichen ISDA Credit Derivatives Definitions (entgeltlich) zur Verfügung.[279] Da die Rahmenverträge auch bei nicht grenzüberschreitenden Sachverhalten angewendet werden, die nach deutschem IPR ohne Weiteres deutschem Recht unterliegen würden, ist ein einheitlicher Marktstandard gesichert, während Auslegungsschwierigkeiten vermieden werden.[280]

Die dogmatische Einordnung der verschiedenen Kreditderivate im deutschen Zivilrecht ist nicht ganz eindeutig. Sprachlich legt die Bezeichnung *swap*, einen Tauschvertrag im Sinne des § 480 BGB nahe.[281] Getauscht werden bei einem *swap* aber keine Sachen oder Rechte im Sinne des § 480 BGB, sondern auf der einen Seite die Absicherung eines Kreditereignisses durch eine bedingte Geldleistungspflicht des Sicherungsgebers, gegen die Zahlung einer Prämie auf der anderen Seite. Bei einem *swap* handelt es sich um ein *Austauschgeschäft* „Geld gegen Geld“[282] und damit weder um einen Tausch im Sinne des BGB noch ein Darlehen im Sinne der §§ 488 ff. BGB.[283] Der *swap* entzieht sich den Typisierungen des Besonderen Schuldrechts und ist – in allen seinen Ausprägungen – ein atypischer, gegenseitiger Vertrag im Sinne der §§ 320 ff. BGB.[284] Er ist vor dem Hintergrund der Vertragsfreiheit unproblematisch zulässig, § 311 Abs. 1 BGB.

279 http://www.isda.org/publications/pdf/pubguide.pdf. Eine Kommentierung des ISDA Master Agreements mit Erläuterungen der englischen Fachbegriffe findet sich bei *Reiner*, ISDA Master Agreement: Kommentar, 2013.

280 Neben den ISDA-Verträgen stehen für rein inländische Sachverhalte auch der „Rahmenvertrag für Finanztermingeschäfte“ des Bundesverbandes Deutscher Banken (BdB), das „European Master Agreement“ der Bankenvereinigung der europäischen Union und das Vertragswerk der British Bankers Association (BBA) zur Verfügung. Ausführlich zu den verschiedenen Rahmenverträgen im Inlands- und grenzüberschreitenden Geschäft: *Jahn*, in: Schimansky/Bunte/Lwowski, Bankrechts-Handbuch Bd. 2, § 114, Rn. 35 ff; 61 ff.

281 Tatsächlich wird der swap in der Praxis als „Austausch“ von Zahlungsströmen bezeichnet, siehe die Swapdefinition der BIS: „Financial derivative in which two parties agree to exchange payment streams based on a specified notional amount for a specified period.“; http://www.bis.org/publ/otc_hy1611.pdf.

282 *K.P. Berger*, in: MüKo BGB, Vorbem. zu § 488, Rn. 18.

283 *Rudolf*, in: Kümpel/Wittig, Bank- und Kapitalmarktrecht, Rn. 19.124.

284 *K.P. Berger*, in: MüKo BGB, Vorbem. zu § 488, Rn. 18.

Insbesondere handelt es sich, trotz der wirtschaftlich in Teilen vergleichbaren Funktion, auch nicht um eine Versicherung im Sinne des VAG.[285]

a) Credit default swap

Das am Weitesten verbreitete Kreditderivat ist der *credit default swap*. Bei einem *credit default swap* verhält sich die Prämienzahlung des Sicherungsnehmers synallagmatisch zu einer aufschiebend bedingten Leistungspflicht des Sicherungsgebers. Die aufschiebende Bedingung bezieht sich auf einen Basiswert (*underlying*), der typischerweise ein definiertes Kreditereignis aus einem Darlehensverhältnis zwischen dem Sicherungsnehmer und dem Referenzschuldner ist. Zwischen diesem Referenzschuldner und dem Sicherungsgeber selbst werden durch den *credit default swap* keine vertraglichen Beziehungen begründet.

Als Kreditereignisse, die typischerweise als aufschiebende Bedingung definiert werden, nennt *Jahn* die Insolvenz und vergleichbare Ereignisse, vorzeitige Fälligstellung, das Recht des Gläubigers zur vorzeitigen Fälligstellung, Zahlungsverzug, Aufsage/Moratorium und Umschuldung.[286] Theoretisch kann jedoch jede Störung in der Leistungsbeziehung oder aufseiten des Referenzschuldners zum bedingungsauslösenden Kreditereignis bestimmt werden.

Die Leistung des Sicherungsgebers nach Bedingungseintritt kann auf unterschiedliche Art und Weise erfolgen. Unterschieden wird zwischen *physical-*, und *cash settlement* und der Bezahlung von Fixbeträgen.[287] Die einfachste Form der Abwicklung der Ausgleichszahlung ist die zuletzt genannte, die Leistung eines vorher bestimmten fixen Betrages (sogenannter *digital credit default swap*). Beim *cash settlement* ist die Abwicklung etwas komplizierter. Hier entscheidet die Differenz zwischen dem Marktwert des Referenzaktivums bei Vertragsschluss und dem potenziellen Marktwert nach Eintritt des Kreditereignisses über die Höhe der Ausgleichszahlung.[288] Theoretisch beträgt die Ausgleichszahlung bei einem völligen Ausfall des Forderungsschuldners also einhundert Prozent der Forderung, in der Praxis muss der Restwert der Forderung häufig durch eine sogenannte Händlerumfrage (*dealer poll*) ermittelt werden. Durch diese Form des Ausgleichs wird dem Sicherungsnehmer exakt die Vermögenseinbuße kompensiert, die er durch Eintritt des Kreditereignisses erfährt. Beim *pysical*

---

285 *Berg*, Kreditderivate im deutschen Privatrecht, S. 359 ff., 433; siehe aber auch *Roberts*, NJOZ 2010, 1717, 1718.

286 *Jahn*, in: Schimansky/Bunte/Lwowski, Bankrechts-Handbuch Bd. 2, § 114, Rn. 25.

287 *Rudolf*, in: Kümpel/Wittig, Bank- und Kapitalmarktrecht, Rn. 19.236.

288 *Berg*, Kreditderivate im deutschen Privatrecht, S. 65.

settlement zahlt der Sicherungsgeber den Nominalbetrag des Referenzaktivums an den Sicherungsnehmer. Im Gegenzug wird ihm das Referenzaktivum, durch Abtretung (bei Forderungen) oder Übereignung (bei Wertpapieren) übertragen. Im Ergebnis hat er also den Wertverlust nach Eintritt des Kreditereignisses zu tragen.

Diese Möglichkeit wird im Verhältnis zum *cash settlement* oder der fixen Entschädigung häufig gewählt, da dem Sicherungsgeber die Möglichkeit verbleibt, mit dem Referenzaktivum zu einem späteren Zeitpunkt einen über dem Marktwert liegenden Gewinn zu erzielen.[289] Hinzu kommt, dass der Sicherungsnehmer seine Bilanz vollständig von dem Referenzaktivum befreit und volle Entlastung seiner Außenstände (*exposure*) erreicht.

Die vom Sicherungsnehmer zu zahlende Prämie wird meist vierteljährlich entrichtet, es sind aber auch andere Fälligkeitsrhythmen denkbar zuzüglich eines zu Anfang des Swapgeschäfts einmalig zu entrichtenden Festbetrages, des sogenannten „*upfronts*".[290] Beide Zahlungen sind unabhängig vom Eintritt eines Kreditereignisses zu zahlen und stellen den Preis für die Absicherung der Kreditposition dar. Sie stehen im Gegenseitigkeitsverhältnis zur aufschiebend bedingten Entschädigung durch den Investor.

b) Total return swap

Bei einem *total return* oder *total rate of return swap* verpflichtet sich der Sicherungsnehmer, jegliche Erträge aus einem Referenzaktivum (den „*total return*") an den Sicherungsgeber weiterzuleiten. Erträge können beispielsweise die Zinszahlungen des Referenzschuldners oder Steigerungen des Marktwerts des *underlyings* sein. Je nach Basiswert kann sich die Steigerung des Marktwerts beispielsweise in einem steigenden Börsenkurs niederschlagen, bei einer Kreditforderung in einer verbesserten Einschätzung der Bonität des Referenzschuldners.

Der Sicherungsgeber verpflichtet sich, Marktwertminderungen oder Bonitätsverschlechterungen durch Zahlung auszugleichen. Der Ausgleich der Entwicklung des Referenzwerts erfolgt entweder periodisch oder am Ende der Laufzeit der *Swap*-Vereinbarung. Bei einer periodischen Abrechnung vereinbaren die Parteien häufig, die gegenseitigen Zahlungsverpflichtungen gegeneinander aufzurechnen. Der Sicherungsgeber oder *Total-Return*-Empfänger geht damit eine synthetische Risikoposition ein, d.h., obwohl das Risiko in den Büchern des

---

289 *Rudolf*, in: Kümpel/Wittig, Bank- und Kapitalmarktrecht, Rn. 19.236.

290 *K.P. Berger*, in: MüKo BGB, Vorbem. zu § 488, Rn. 18.

Sicherungsnehmers verbleibt, wirkt sich die Entwicklung des Aktivums auf ihn im selben Maße aus, als hätte er das Aktivum tatsächlich erworben.[291]

Im Ergebnis trägt der Sicherungsgeber damit nicht nur das von einem Kreditereignis abhängende Kreditrisiko, sondern auch das Marktpreisrisiko des *underlyings*.[292] Insofern unterscheidet sich der *total return swap* vom *credit default swap*. Um dieses zusätzliche Risiko zu kompensieren, liegt der vom Sicherungsgeber zu entrichtende variable Zins unter dem Nominalzins des Referenzwerts, der ihm vom Sicherungsnehmer weitergeleitet wird.[293] Der variable Zinssatz errechnet sich aus einem Referenzzinssatz wie dem LIBOR[294] oder EURIBOR[295] in Kombination mit den Refinanzierungskosten des Sicherungsnehmers.

Auch bei periodischer Abrechnung der Wertentwicklung wird am Ende der Vertragslaufzeit ein finaler Ausgleich vorgenommen. Wie beim *credit default swap* kann dies durch eine Ausgleichszahlung geschehen (*cash settlement*) oder durch Übertragung des Referenzaktivums auf den Sicherungsgeber (*physical settlement*). Dabei wird bei einem börsenfähigen Wertpapier der Kurs zum Zeitpunkt des Vertragsschlusses zugrunde gelegt, bei einer Kreditforderung hingegen der Nominalwert.

c) Credit-Spread-Produkte

Geschäfte, die der Absicherung von Renditeunterschieden dienen, werden als *Credit-Spread*-Geschäfte bezeichnet. Sie kommen in Form von unbedingten Termingeschäften (*forwards*) und bedingten Termingeschäften (Optionen) vor.[296] Letztere – auch *credit spread options* – sind wiederum in Kauf- und Verkaufsoptionen (*puts* bzw. *calls*) zu unterscheiden. Während die bedingten Optionsgeschäfte sowohl börslich als auch außerbörslich gehandelt werden können, findet der Handel mit in der Zukunft unbedingt zu erfüllenden *forwards* immer außerbörslich (OTC) statt.

Der Begriff *spread* bezeichnet die Differenz zwischen der Rendite einer als vergleichsweise sicher empfundenen Investition (zum Beispiel Bundesanleihen)

---

291 *Berg*, Kreditderivate im deutschen Privatrecht, S. 69.

292 Insbesondere Veränderungen im allgemeinen Zinsniveau, aber auch Währungsschwankungen, Preisschwankungen usw.; *Berg*, Kreditderivate im deutschen Privatrecht, S. 71.

293 *Rudolf*, in: Kümpel/Wittig, Bank- und Kapitalmarktrecht, Rn. 19.247.

294 London Interbank Offered Rate (LIBOR).

295 Euro Interbank Offered Rate (EURIBOR).

296 *Berg*, Kreditderivate im deutschen Privatrecht, S. 73 ff.

im Vergleich zu einem verhältnismäßig riskanteren Investitionsgegenstand wie Unternehmensanleihen. Der „*credit spread*" ist folglich eine „*Kreditrisikomessgröße*",[297] die das Risiko einer Bonitätsverschlechterung der Position widerspiegelt. Da das *Credit-Spread*-Produkt aus Sicht des Sicherungsnehmers der Absicherung eines Renditeunterschieds, also einer kalkulierten Gewinnmarge, gegen unvorhergesehene Schwankungen dient, spricht man auch von „*Spannensicherungsswaps*"[298]. Die Anwendung von *Credit-Spread*-Produkten mit dem Basiswert „Kredit" ist weitaus begrenzter als zum Beispiel der Basiswert „Wertpapier", da der Stillhalter den Basiswert (gerade bei als Optionsgeschäft ausgestalteten Transaktionen) tatsächlich gar nicht besitzt. Dies gestaltet sich bei Krediten schwierig, da sie nicht fungibel sind und sich außerdem auf ein bestimmtes Aktivum beziehen müssten. Die *credit spread option* als Spekulationsobjekt ist folglich bei den hier im Fokus stehenden Basiswerten „Kredit" nicht prominent, der Anwendungsbereich sehr eingeschränkt. Zur Absicherung im Falle des *defaults* des Basiswerts kann eine *credit default option* jedoch von Nutzen sein. Auch die Verschlechterung der Bonität der Forderung kann durch ein *Credit-Spread*-Produkt aufgefangen werden.

C. Kreditversicherer

Kreditversicherer bieten ihren Kunden vielfältige Formen des Risikotransfers an. Üblicherweise ist die Produktpalette auf Kreditversicherungen im eigentlichen Sinne in (Einzel-)projektabsicherungen und Kautionsversicherung bzw. Bürgschaft-/Garantiegeschäft aufgeteilt. Kreditversicherungen im eigentlichen Sinn und Kautionsversicherungen werden im Folgenden auf ihre Tauglichkeit als potenzielle Partner von Kreditinstituten in Bezug auf Außenhandelsrisiken untersucht. Die Absicherung von Einzelprojekten größeren Ausmaßes, wie sie häufig im Infrastrukturbereich vorkommt, fällt hingegen nicht in den Fokus der Untersuchung.[299] Diese Form der Investitionssicherung spielt hier keine Rolle, weil die Vertragsstruktur der Absicherung von Einzelrisiken speziell an ein bestimmtes Einzelrisiko angepasst wird. Diese maßgeschneiderte Vertragsstruktur unterscheidet sich erheblich von für eine Vielzahl von verhältnismäßig

---

297 *Rudolph/Hofmann/Schaber/Schäfer*, Kreditrisikotransfer, S. 71.

298 *Rudolf*, in: Kümpel/Wittig, Bank- und Kapitalmarktrecht, Rn. 19.250.

299 Beispielsweise bietet die Coface S.A. mit Deutschlandsitz in Mainz unter dem Namen „Single Risk Cover Police" Kreditversicherungen „speziell für größere Projekte von Einzel-Investitionsgütern wie z.B. die Fertigung, Lieferung und Montage von Anlagen, Maschinen, Komponenten im In- und Ausland" an.

kleineren Risiken zugeschnittenen (Rahmen-)verträgen. Wenn dies schon für Konsortialkredite auf dem Gebiet der Außenhandelsfinanzierung gilt, muss es noch deutlicher für die standardisierten Vertragsstrukturen auf dem Kapitalmarkt gelten.

Besondere Bedeutung für Unternehmen, die Kreditversicherungen in Anspruch nehmen wollen, hat die Fähigkeit von Kreditversicherungen, Bonitätsratings zu erstellen.[300] Dadurch sind sie nicht nur in der Lage exakt die Prämien für ihre eigene Versicherungsleistung zu berechnen, sondern bieten ihren Kunden eine wichtige Hilfestellung bei der Bewertung der Forderungen in ihrem Portfolio.[301] Im Unterschied zu Großbanken haben gerade mittelständische Betriebe häufig nicht die technischen Möglichkeiten, die nötig sind, um interne Ratings zu erstellen. Durch das externe Rating des Kreditversicherers wird dem Mittelständler ein erster und besonders wichtiger Schritt im Rahmen seines Risikomanagements abgenommen. Den Kreditversicherungen kommt dabei (ähnlich wie den großen Ratingagenturen) eine nicht zu unterschätzende Marktmacht zu, da ein negatives Bonitätsurteil durch eine oder mehrere Kreditversicherungen die Geschäftstätigkeit und Refinanzierungskosten eines Marktteilnehmers erheblich erschweren. Hinzu kommt die Konzentration des Marktes auf wenige Anbieter. In Deutschland ist der Markt im Wesentlichen auf fünf Anbieter verteilt (Coface, Atradius, Euler Hermes, Zürich- sowie R + V Versicherungen) wobei die drei erstgenannten, insbesondere was den außereuropäischen Weltmarkt für Kreditversicherungen angeht, den wesentlichen Anteil auf sich vereinigen.[302]

I. Einordnung

Während die Banksyndizierung eine Form des Risikotransfers darstellt, die sich durch eine Aufteilung des Risikos auf mehrere Risikoträger auszeichnet, handelt es sich bei einer Versicherungslösung um eine Form der (teilweisen) Übernahme der ursprünglich von einem Risikoträger eingegangenen Risikoposition

300 Ausführlich zu den unterschiedlichen Rating Arten und ihrer Bedeutung für das Risikomanagement von Unternehmen aus betriebswirtschaftlicher Sicht: *Ehrmann*, Risikomanagement in Unternehmen, S. 237 ff.

301 Siehe Atradius Buyer Rating oder Coface @rating und DRA (*debt risk assessment*).

302 *Herrmann*, in: Beckmann/Matusche-Beckmann, Versicherungsrecht-HdB, § 39, Rn. 7,8. Eine Übersicht sowie Kurzprofile wichtiger Kreditversicherungsunternehmen, inklusive Geschäftsfeldern, Finanzkennzahlen und Produktübersicht im Anhang zu *Horsch/Rathmann*, Kreditrisikotransfer durch Kreditversicherung, S. 211 ff.

durch einen anderen Risikoträger, den Übernehmer. Der Übernehmer tritt dabei (insoweit einem Innenkonsortium oder einer Unterbeteiligung vergleichbar) selbst nicht in vertragliche Beziehungen zum Kreditnehmer.[303] Als potenzielle Risikoübernehmer werden hier also Versicherungsunternehmen in den Blick genommen. Der folgende Untersuchungsgegenstand kann als die Indeckungnahme der Außenhandelsrisiken von Kreditinstituten durch Versicherungsunternehmen beschrieben werden.[304]

Aus Sicht der Kreditinstitute geht es um die Indeckunggabe jedenfalls eines Teils des Risikos, nämlich, dass ihr Kreditnehmer seiner Verpflichtung nicht nachkommen kann oder will, mithin eines Ausfallrisikos. Die Begriffe „Indeckungnahme" und „Indeckunggabe" sind hier bewusst gewählt, um den Begriff „Versicherung" zu vermeiden. Dies aus zweierlei Gründen: Zum einen ist hier nicht immer eindeutig, ob der Risikotransfer auf Versicherungsunternehmen technisch immer eine Versicherung darstellt.[305] Zum anderen wird mit „Kreditausfallversicherung" vielfach und fälschlicherweise der englische Begriff *credit default swap* übersetzt und inhaltlich gleichgesetzt.[306] Der Hauptanwendungsfall der Kreditversicherung ist jedoch die Waren- oder Lieferantenkreditversicherung, bei der sich der Warenkreditgeber gegen einen Forderungsausfall seines kreditnehmenden Kunden versichert und die wenig mit einem CDS gemein hat.[307]

---

303 Siehe *Kayser*, Großkreditversicherungen für Kreditinstitute, S. 7, Fn. 1: „Grundsätzlich liegt die Abwälzung eines Kreditausfallrisikos – im Gegensatz zur Risikoteilung (z.B. gemeinschaftliche Kreditvergabe – dann vor, wenn ein Kreditinstitut ein in seinem Kreditportefeuille befindliches Ausfallrisiko einem anderen Risikoträger überträgt, ohne dass der neue Risikoträger eine vertragliche Beziehung zum Kreditnehmer aufnimmt." Ebenso *Krauß*, Die Kreditversicherung aus Sicht der Kreditinstitute, S. 259 i.V.m. S. 36 f.

304 Oder Rückversicherungsunternehmen, die sich als Erstversicherer betätigen. Wenn im Folgenden von Versicherungen die Rede ist, so sind davon auch Rückversicherungsunternehmen umfasst, die eine Erstversicherungslizenz haben und Risikotransfer für Kreditinstitute anbieten. Eine Differenzierung wird nur da vorgenommen, wo es unterschiedliche rechtliche Vorgaben erforderlich machen.

305 Siehe schon im Jahre 1929 *Schnedelbach*, Kreditversicherung, S. 11: „Unter dem Namen „KV" werden vielfach Geschäfte betrieben, die damit im Grunde genommen nichts zu tun haben, oft nicht einmal zur V gehören; (…).".

306 Beispielsweise enthält das Stichwortverzeichnis des Bankrechtshandbuchs von Schimansky/Bunte/Lwowski unter dem Begriff „Kredit(ausfall)versicherung" ausschließlich Verweise auf CDS und keinen auf eine Form der Versicherung.

307 *Grauschopf*, in: Veith/Gräfe, Versicherungsprozess, § 19, Rn. 10.

Neben der Warenkreditversicherung als Hauptanwendungsfall der Delkredereversicherung gelten die Kautions- und die Vertrauensschadenversicherung als Tätigkeitsfeld von Kreditversicherern.[308] Die letztgenannte Vertrauensschadenversicherung eignet sich offensichtlich nicht als Form des Risikotransfers zwischen Banken und Versicherungen. Die nachstehenden Ausführungen behandeln folglich die Möglichkeiten der Zusammenarbeit mittels der Techniken Kreditversicherung (also Delkredereversicherung) und Kautionsversicherung.

II. Kreditrisikotransfer zwischen Kreditinstituten und Versicherungsunternehmen

In der Literatur finden sich zahlreiche Auseinandersetzungen mit der Kreditversicherung im Allgemeinen, besonders der Hauptanwendungsfall Warenkreditversicherung nimmt einigen Raum ein.[309] Im Vergleich dazu werden die Möglichkeiten der Zusammenarbeit von Banken und Versicherungen im Bereich der Versicherung von Krediten eher stiefmütterlich behandelt.[310] Dabei sind hier verschiedene Konstellationen denkbar.[311] Ihnen gemeinsam ist der Grundgedanke, dass das Risiko des Ausfalls eines Kreditnehmers verringert wird. Dies ist konstruktiv auf zwei Wegen erreichbar. Entscheidender Unterschied ist, ob die Bank unmittelbar in vertragliche Beziehungen zum Versicherer tritt oder nur mittelbar von einer Beziehung zwischen ihrem Kreditnehmer und einer Versicherung profitiert.[312] Die konstruktiven Möglichkeiten der Wirkung einer Versicherung auf die Risikoposition einer Bank werden im Folgenden dargestellt.[313]

---

308 Siehe *Horsch/Rathmann*, Kreditrisikotransfer durch Kreditversicherung, S. 73, Abb. 10, sowie Tab. 1 zur Typologie der Leistungsangebote der Kreditversicherer. Ausführlich zu einem weiteren wichtigen Unterfall der Delkredereversicherung, der Ausfuhrkreditversicherung siehe *Pörschke*, Die private Ausfuhrkreditversicherung 1991.

309 Siehe nur aus dem monographischen Bereich: *Schnedelbach*, Das Recht der Kreditversicherung; *Tschelnitz*, Kreditversicherung; *von Halem*, Kreditversicherung; *Greulich*, Die Kreditversicherung.

310 *Horsch/Rathmann*, Kreditrisikotransfer durch Kreditversicherung; *Kayser*, Großkreditversicherungen für Kreditinstitute; *Isern*, Die Versicherung von Krediten; *Krauß*, Die Kreditversicherung aus Sicht der Kreditinstitute; *Goltz*, Die Sicherung des aktiven Bankkredits durch Kreditversicherung.

311 Allgemein zur Zusammenarbeit von Banken und Versicherungen aus der betriebswirtschaftlichen Literatur: *Peick*, Kooperation von Banken und Versicherungen.

312 Zuerst *Goltz*, Die Sicherung des aktiven Bankkredits durch Kreditversicherung, S. 50.

313 Vergleiche die Darstellungen bei *Krauß*, Die Kreditversicherung aus Sicht der Kreditinstitute, S. 82 ff., sowie *Isern*, Die Versicherung von Krediten, S. 32 ff.

1. Mittelbare zugunsten des Kreditinstituts wirkende Lösungen

Kreditversicherung für Kreditinstitute meint Formen der Zusammenarbeit zwischen Banken und Versicherungen, bei denen die Bank „Versicherungsnehmer" ist. Dennoch werden mittelbar zugunsten des Kreditinstituts wirkende Lösungen der Vollständigkeit halber, sowie im Hinblick auf Vergleichsmöglichkeiten und Unterschiede zu unmittelbar wirkenden Lösungen (kurz) vorgestellt. Zu unterscheiden ist zunächst zwischen Delkredere- und Kautionsversicherungen.

Bei einer Delkredereversicherung (in all ihren Ausprägungen) „übernimmt der Versicherer gegenüber dem Versicherungsnehmer das Delkredere[314] für vom Versicherungsnehmer gewährte Kredite in Form einer Gewährleistung für den Eingang der entsprechenden Forderungen"[315]. Wenn ein Kreditnehmer der Bank, der seinerseits Kreditgeber eines Dritten ist, eine solche Versicherung abschließt, wirkt sich das mittelbar positiv auf die gegenüber dem Kunden eingegangene Risikoposition aus. Zum einen stärkt es die Bonität des Kunden, da der Forderungsbestand durch die Versicherung eine höhere Bonität genießt, zum anderen kann der Kunde seinen Anspruch gegen die Versicherung sicherungsweise an die Bank abtreten.[316] Dadurch steigt mittelbar die Bonität der (davon rechtlich und wirtschaftlich grundsätzlich völlig unabhängigen) Forderung der Bank gegen ihren Kreditnehmer.

Mittelbar wirkt sich auch die Kautionsversicherung aus.[317] Hier ist wiederum danach zu unterscheiden, ob „der Kreditnehmer der Bank Begünstigter einer Kautionsversicherung ist oder eine Kautionsversicherung zugunsten seiner Kreditgeber abschließt"[318]. Ist der Kunde der Bank Begünstigter einer Kautionsversicherung, wirkt sich dies wieder mittelbar auf die Risikoposition der Bank aus,

---

314 Abgeleitet von der Legaldefinition der Delkredereprovision in § 86 b Abs. 1 HGB, kann das Delkredere als „Einstehen für die Erfüllung der Verbindlichkeit aus einem Geschäft" beschrieben werden. Zum Vergleich mit dem Wortlaut der Bürgschaft in § 765 Abs. 1 BGB siehe *v. Hoyningen-Huene*, in: MüKo HGB, § 86 b, Rn. 5.

315 *Krauß*, Die Kreditversicherung aus Sicht der Kreditinstitute, S. 55.

316 Im Detail *Krauß*, Die Kreditversicherung aus Sicht der Kreditinstitute, S. 85 ff.

317 „(dagegen) spricht man von Kautionsversicherung, wenn Versicherungsnehmer und Versicherter nicht die gleiche Person sind, wenn also der Schuldner (Versicherungsnehmer) seinem Gläubiger (Versicherter) dadurch gegen die Folgen seiner (des Schuldners) Zahlungsunfähigkeit Schutz verschafft, daß er eine Versicherung zugunsten seines Gläubigers abschließt und hierfür eine Prämie bezahlt, anstatt ihm (dem Gläubiger) eine anderweitige Sicherheit, eine Kaution, zu stellen", *v. Halem*, Kreditversicherung, S. 32.

318 *Krauß*, Die Kreditversicherung aus Sicht der Kreditinstitute, S. 186.

indem der Zufluss von Mitteln aus eigenen Forderungen des Kunden gesichert, dessen Bonität dadurch gesteigert wird und er mit der Eventualforderung gegen die Versicherung einen weiteren Vermögensgegenstand erwirbt. In seiner Wirkung nur noch schwach messbar ist es hingegen, wenn der Kreditnehmer der Bank selbst Versicherungsnehmer einer Kautionsversicherung wird, dadurch seine Gläubiger gegen den eigenen Forderungsausfall versichert, aber nicht das Kreditinstitut selbst. Hier kann allenfalls von einer sehr mittelbaren Wirkung gesprochen werden, die sich in einer Stabilisierung der finanziellen Situation des Kreditnehmers erschöpft.[319]

2. Unmittelbar zugunsten des Kreditinstituts wirkende Lösungen

Interessanter ist deshalb der Einsatz von Versicherungslösungen, die der kreditgebenden Bank unmittelbar zugutekommen. Hier ist zum einen wieder zwischen den Techniken der Kredit- und der Kautionsversicherung, zum anderen nach der Art der in Deckung gegebenen Risikoposition zu differenzieren.

a) Klassische Kreditvergabe

Die Indeckungnahme eines Bankdarlehens durch ein Versicherungsunternehmen (Finanzkreditversicherung) hat sich in der Praxis, trotz gelegentlicher Anregungen aus der Literatur, nicht durchsetzen können.[320] Nichtsdestotrotz bleibt sie nicht unerwähnt, da sie technisch durchaus vorstellbar[321] ist und nach Ansicht einiger Autoren eher an einem gewissen Beharrungsvermögen der maßgeblichen Marktteilnehmer an überkommenen Lösungen scheitert und nicht an

---

319 Zur mittelbaren Wirkung der Kautionsversicherung auf das Aktivgeschäft der Banken auch *Isern*, Die Versicherung von Krediten, S. 37 ff. Bei Delkredere- und Kautionsversicherung ergebe sich „eine auf das bankbetriebliche Kreditausfallrisiko wirkende Verbesserung des Bonitätsstandards des gewerblichen Kreditgebers in seiner Eigenschaft als kreditnehmender Bankkunde" (S. 40).

320 „Vor dem Hintergrund der Gestaltungsfehler der Frühzeit [der Kreditversicherung] wurde die bis heute wesensbestimmende Beschränkung auf Lieferantenkredite formuliert und damit die Übernahme von Kreditrisiken aus Bankkrediten grundsätzlich ausgeschlossen", *Horsch/Rathmann*, Kreditrisikotransfer durch Kreditversicherung, S. 59.

321 Siehe dazu ebenso *Horsch/Rathmann*, Kreditrisikotransfer durch Kreditversicherung, S. 56, wonach sich die „theoretischen Möglichkeiten der Kreditversicherung (jedoch) signifikant von den realen Marktprozessen und -strukturen [unterscheiden], die durch Institutionen (wie den Ausschluss von Kreditversicherungen für reine Finanzkredite) geprägt sein können".

ihrer schlechten Eignung zur Erfüllung der mit Risikotransfer verfolgten Ziele.[322] *Tschelnitz* weist schon im Jahre 1931 darauf hin, dass „die Praxis gelehrt [habe], daß die Großbanken, auf die es ja hier in erster Linie [ankäme], dem Vordringen der betriebsfremden Kreditversicherung zunächst einen gewissen, vielleicht mit der Wahrung des Prinzips möglichster Abgeschlossenheit zu erklärender Widerstände [entgegensetzten]".[323] *Krauß* vermutet hier Gründe risikotechnischer Art, „angesichts der starken Differenziertheit der Finanzkredite bezüglich Höhe und Laufzeit steht dem Kreditversicherer kein ausreichendes statistisches Beobachtungsmaterial zur Verfügung, auf dem er seine versicherungstechnische Kalkulation aufbauen könnte".[324] Letztlich ist es mindestens überraschend, dass das Potenzial dieses Ansatzes nicht nachhaltiger verfolgt wird.[325] Da dieser Untersuchung allerdings keine Darlehen, sondern der Transfer von Risiken aus Akkreditiven und Garantien zugrunde liegen, soll die Versicherung von Darlehen auch hier nicht weiter verfolgt werden.[326]

Der umgekehrte Fall, dass nämlich nicht das Kreditinstitut als Versicherungsnehmer, sondern als Versicherter fungiert, zu dessen Gunsten sein Kreditnehmer auch Versicherungsnehmer geworden ist, mithin eine (Finanz-)Kautionsversicherung abgeschlossen hat, sieht sich weniger Widerspruch ausgesetzt.[327] Hier

---

322 Drastisch *Schnedelbach*, das Recht der Kreditversicherung, S. 87: „Die PauschalV von Finanzkrediten scheint schlechthin ausgeschlossen, wenn sie vom Gläubiger genommen wird; Tritt der Schuldner als Nehmer auf, dann kann sie unter vertraglichen Kautelen (Höchstgrenze der Deckung!) möglich sein" (zu Letzterem sogleich). *Wölbling* spricht gar von einer „Anomalie unserer Kreditwirtschaft", ZfK 1968 (Heft 1), 23, 26.

323 *Tschelnitz*, Kreditversicherung, S. 76.

324 *Krauß*, Die Kreditversicherung aus Sicht der Kreditinstitute, S. 207, Fn. 2, damit *v. Halem*, Kreditversicherung, S. 32 zitierend. Er selbst ist hingegen der Ansicht, eine Finanzkreditversicherung könne durchaus vorteilhaft sein (S. 221), letztlich müsse aber Abwägung im Einzelfall ausschlaggebend sein (S. 235).

325 So auch *Greulich*, Die Kreditversicherung, S. 105, der darauf hinweist, dass „in der Zusammenarbeit zwischen Kreditversicherung und Banken noch ein weites Feld [brach liegt], für die Kreditversicherer; nicht zuletzt aber auch für die Banken". Es gebe „keinen zwingenden logischen Grund", der gegen die Versicherung von Finanzkrediten spräche, weist aber auch auf die Gefahren der Antiselektion für den Kreditversicherer hin (ebenda).

326 Eine umfassende Auseinandersetzung mit den Argumenten gegen eine Finanzkreditversicherung findet sich bei *Kayser*, Großkreditversicherungen für Kreditinstitute, S. 202 ff.

327 *Wölbling* spricht von der Finanzkreditversicherung gar als einer „Anomalie unserer Kreditwirtschaft", ZfK 1968 (Heft 1), 23, 26: „Zwar wäre gedanklich auch der

treten die Bank und die den Kreditnehmer versichernde Institution in unmittelbare vertragliche Beziehungen, da in ihrem Verhältnis der Bürgschafts- oder Garantievertrag zustande kommt. Da die Bank im Falle der Zahlungsunfähigkeit ihres Kreditnehmers direkt auf das Zahlungsversprechen des Versicherers zurückgreifen kann, wirkt sich die Finanzkautionsversicherung unmittelbar auf das Kreditrisiko der Bank aus. Zwar verbleibt die Risikoposition technisch in ihren Büchern, aber wirtschaftlich ist es auf den Versicherer übergegangen. Auch diese Lösung hat jedoch keine nennenswerte Verbreitung in der Praxis gefunden.[328]

b) Avalkreditgeschäft

Untersuchungsgegenstand im engeren Sinn ist die Gewährung von Akkreditiven und Garantien, also eine Form des Avalkreditgeschäfts. Auf diesem Gebiet bieten sich zwei Formen der Zusammenarbeit zwischen Kreditinstituten und Versicherungen an:

Die Erste ist die konsortiale Stellung eines Akkreditivs oder einer Garantie, wie sie im vorhergehenden Teil der Arbeit untersucht wurde.[329] Zwar wurden die Konsortialkreditvergaben dort als Kreditrisikoteilung zwischen Kreditinstituten beschrieben, aber auch die Teilnahme von Versicherungsunternehmen, in dem Sinne, dass sie eine Tranche des Kreditrisikos übernehmen, ist technisch denkbar und wird praktiziert.[330] Im Unterschied zur hier untersuchten Risikoübernahme handelt es sich dabei allerdings wieder um eine Form der Risikoteilung.[331] Diese Lösung soll nicht unerwähnt bleiben, wird aber angesichts der ausführlichen Auseinandersetzung im vorhergehenden Teil der Arbeit, nicht

---

Geldkredit versicherbar. Doch würde es eine Anomalie unserer Kreditwirtschaft bedeuten, wenn die Institute, die Kredite gewerbsmäßig gewähren, eine ihrer Funktionen, die Risikoübernahme, auf Dritte abwälzen sollten" (a.a.O.).

328 Zu den Gründen *Krauß*, Die Kreditversicherung aus Sicht der Kreditinstitute, S. 255 ff. mwN.

329 Siehe auch *Krauß*, Die Kreditversicherung aus Sicht der Kreditinstitute, S. 259 ff.; *Isern*, Die Versicherung von Krediten, S. 44 f.

330 Die Ausführungen in Teil 2, § 1 beschränken sich aus Gründen der Praktikabilität hingegen auf Kreditinstitute als potenzielle Teilnehmer an einem Konsortium. Dies ist erforderlich, weil sonst keine einheitlichen Ausführungen zu aufsichtsrechtlichen Anforderungen an und Auswirkungen auf die Kreditvergabe gemacht werden können, da Kreditinstitute und Versicherungen unterschiedlichen Regulierungsvorschriften unterliegen.

331 *Krauß*, Die Kreditversicherung aus Sicht der Kreditinstitute, S. 259.

weiter verfolgt. Die Ausführungen zur Syndizierung zwischen Kreditinstituten lassen sich im Übrigen hinsichtlich ihrer Funktionsweise auf Konsortien mit anderen Teilnehmern wie Versicherungen, oder anderen Finanzakteuren, übertragen.

c) Unterbeteiligung

Die zweite Lösung ist die Unterbeteiligung einer Versicherung an Avalkrediten, die von einem Kreditinstitut vergeben wurden.[332] Obwohl dieses Risikotransferprodukt von Versicherungen angeboten wird, handelt es sich rechtlich nicht um eine klassische Versicherung im Sinne des VVG. Dies mag auf den ersten Blick – abgesehen von der unterschiedlichen Terminologie – erstaunlich sein, da der Wortlaut des § 1 VVG, der die vertragstypischen Pflichten einer Versicherung enthält, durchaus mit dem hier untersuchten Produkt in Einklang zu bringen wäre.[333] Der Versicherer ist danach verpflichtet, ein bestimmtes Risiko des Versicherungsnehmers durch eine Leistung abzusichern, die er bei Eintritt des vereinbarten Versicherungsfalles zu erbringen hat (§ 1 S. 1 VVG). Der Versicherungsnehmer ist im Gegenzug verpflichtet, an den Versicherer die vereinbarte Zahlung, die Prämie, zu leisten (§ 1 S. 2 VVG). Übertragen auf den vorliegenden Fall müsste also dem „Versicherungsnehmer" Kreditinstitut gegen Zahlung einer Prämie ein bestimmtes Risiko, hier der Ausfall seines Vertragspartners, abgesichert werden. Dies ist bei der Unterbeteiligung einer Versicherung an einem Avalkredit einer Bank unproblematisch der Fall. Auch in der Literatur werden die Parallelen zur Versicherung betont, beispielsweise von *Krauß*, der die Risikoabwälzung im Bereich des Avalkredits, verglichen mit der Debitorenversicherung, die eine echte Versicherung ist, „identisch" nennt.[334] Hier wird eine weitere Parallele deutlich, die den gemeinsamen Unterschied zu anderen Versicherungssparten, wie der Lebensversicherung, markiert, nämlich die Absicherung eines bewusst eingegangenen Risikos. Während in der Lebens- und

---

332 *Isern*, Die Versicherung von Krediten, S. 46.

333 Allgemein zu Inhalt und Voraussetzungen § 1 VVG: *Looschelders*, MüKo VVG, § 1 Rn. 4 ff.

334 *Krauß*, Die Kreditversicherung aus Sicht der Kreditinstitute, S. 263: „Hinsichtlich der bankpolitischen Bedeutung der Abgabe von stillen Avalunterbeteiligungen an einen Kreditversicherer gelten die gleichen Überlegungen wie bei der ausführlich untersuchten Debitorenversicherung im Geldleihgeschäft. Im Grunde ist die Risikoabwälzung im Bereich des Avalkredits hiermit identisch" und S. 269: „Im Grunde handelt es sich dann um eine Debitorenversicherung, wenn auch der Terminus ‚stille Unterbeteiligung' auf den ersten Blick über diesen Sachverhalt hinwegtäuscht."

der Berufsunfähigkeitsversicherung das allgemeine Lebensrisiko, oder in der Rechtsschutzversicherung das allgemeine Prozessrisiko, versichert wird, haben Debitorenversicherung und die beschriebene Unterbeteiligung die Absicherung einer wirtschaftlichen Risikoposition zum Gegenstand, die bewusst und darüber hinaus mit der Absicht der Gewinnerzielung eingegangen wurde. Unter diesem Aspekt gleichen die beiden Institute der Rückversicherung, bei der ein Versicherer seine, ebenfalls bewusst und mit Gewinnerzielungsabsicht eingegangenen, Risikopositionen versichert, also rückversichert.

Dies ist auch der Ansatz von *Kayser*, der Großkreditversicherungen für Kreditinstitute (so der Titel des Werkes) als Übertragung des Rückversicherungskonzepts auf die Deckung bankwirtschaftlicher Kredit- und Großrisiken (so der Untertitel), verstehen will.[335] Gemeint ist die (teilweise) Weitergabe einer Risikoposition von einem Risikoträger auf den anderen mit rückversicherungstypischer Interessenverteilung und Vertragsgestaltung und keinesfalls eine Rückversicherung im technischen Sinne.[336] „Rückversicherung" bedeutet ausweislich § 779 I HGB a.F. die Versicherung der von einem Versicherer übernommenen Gefahr.[337] Kreditinstitute können also nicht Versicherungsnehmer einer (echten) Rückversicherung sein. Eine Übertragung des Prinzips ist hingegen nicht ausgeschlossen.

Für die Frage der Einordnung ist damit festzuhalten, dass die Unterbeteiligung, trotz der sowohl äußerlich als auch inhaltlich großen Nähe zu den Instrumenten Versicherung und Rückversicherung, eine eigenständige Form des Kreditrisikotransfers darstellt.

---

335 *Kayser*, Großkreditversicherungen für Kreditinstitute, S. 3.

336 Zur Rückversicherung in all ihren Facetten das Standardwerk *Gerathewohl*, Rückversicherung Bd. 1 u. 2; oder die überschaubare Darstellung bei *Looschelder*, MüKo VVG, Einführung, Rückversicherungsvertragsrecht.

337 § 779 Abs. 1 HGB in der bis zum 01.01.2008 geltenden Fassung, siehe dazu auch oben. Vgl. auch Art. 2 Abs. 1 a) S. 1 der Rückversicherungsrichtlinie, wonach „Rückversicherung" die Tätigkeit der Übernahme von Risiken, die von einem Versicherungsunternehmen oder einem anderen Rückversicherungsunternehmen abgegeben werden" – Richtlinie 2005/68/EG des Europäischen Parlaments und des Rates vom 16. November 2005 über die Rückversicherung und zur Änderung der Richtlinien 73/239/EWG, 92/49/EWG des Rates sowie der Richtlinien 98/78/EG und 2002/83/EG (ABl. Nr. L 323 S. 1, ber. ABl. 2007 Nr. L 270 S. 32).

d) *Anbieter*

Neben der Frage der tatsächlichen Verbreitung ist vor allem die Verbreitungsmöglichkeit von Bedeutung. Den Rahmen dafür setzt die Versicherungsaufsicht nach den gesetzlichen Vorschriften, insbesondere dem Versicherungsaufsichtsgesetz (VAG).[338] Versicherer sind Erstversicherungsunternehmen sowie Rückversicherungsunternehmen mit Erstversicherungslizenz. Dieses weite Begriffsverständnis umfasst reine Kreditversicherungsunternehmen. Wenn in der Literatur teilweise ausschließlich Kreditversicherungsunternehmen angesprochen werden, wird der Anwendungsbereich und Verbreitungsgrad dieser Lösung unnötig beschränkt.[339] Dies hätte negative Auswirkungen auf die Attraktivität der Lösung, da die Aufnahmekapazität der reinen Kreditversicherer im Vergleich zur Gesamtkapazität am Versicherungsmarkt sehr gering ist. Zudem ist nicht einzusehen, warum eine Lösungsmöglichkeit von vornherein auf eine – im Vergleich zum Gesamtmarkt – Nische reduziert wird, wenn sie wesentlich größere Entfaltungsmöglichkeiten in Aussicht hat. Ein Ansatzpunkt, die Beschränkung zu erklären, mag die Aufhebung der Spartentrennung für Kredit- und Kautionsversicherung im Jahre 1990 also vor Erscheinen der hier zitierten Auseinandersetzungen mit der Problematik sein:

Aufsichtspflichtige Versicherungsunternehmen sind (u.a.) „Unternehmen, die den Betrieb von Versicherungsgeschäften zum Gegenstand haben und nicht Träger der Sozialversicherung sind", so die Legaldefinition des § 1 Abs. 1 Nr. 1 VAG. Diese bedürfen zum Geschäftsbetrieb der Erlaubnis der Aufsichtsbehörde (§ 5 Abs. 1 VAG) und müssen einen Geschäftsplan einreichen (Abs. 2), der auch Angaben darüber enthält, welche Versicherungssparten betrieben und welche Risiken einer Versicherungssparte gedeckt werden sollen (Abs. 3 Nr. 2). Es steht damit grundsätzlich allen Versicherungsunternehmen offen, der Aufsichtsbehörde die Aufnahme bzw. den Betrieb der Versicherungssparte Anhang A Nr. 14 „Kredit" anzuzeigen.[340]

---

338 Hier wird lediglich der grobe versicherungsaufsichtsrechtliche Rahmen skizziert. Die konkreten Auswirkungen vor dem Hintergrund des Bankaufsichtsrechts für die Banken als Risikoabgeber folgen unter (C.), dort wird auch auf weitere aufsichtsrechtliche Aspekte aus Sicht der risikoaufnehmenden Versicherungen hingewiesen. Aus Sicht der Versicherung geht es also zunächst um die Möglichkeit der Aufnahme von Risiken in der beschriebenen Art und Weise und noch nicht um die konkreten Auswirkungen der Aufnahme.

339 So aber zum Beispiel *Krauß*, Die Kreditversicherung aus der Sicht der Kreditinstitute, der ausschließlich von Kreditversicherungen spricht.

340 In der Anlage wird unter Kredit weiter zwischen Allgemeiner Zahlungsunfähigkeit (a)), Ausfuhrkredit (b)), Abzahlungsgeschäften (c)), Hypothekendarlehen (d)) und

Daran vermag auch das Prinzip der Spartentrennung nichts zu ändern. Danach dürfen besonders sensible Versicherungssparten nicht gemeinsam mit anderen Sparten in demselben Unternehmen betrieben werden.[341] Ausweislich § 8 Abs. 1a VAG schließen die Erlaubnis zum Betrieb der Lebensversicherung (S. 1) und der Krankenversicherung (S. 2) und die Erlaubnis zum Betrieb anderer Versicherungssparten einander aus. Dies „vereinfacht die Aufsichtstätigkeit, schirmt die Lebensversicherungsaufsicht vor den Gefahren anderer Sparten ab und verhindert eine zulasten der Versicherungsnehmer der Lebensversicherung gehende Quersubventionierung anderer Sparten“[342]. Für die Kredit- und auch die Kautionsversicherung ist die Spartentrennung seit 1990 hingegen aufgehoben, wenn auch „wegen der Gefährlichkeit des Geschäfts nach § 6 Abs. 4 S. 1, 2 VAG i.V.m. Nr. 14/15 der Anlage zum VAG eine besondere Zulassung erforderlich“ ist.[343] Sie gilt auch in der Bundesrepublik Deutschland folglich nur noch für die Lebens- und Krankenversicherung. Auch dies muss jedoch keine Beschränkung auf „Monoliner“-Kreditversicherungen bedeuten, da es Versicherungskonzernen unbenommen bleibt, die unterschiedlichen Sparten in rechtlich selbstständigen Entitäten zu betreiben.

Damit bleibt festzuhalten, dass alle Formen von Versicherungsunternehmen, bis hin zum Versicherungsgroßkonzern, als potenzielle Abnehmer von Risiken in der dargestellten Weise infrage kommen. Anwendungsbereich und Aufnahmekapazitäten sind aus Sicht der risikoabgebenden Kreditinstitute mithin erheblich.

III. Klassische Kreditversicherungslösungen

1. Warenkredit- und Ausfuhrkreditversicherung

Das klassische Betätigungsfeld von Kreditversicherungsunternehmen ist die Kreditversicherung. Kreditversicherungen sind im Außenhandel nicht wegzudenken. Häufig sind die damit befassten Unternehmen sogar aus der Außenhandelsversicherung entstanden und haben den inländischen Kreditversicherungsmarkt

---

landwirtschaftlichen Darlehen (e)) differenziert. Hier kommen allerdings nur a) und b) infrage.

341 *Lorenz*, in: Beckmann/Matusche-Beckmann Versicherungsrechts-Handbuch, § 1, Rn. 81.

342 So *Heiss/Mönnich*, in: MöKo VVG, Vorbem zu §§ 150–171, Rn. 43.

343 *Hermann*, in: Beckmann/Matusche-Beckmann, Versicherungsrechts-Handbuch, § 39, Rn. 1. Siehe zur Begründung des BAV Rundschreiben R 1/96 (VerBAV 1996, 135 f.) bei *Grote*, MüKo VVG, Vertrauensschadenversicherung, Rn. 21.

erst später als Tätigkeitsfeld für sich entdeckt.[344] Unter „Kreditversicherung" wird üblicherweise die Absicherung eines Warenkredits verstanden, jedenfalls stellt die Warenkreditversicherung (WKV) den Hauptanwendungsfall der Kreditversicherung dar.[345] Durch die Lieferung der Ware an den Abnehmer unter Vereinbarung eines Zahlungsziels tritt der Lieferant in Vorleistung und gewährt seinem Vertragspartner damit einen Kredit. Die Überlassung eines Wirtschaftsgutes durch Vorleistung oder Stundung ist eine Form des Zahlungskredites.[346]

Nach § 1 der Allgemeinen Versicherungsbedingungen für Warenkredite (AVB) i.d.F. von 2008 „ersetzt [die Versicherung] dem Versicherungsnehmer Ausfälle an Forderungen aus Warenlieferungen, sowie Werk- und Dienstverträgen".[347] Da es hier jedoch um die Absicherung von Kreditforderungen im eigentlichen Sinne geht, denen keine Kauf-, Dienst-, oder Werkverträge zugrunde liegen, kommen Kreditversicherungen in Form der Warenkreditversicherung als Produkt des Transfers von Kreditrisiken nicht in Betracht.

Die Kreditversicherung tritt jedoch auch in anderen Formen auf: Unterschieden werden neben der WKV üblicherweise die Ausfuhrkredit-, Investitionsgüterkredit-, Konsumentenkredit-, Kautions-, und Vertrauensschadenversicherung.[348] Die Kautionsversicherung stellt einen Sonderfall dar (deswegen die gesonderte Behandlung weiter unten), ihre Einordnung unter die Kreditversicherung ist umstritten.[349] Der Begriff Ausfuhrkreditversicherung („AKV") kann zweierlei bedeuten: Entweder ist damit die Versicherung von Ausfuhrkrediten gemeint oder eine Kreditversicherung im Sinne der WKV, mit

344 Siehe zum Beispiel die Geschichte der Euler Hermes Kreditversicherung (http://www.eulerhermes.de/de/euler-hermes-firmengeschichte/euler-hermes-firmengeschichte.html) oder der französischen Coface S.A., die ihre Herkunft sogar im Namen trägt (Coface: Compagnie Française d'Assurance pour le Commerce Extérieur).

345 „Kernbereich" der Kreditversicherung mit der „größten wirtschaftlichen Bedeutung" sagt *Grauschopf*, in: Veith/Gräfe, Versicherungsprozess, § 19, Rn. 10.

346 *Wunderlich*, in: Schimansky/Bunte/Lwowski, Bankrechts-Handbuch Bd. 1, § 75, Rn. 3.

347 Siehe die AVB Warenkredit 1999 der Euler Hermes Kreditversicherung einsehbar unter http://www.eulerhermes.de/de/dokumente/kreditversicherung-grosse-unternehmen-versicherungsbedingungen-1999.pdf/kreditversicherung-grosse-unternehmen-versicherungsbedingungen-1999.pdf.

348 So zum Beispiel *Grauschopf*, in: Veith/Gräfe, Versicherungsprozess, § 19, Rn. 9 ff. oder *Herrmann*, in: Beckmann/Matusche-Beckmann, Versicherungsrecht-HdB, Rn. 102 ff.

349 *Grauschopf* weist darauf hin, dass es sich bei der Kautionsversicherung nicht um eine Kreditversicherung i.e.S. handele, da der Versicherungsnehmer nicht Inhaber einer Forderung sei, die er dem Schuldner kreditiert hat", in: Veith/Gräfe, Versicherungsprozess, § 19, Rn. 17.

der Besonderheit des Auslandsbezuges. Nur im ersteren Fall wäre die Ausfuhrkreditversicherung von Interesse für Versicherungsschutz suchende Banken im Außenhandelsverkehr und damit von gesteigertem Interesse für die vorliegende Untersuchung. Tatsächlich wird die AKV aber in dem Sinne verstanden, dass ihr der Warenkreditversicherung vergleichbare Geschäfte zugrunde liegen.[350] Besonderes Merkmal ist der Auslandsbezug durch die Grenzüberschreitung des zu versichernden Geschäfts. Versicherungsnehmer einer AKV ist folglich typischerweise ein Anbieter von Waren und Dienstleistungen, dessen Vertragspartner im Ausland sitzt. Die Begrifflichkeit „Ausfuhrkreditversicherung" ist insofern zumindest missverständlich, da ihr Gegenstand dem Wortlaut nach auch die Versicherung eines Ausfuhrkredits sein könnte. Versicherungsnehmer einer AKV in diesem Sinne wäre dann ein Kreditinstitut, das beispielsweise seine Vorfinanzierung eines Exportguts versichert.

Zuzugeben ist allerdings, dass auch der Exporteur einer Ware oder Dienstleistung dem Empfänger einen Kredit gewährt, da bei Vereinbarung eines in der Zukunft liegenden Zahlungsziels, der Exporteur dem Importeur Kaufkraft auf Zeit, also einen Kredit, einräumt. Definitionsgemäß könnte man folglich auch von der Versicherung eines Kredits sprechen, allerdings eben nicht eines Bankkredits, wie ihn die Untersuchung vor Augen hat. Dies bestätigt *Herrmann*, der feststellt, dass auch vor dem Hintergrund innovativer Gestaltungen jedenfalls „das klassische Bankgeschäft des Finanzkredits kein typischer Gegenstand der Kreditversicherung [ist]".[351] Damit ist aber nicht gesagt, dass sie das nicht sein könnte, wenn die Praxis sich dahin entwickelte.

2. *Regulatorische Einordnung*

Obwohl Kautions- und Ausfuhrkreditversicherungen verglichen mit der WKV volumenmäßig eher Randbereiche der Kreditversicherung darstellen, insbesondere bei der Kautionsversicherung die Einordnung als Versicherung überhaupt umstritten ist (dazu sogleich), lohnt ein Blick auf die regulatorische Einordnung der Kreditversicherung, als Überbegriff für die infrage kommenden Unterkategorien: Die Kreditversicherung ist zunächst Schadensversicherung, da sie den Kreditgeber vor der Zahlungsunfähigkeit oder Zahlungsunwilligkeit seines Kreditnehmers absichern soll.[352] Damit sind die allgemeinen Vorschriften über die Schadensversicherung in den §§ 74 – 87 VVG auf die Kreditversicherung

350 *Grauschopf*, in: Veith/Gräfe, Versicherungsprozess, § 19, Rn. 12.
351 *Herrmann*, in: Beckmann/Matusche-Beckmann, Versicherungsrecht-HdB, § 39, Rn. 2.
352 *Grauschopf*, in: Veith/Gräfe, Versicherungsprozess, § 19, Rn. 9, 25.

grundsätzlich anwendbar. Besondere Beachtung verdient § 87 VVG, wonach diejenigen Vorschriften, die dem Schutz des Versicherungsnehmers dienen, zwingendes Recht sind („kann nicht zum Nachteil des Versicherungsnehmers abgewichen werden", § 87 VVG a.E.). Interessanterweise gilt das Verbot von zum Nachteil des Versicherungsnehmers abweichenden Vereinbarungen gemäß § 87 VVG für die Kreditversicherung aber gerade nicht, da sie „Versicherung von Großrisiken" darstellt. Auf die Versicherung von Großrisiken sind die Beschränkungen der Vertragsfreiheit nach dem VVG gemäß § 210 Abs. 1 Alt. 1 VVG nicht anwendbar. „Großrisiken" im Sinne dieser Vorschrift sind nach § 210 Abs. 2 S. 1 Nr. 2 VVG solche Risiken, die unter die Sparten 14 und 15 der Anlage A zum Versicherungsaufsichtsgesetz (VAG) fallen, und deren Versicherungsnehmer eine gewerbliche, bergbauliche oder freiberufliche Tätigkeit ausüben, wenn die Risiken damit im Zusammenhang stehen. Die Sparte 14 der Anlage A zum VAG erfasst das Kreditrisiko als versicherbares Risiko im Sinne des VAG[353] und Sparte 15 erfasst Risiken aus der Stellung von Kautionen. Da die Kreditversicherung also von der Anlage A erfasst wird und die Versicherungsnehmer jedenfalls für die Zwecke dieser Untersuchung Kreditinstitute sind, handelt es sich um die Versicherung von Großrisiken. Auf diese sind die Beschränkungen der Vertragsfreiheit ausweislich § 201 Abs. 1 VVG nicht anwendbar.

Hinzu kommt, dass die Kreditversicherung auch das zweite Ausschlussmerkmal des § 210 Abs. 1 VVG, das der „laufenden Versicherung", erfüllt.[354] Die laufende Versicherung ist in den §§ 53–58 VVG geregelt. Nach der Legaldefinition des § 53 VVG ist eine laufende Versicherung eine solche, bei der „ein Vertrag in der Weise geschlossen wird, dass das versicherte Interesse bei Vertragsschluss nur der Gattung nach bezeichnet und erst nach seiner Entstehung dem Versicherer einzeln aufgegeben wird". Besonderes Merkmal der laufenden Versicherung ist also das Zusammenspiel zwischen dem noch nicht konkretisierten versicherten Interesse und der Verbindlichkeit des Vertragsschlusses. Wie genau dieses Zusammenspiel ausgestaltet sein muss, um als laufende Versicherung zu qualifizieren, ist umstritten. Insbesondere entzündet sich der Streit an der Frage, ob

353 Mit den weiteren Unterteilungen nach a) Allgemeiner Zahlungsunfähigkeit, b) Ausfuhrkredit, c) Abzahlungsgeschäften; d) Hypothekendarlehen, e) landwirtschaftlichen Darlehen. Insbesondere der Ausfuhrkredit fällt also auch unter die Versicherung eines Großrisikos.

354 Sie ist auch in der Regierungsbegründung zum neuen § 53 VVG des Gesetzentwurfs zum Versicherungsvertragsrechtsreformgesetz von 2008 ausdrücklich erwähnt. Abgedruckt, in: MüKo VVG, Bd. 1, Anhang, 4. Amtliche Begründung zu § 53 VVG.

dem Versicherer noch ein Entscheidungsspielraum zukommen kann, oder nur rein obligatorische Verträge laufende Versicherungen im Sinne des § 53 VVG sind. Einen Hinweis gibt die Tatsache, dass der Gesetzgeber die Tatbestandsmodalität des Beantragens einer Deckungszusage durch den Versicherungsnehmer in den Tatbestand des § 53 VVG aufgenommen hat.[355] Kann nämlich vereinbart werden, dass der Versicherungsnehmer die Deckung erst beantragt und nicht nur anmeldet, so ist davon auszugehen, dass der Versicherer den Antrag auch ablehnen kann. Das fakultative Element hat auf diesem Wege Eingang in die laufende Versicherung gehalten. Dennoch wird ein Zusammenspiel aus Mantelvertrag und fakultativer Deckungszusage teilweise ausdrücklich nicht der laufenden Versicherung zugeordnet.[356] Richtigerweise weist *Reinhard* darauf hin, dass Mantelvertrag und Deckungszusage eigentlich nicht typische Merkmale der laufenden Versicherung sein können, da „die nur der Gattung nach bestimmten Einzelinteressen automatisch mit ihrer Entstehung versichert sind, also gerade kein Einzelvertragsabschluss für deren Einbeziehung erfolgt".[357] Allerdings lässt sich, selbst wenn man der Ansicht ist, dass der fakultative Vertragsschluss nicht dem Leitbild der laufenden Versicherung entspricht, nicht von der Hand weisen, dass der Wortlaut des Gesetzes eine solche Interpretation zulässt und die Praxis, insbesondere in der Kreditversicherung, ihn auch so verstehen möchte.[358] Ob die Konkretisierung des versicherten Risikos dann fakultativ oder obligatorisch ist, entscheidet vor allem die Frage der Qualifikation der Anmeldung. Ist sie lediglich deklaratorisch, handelt es sich um eine bloße Tatsachenerklärung; ist sie hingegen konstitutiv, stellt sie eine (anfechtbare) geschäftsähnliche Handlung dar.[359]

Nach *Looschelders* kommt dem Merkmal der laufenden Versicherung – jedenfalls für Zwecke des § 210 VVG – keine große eigenständige Bedeutung zu, da sie sich im Regelfall auf Großrisiken bezieht.[360]

Die in § 210 Abs. 1 VVG statuierte Ausnahme von der versicherungsgesetzlichen Grundregel, dass der Versicherungsnehmer schutzbedürftiger als der Versicherer ist und deshalb keine Abweichungen von den gesetzlichen Schutzvorschriften zugelassen werden, hat im Rahmen der Versicherung von Großrisiken

355 *Armbrüster*, in: Prölss/Martin, VVG, § 53, Rn. 12.
356 *Reinhard*, in: MüKo VVG, § 53, Rn. 11.
357 *Reinhard*, in: MüKo VVG, § 53, Rn. 12.
358 *Grauschopf*, in: Veith/Gräfe, Versicherungsprozess, § 19, Rn. 29.
359 *Armbrüster*, in: Prölss/Martin, VVG, § 53, Rn. 12.
360 *Looschelders*, in: MüKo VVG, § 210, Rn. 2.

und der laufenden Versicherung einen einfachen Grund: Da Großrisiken, wie sie § 210 Abs. 2 S. 1 VVG definiert, nur im Rahmen „gewerblich-kommerzieller"[361] Tätigkeit entstehen, sind die aus diesem Bereich kommenden Versicherungsnehmer selbst häufig Unternehmer, die des besonderen Schutzes, wie das VVG ihn vorsieht, nicht bedürfen. Die zwingenden Vorschriften des VVG wären für den Geschäftsverkehr zwischen Versicherungsnehmern aus diesen Bereichen und Versicherungsunternehmen im Gegenteil eher hinderlich.

Die Ausführungen zur Versicherung von Großrisiken und der laufenden Versicherung vor dem Hintergrund des § 210 VVG können auf die Kautionsversicherung entsprechend angewandt werden. Allerdings werden sie -wohl aufgrund des Ausnahmecharakters der Kautionsversicherung – häufig im Rahmen der Kreditversicherung diskutiert; so auch hier. Aufsichtsrechtlich ist die Kautionsversicherung trotz ihrer sogleich näher zu erläuternden Verwandtschaft zum Avalkreditgeschäft als Versicherungsgeschäft einzuordnen. Ausweislich § 2 Abs. 1 Nr. 5 KWG gelten private und öffentlich-rechtliche Versicherungsunternehmen nicht als aufsichtspflichtige Kreditinstitute im Sinne des KWG. Die Versicherungsaufsicht nimmt dies auf, indem sie in § 1 Abs. 1 Nr. 1 VAG Unternehmen, die den Betrieb von Versicherungsgeschäften zum Gegenstand haben und nicht Träger der Sozialversicherung sind, als Versicherungsunternehmen legaldefiniert. Die Einordnung der Kautionsversicherung unter die Versicherungsaufsicht wird dadurch „abgerundet", dass Anlage A zum VAG in Sparte 15 ausdrücklich die Kaution als Versicherungssparte benennt.

IV. Kautionsversicherung/Bürgschaft- und Garantiegeschäft

Kautionsversicherungen werden gesondert behandelt, da nicht eindeutig geklärt ist, ob es sich dabei überhaupt um Versicherungen im Sinne des VVG und des VAG handelt. Sicherlich auffällig ist jedenfalls die Nähe der Kautionsversicherung zu Bürgschaft- und Garantie. Diese Nähe findet ihren Ausdruck nicht nur in Parallelen in der rechtlichen Gestaltung, sondern spiegelt sich auch in der Trennung zwischen Kreditversicherungsprodukten und Kautionsversicherung/ Bürgschaft- und Garantieprodukten auf der Angebotspalette der Kreditversicherer wider.[362]

---

361 *Looschelders*, in: MüKo VVG, § 210, Rn. 2.

362 Zum Beispiel die Euler Hermes AG, die unter der Überschrift „Specialty" Bürgschaften/Garantien und Kautionsversicherung/Avalkredite oder die Coface S.A., die unter dem Titel Surety & Bonding Guarantee Absicherungen anbietet, die exakt der Kautionsversicherung entsprechen.

Wirtschaftlich entspricht die Kautionsversicherung dem Avalkredit der Banken.[363] Bei einem Avalkredit übernimmt die Bank Bürgschaften und Garantien für ihren Kunden, das heißt zugunsten von dessen Gläubigern.[364] Fällt der Kunde aus, tritt die Bank als Bürge oder Garant ein und befriedigt den Gläubiger an seiner statt. Übertragen auf die Kautionsversicherung, „versichert" der Kautionsversicherer seinen Versicherungsnehmer gegen dessen eigene Zahlungsunfähigkeit zugunsten des „Versicherten", der Vertragspartner des Versicherungsnehmers ist. Insofern liegt eine für die Versicherung vollkommen untypische Konstellation vor, in der sich nicht der Versicherungsnehmer gegen einen ihm möglicherweise drohenden Schaden versichert, sondern vielmehr er selbst seinen Vertragspartner gegen den eigenen Ausfall versichert.[365]

Andererseits könnte man argumentieren, dass auch bei einer Haftpflichtversicherung i.S.d. §§ 100 ff. VVG der Versicherungsnehmer auch Vorsorge trifft für den Fall, dass er im Falle eines von ihm verursachten „Schadens" nicht zu leisten imstande ist. Dem ist wiederum entgegenzuhalten, dass es sich bei den mit der Haftpflichtversicherung entgegenzutretenden Ansprüchen um potenzielle und vor allem unerwünschte Verpflichtungen handelt, von denen der Versicherer den Versicherungsnehmer freistellen soll. Die gegen den Versicherungsnehmer in einer Kautionsversicherungssituation geltend gemachten Forderungen sind hingegen solche, denen er sich freiwillig ausgesetzt hat und die er – wenn er dazu imstande ist – auch selbst erfüllen will. Von „Freistellung" von begründeten oder „Abwehr" unbegründeter Ansprüche (Wortlaut § 100 VVG) kann also keine Rede sein.

Eine denkbare Parallele ergibt sich aber zur Lebensversicherung im Sinne der §§ 150 ff. VVG, jedenfalls für den Fall der Risikolebensversicherung. Auch bei ihr sorgt der Versicherungsnehmer zugunsten einer dritten Person, dem Versicherten, vor. Der Versicherungsnehmer kann nicht (mehr) leisten, die Versicherung springt ein. Man könnte auch sagen, dass bei der Lebensversicherung zugunsten naher Verwandter, der nicht (mehr) erfüllbare Anspruch die Unterhaltsansprüche der Verwandten sind. Einen vergleichbaren Fall der Vorsorge für den Fall, dass man nicht (mehr) leisten kann, gibt es bei der Lebensversicherung in Form der Restschuldversicherung, wo eine Rückzahlungsverpflichtung eines

363 *Grauschopf*, in: Veith/Gräfe, Versicherungsprozess, § 19, Rn. 18.

364 *Wunderlich*, in: Schimansky/Bunte/Lwowski, Bankrechts-Handbuch Bd. 1, § 75, Rn. 38.

365 *Herrmann*, in: Beckmann/Matusche-Beckmann, Versicherungsrecht-HdB, § 39, Rn. 122.

Kreditnehmers für den Todesfall zugunsten des Gläubigers abgesichert wird.[366] Hier handelt es sich im Unterschied zur Haftpflichtversicherung immerhin um eine Verpflichtung, die der Versicherungsnehmer bewusst eingegangen ist und – wie der Abschluss des Versicherungsvertrages zeigt – auch zu erfüllen gewillt ist. Hinzu kommt, dass auch hier der Abschluss des Versicherungsvertrages möglicherweise eine Bedingung des Vertragspartners ist, der in jedem Fall die Stellung von Sicherheiten verlangt.

Ein entscheidender Unterschied ist jedoch der Umstand, dass bei der Kautionsversicherung (ebenso wie beim Avalkredit) eine Vertragsbeziehung zwischen dem Versicherer (der Bank) und dem abgesicherten Gläubiger besteht. Bei einer Restschuldversicherung bestehen hingegen keine vertraglichen Beziehungen zwischen dem Versicherer und dem Versicherten. Dadurch wird deutlich, dass die Parallelen zwischen der Kautionsversicherung und anderen Versicherungsarten spärlich sind. Die wirtschaftliche und rechtliche Interessenlage ist eine andere, die Kautionsversicherung ist ein Exot unter den Versicherungsformen, ihre Einordnung als Versicherung im Sinne des VVG darüber hinaus umstritten (dazu mehr sogleich).

Festzuhalten bleibt also die große Ähnlichkeit der Kautionsversicherung mit dem Avalgeschäft der Banken.[367] Diese Ähnlichkeit rückt die Kautionsversicherung auch für die Untersuchung in ein interessantes Licht. Wenn eine Sonderform des Versicherungsrechts eine echte Alternative zum Bankgeschäft darstellt, könnte sie auch für den Risikotransfer von Außenhandelskrediten eine positive Rolle spielen, indem sie den Kreis der Risikoabnehmer um Kautionsversicherungen erweiterte. Im Folgenden wird die Kautionsversicherung daraufhin überprüft. Dabei ist insbesondere von Interesse, ob sich die Unsicherheit über die rechtliche Einordnung der Kautionsversicherung auf ihre Tauglichkeit als möglicher Risikoabnehmer auswirkt.

Die angesprochene Unsicherheit über die rechtliche Einordnung folgt unmittelbar aus der „Zwitterstellung der Kautionsversicherung zwischen Bank- und Versicherungsgeschäft“[368]. Dabei sind zunächst die Rechtsverhältnisse und dann deren rechtliche Einordnung auseinanderzuhalten.

Von einer Kautionsversicherung spricht man, wenn sich der Versicherer verpflichtet, gegenüber den Gläubigern des Versicherungsnehmers, Bürgschaften, Garantien

---

366 *Heiss/Mönnich*, in: MüKo VVG, Vorbem. zu §§ 150–171, Rn. 14.

367 So zum Beispiel die Rechtsprechung, zuletzt FG München v. 23.03.2011 – 4 K 1008/08.

368 *Herrmann*, in: Beckmann/Matusche-Beckmann, Versicherungsrecht-HdB, § 39, Rn. 123.

oder sonstige Sicherheitsleistung zu übernehmen. Dies geschieht häufig in einem Rahmenvertrag, unter dem einzelne Bürgschaften bis zu einem bestimmten Limit beantragt und in der Folge ausgestellt werden.[369] Unproblematisch ist zunächst das Rechtsverhältnis zwischen dem Versicherer und dem Gläubiger. Dabei handelt es sich um ein Bürgschafts- oder gegebenenfalls ein Garantieverhältnis.[370] Bei Eintritt des Sicherungsfalls leistet der Versicherer an den Gläubiger und kann dafür im Fall der Bürgschaft Regress beim Versicherungsnehmer nehmen. Dieses Verhältnis ist rechtlich unabhängig von der Beziehung zwischen dem Versicherungsnehmer und dem Versicherer. Schon die Terminologie ist hier im Grunde verfehlt, da umstritten ist, ob es sich dabei überhaupt um eine Versicherung handelt. Wenn man der herrschenden Ansicht folgt, dass Versicherungsverträge ein gegenseitiges Schuldrechtsverhältnis *sui generis* darstellen[371], muss man den Versicherungsvertrag vom Geschäftsbesorgungsvertrag abgrenzen. Während die Rechtsprechung[372] sich nunmehr wohl endgültig entschieden hat und die Kautionsversicherung als Geschäftsbesorgungsvertrag im Sinne des § 675 BGB einordnet, ist die Mehrheit in der Literatur nach wie vor der Ansicht, es handele sich um eine echte Versicherung oder jedenfalls eine Versicherung mit geschäftsbesorgerischen Elementen.[373] Besondere Beachtung verdient der Umstand, dass sich die Urteile des BGH sämtlich auf das Insolvenzrecht beziehen und an der Frage aufgehängt sind, ob ein Kautionsversicherungsvertrag mit Eröffnung des Insolvenzverfahrens gemäß §§ 116, 115 Abs. 1 InsO automatisch erlischt oder dem Insolvenzverwalter ein Wahlrecht nach § 103 InsO zusteht. Nach Ansicht des BGH erlischt die Kautionsversicherung als Geschäftsbesorgungsvertrag automatisch mit Eröffnung des Insolvenzverfahrens gemäß §§ 166, 115 Abs. 1 InsO.

---

369 *Thomas/Dreher*, VersR 2007, 731, 731.

370 *Looschelders*, in: MüKo VVG, § 1, Rn. 104.

371 *Lorenz*, in: Beckmann/Matusche-Beckmann, Versicherungsrecht-HdB, § 1, Rn. 149, 150; *Thomas/Dreher*, VersR 2007, 731, bei Fn. 15;, in: MüKo VVG, § 1, Rn. 83, 84; *Prölss*, in: Prölss/Martin, VVG, § 1, Rn. 17.

372 FG München v. 23.03.2011 – 4 K 1008/08 (BFH v. 19.06.2013 – II R 26/11 BStBl 2013 II S. 1060); zuvor schon OLG Frankfurt a.M. v. 21.09.2009 – 7 U 96/08; grundlegend BGH v. 06.07.2006 – IX ZR 121/05, BGHZ 168, 276 = VersR 2006, 1637 = WM 2006, 1814, m. Anm. *Habersack* BKR 2007, 74; BGH v. 18.01.2007 – IX ZR 202/05, VersR 2007, 1367 = WM 2007, 515; BGH v. 24.06.2010 – IX ZR 199/09, NZI 2010, 859, 859.

373 *Looschelders*, in: MüKo VVG, § 1, Rn. 104 ff.; *Muschner*, in: Rüffer/Halbach/Schimikowski, VVG, § 16, Rn. 12, 13; *Herrmann*, in: Beckmann/Matusche-Beckmann, Versicherungsrecht-HdB, § 39, Rn. 122, 123; *Thomas/Dreher*, VersR 2007, 731, nach Rn. 111.

Aus der Beschränkung auf das Insolvenzrecht haben Teile der Literatur den Schluss gezogen, die Einordnung als Geschäftsbesorgungsvertrag sei möglicherweise auf dieses Rechtsgebiet zu beschränken, die Kautionsversicherung sozusagen nur für Zwecke des Insolvenzrechts als Geschäftsbesorgungsvertrag einzuordnen.[374] Ihrer Rechtsnatur nach sei die Kautionsversicherung ein gemischter Vertrag, auf den in anderen Zusammenhängen als dem Insolvenzrecht durchaus die Vorschriften des VVG anwendbar seien.[375]

Diese Ansicht hat jedoch eine Einschränkung auf einem weiteren Feld hinnehmen müssen, da sich das FG München und in der Folge der BFH mit Bezug auf das Versicherungssteuerrecht der Ansicht des BGH angeschlossen haben.[376] Hier ging es um die Frage, ob Kautionsrückversicherungen gemäß § 4 Nr. 1 VersStG von der Versicherungssteuer befreit sind. Dem wird mit der Argumentation entgegengetreten, dass Rückversicherungen im Sinne des VersStG notwendigerweise Erstversicherungen zugrunde liegen müssen (siehe dazu die zwischenzeitlich aufgehobene Vorschrift des § 779 Abs. 1 HGB in der bis zum 01.01.2008 geltenden Fassung, die den Begriff „Rückversicherung" als von dem Versicherer übernommene Gefahr legaldefiniert hat).[377] Da die Kautionsversicherung aber als Dienstleistung, deren rechtlicher Gehalt mit dem Avalgeschäft der Kreditinstitute vergleichbar einzuordnen sei, fehle es an dieser Voraussetzung.[378]

Wenn man allerdings die Ausgangsfrage in den Blick nimmt, ob die Kautionsversicherung ein taugliches Transferprodukt für Kreditrisiken darstellt, fällt auf, dass die unterschiedlichen Ansichten in Bezug auf die Rechtsnatur nicht ins Gewicht fallen. Mit anderen Worten, es spielt für die jedenfalls für Zwecke der Untersuchung entscheidende Ausgangsfrage keine Rolle, ob es sich bei der Kautionsversicherung um eine echte Versicherung, einen Geschäftsbesorgungsvertrag oder einen gemischten Vertragstypus mit versicherungsrechtlichen und geschäftsbesorgerischen Elementen handelt. Sicherlich macht es einen Unterschied, ob bei der Rückdeckung der Kautionsversicherung Versicherungsteuer (immerhin 19%) anfällt, oder ob dem

---

374 Siehe *Herrmann*, in: Beckmann/Matusche-Beckmann, Versicherungsrecht-HdB, § 39, Rn. 123 c.

375 So zum Beispiel *Looschelders*, in: MüKo VVG, § 1, Rn. 105.

376 FG München v. 23.03.2011 – 4 K 1008/08; BFH v. 19.06.2013 – II R 26/11 BStBl 2013 II S. 1060.

377 Ebenda.

378 Siehe zur versicherungssteuerrechtlichen Behandlung der Kautionsrückversicherung mit der Vorfrage der Einordnung der Kautions(erst)versicherung auch *Medert*, Versicherungswirtschaft 2011, 1636, 1637, der der Ansicht des FG München entgegentritt, sowie *Klink*, ZfV 2011, 506, 509, die sich dem FG München anschließt.

Insolvenzverwalter das Recht zusteht, den Vertrag trotz Insolvenz fortzuführen. Entscheidend ist jedoch die konzeptionelle Eignung der Kautionsversicherung für den angestrebten Zweck, womit insbesondere die Personenkonstellationen und wirtschaftlichen Interessen gemeint sind. Natürlich zählt der Bankkredit nicht zum typischen Absicherungsgegenstand der Kautionsversicherung.[379] Typischerweise kommen Kautionsversicherungen als Lieferungs- und Leistungsavale, Mängelgewährleistungsbürgschaften, Anzahlungsavale und Bietungsavale zum Einsatz.[380]

Anhand dieser Einsatzmöglichkeiten wird zumindest der typische Kundenkreis von Kautionsversicherungen deutlich: In der Mehrheit handelt es sich um mittelständische Unternehmen, Handwerker, Mieter. Kreditinstitute kommen als Kunden der Kautionsversicherung in der Praxis nicht vor. Damit ist zwar noch nicht gesagt, dass sich das Instrument theoretisch nicht auch für Kreditinstitute anböte. Der Grund für die Zurückhaltung der Banken liegt aber im Wesen der Kautionsversicherung selbst: Während bei einer Kreditversicherung der Versicherungsnehmer sich selbst gegen den Ausfall seines Schuldners versichert, ist es bei der Kautionsversicherung gerade anders herum. Der Kautionsversicherungsnehmer versichert seinen Gläubiger gegen den eigenen Ausfall. Im Falle der Mietkautionsversicherung versichert der Mieter seinen Vermieter gegen die Nichtzahlung des Mietzinses, wodurch dem Mieter die Zahlung der Mietkaution erspart bleibt. Übertragen auf das Bankgeschäft müsste der Kautionsversicherungsnehmer „Bank" seinen Gläubiger gegen den eigenen Ausfall versichern.[381] Obwohl dies in vielerlei Konstellationen durchaus sinnvoll sein mag, ist der hier angestrebte Zweck ein völlig anderer: Die hier beschriebenen Kreditrisikotransferprodukte wie Konsortialkreditvergabe oder ABS-Transaktionen dienen den Kreditinstituten zur Absicherung ihrer eigenen Forderungen, der Eigenmittelschonung oder Freisetzung von Liquidität. Durch die Kautionsversicherung kann aber nur die eigene Liquidität geschont werden, ein Sicherungsmittel gegen den Ausfall eines Schuldners stellt sie nicht dar. Dies wird auch dadurch deutlich, dass die eigentlichen Konkurrenzprodukte zur Kautionsversicherung Akkreditive oder Außenhandelsbankgarantien sind und eben nicht ABS oder CDS-Produkte. Akkreditive und Außenhandelsgarantien sind aber Produkte, die Banken ihren Kunden anbieten und die sie nicht selbst nachfragen, zumal sie die abzusichernden Handelsgeschäfte selbst gar nicht betreiben.

Festzuhalten bleibt, dass die Kautionsversicherung, obwohl sie interessante Möglichkeiten bietet, letztlich nicht als taugliches Kreditrisikotransferprodukt für Banken

379 *Herrmann*, in: Beckmann/Matusche-Beckmann, Versicherungsrecht-HdB, § 39, Rn. 2.
380 Nach *Grauschopf*, in: Veith/Gräfe, Versicherungsprozess, § 19, Rn. 17.
381 Die Finanzkrise ab dem Jahre 2007 hat das eindrücklich gezeigt.

infrage kommt. Ihre Konzeption hat eine völlig andere Personenkonstellation und Interessenlage im Blick und wird deswegen wohl über ihre Nischenfunktion als Exot im Versicherungswesen und Zwitter zwischen Bank- und Versicherungsgeschäft nicht hinausgelangen.

D. Staat

Neben Privaten tritt auch der Staat als Akteur auf dem Markt für Kreditrisikotransfer auf. Unter dem Überbegriff „Staatliche Exportkreditgarantien"[382] werden staatlicherseits zahlreiche Produkte für unterschiedliche Bedürfnisse angeboten, denen als kleinster gemeinsamer Nenner der Auslandsbezug gemein ist.[383] Der Bund tritt hier zwar nicht direkt in Erscheinung, aber die von ihm betrauten Mandatare werden im Auftrag und für Rechnung der Bundesrepublik Deutschland tätig. Bei den Mandataren handelt es sich um ein Konsortium bestehend aus der federführenden Euler Hermes Kreditversicherung AG, Hamburg, und der PriceWaterhouseCoopers AG WPG, Frankfurt a.M.[384] Andere Staaten verfügen über vergleichbare Institutionen zum Beispiel die belgische ONDD[385] oder die französische Coface.[386] Um dem Vorwurf unerlaubter oder jedenfalls unerwünschter staatlicher Einflussnahme wechselseitig zu begegnen, haben die Mitglieder der OECD ein Übereinkommen getroffen, das den jeweiligen staatlichen Exportversicherern[387] einheitliche Regeln und Grenzen setzt.[388]

Ebenfalls auf staatlicher – hier aber innerstaatlicher – Ebene sind die Voraussetzungen für die Gewährung von Exportkreditgarantien angesiedelt. Sie stützen sich der Normenhierarchie folgend auf Art. 115 Abs. 1 S. 1 GG i.V.m. § 3 Abs. 1 Nr. 1 Haushaltsgesetz i.V.m. den vorgenannten Richtlinien, die das

---

382 Bis Juli 2003 noch „Ausfuhrgewährleistungen". Die Neubezeichnung hat keine inhaltlichen Änderungen zur Folge.

383 „Deckung auslandsbezogener Risiken", Art. 1.1. der Richtlinien für die Übernahme von Ausfuhrgewährleistungen vom 30.12.1983, i.d.F. vom 31.01.2002; BAnz. Nr. 59 vom 26.03.2002 (S. 6077 f.). Im Folgenden „Richtlinien".

384 Deswegen werden staatliche Exportkreditgarantien gemeinhin als „Hermes-Deckungen" bezeichnet.

385 Office National Du Ducroire/Nationale Delcrederedienst.

386 Eine ausführliche Dar- und Gegenüberstellung des deutschen, britischen, französischen und amerikanischen Systems der Exportkreditversicherungen findet sich bei *Christopeit*, Hermes-Deckungen, S. 77 ff, 99, 107.

387 International hat sich die Bezeichnung Export Credit Agency (ECA) durchgesetzt.

388 OECD, Export Credit Financing Systems in OECD Member Countries and Non-Member Economies: Germany, OECS Publishing 2008.

Bundesministerium für Wirtschaft und Energie im Einvernehmen mit dem Bundesministerium der Finanzen, dem Bundesministerium des Auswärtigen und dem Bundesministerium für wirtschaftliche Zusammenarbeit und Entwicklung erlassen hat. In den Richtlinien werden die Voraussetzungen für die Gewährung einer Förderung im Hinblick auf Förderungswürdigkeit (Art. 2.1), risikomäßige Vertretbarkeit (Art. 2.2), Anforderungen an die Vertragsgestaltung (Art. 2.3) und Einschränkungen durch das Haushaltsrecht (2.4) beschrieben. Das Vergabeverfahren, insbesondere die Beteiligung der staatlichen Stellen bei der grundsätzlichen Stellungnahme zur Indeckungsnahme und der endgültigen Entscheidung, sind ausführlich in Art. 4 der Richtlinie geregelt.

I. Vergleich mit privaten Anbietern

Da es in der Theorie keinen solventeren Bürgen als den Staat gibt, könnte man annehmen, es bestehe überhaupt kein Raum für privates Exportkreditversicherergeschäft. Tatsächlich verhält es sich aber gegenteilig, die staatlichen ECA befinden sich im Vergleich zu den Privaten auf dem Rückzug. Jedenfalls ist der Anwendungsbereich der privaten Absicherung wesentlich weiter als derjenige der staatlichen Absicherung. Dies ist auf den ersten Blick erstaunlich, da die Absicherung durch eine private und eine öffentliche „Kreditversicherung" von ihrer Wirkung her identisch sind. Ein Grund für den eingeschränkten bis schrumpfenden Anwendungsbereich ist das für staatliche Engagements geltende Subsidiaritätsprinzip. Gemäß Art. 1.2 der Richtlinie sollen keine Ausfuhrdeckungen übernommen werden, die auf dem privaten Versicherungsmarkt in derselben Art und in demselben Umfang angeboten werden. Dadurch ergibt sich eine Art Arbeitsteilung zwischen öffentlichen und privaten Anbietern, da die staatlichen nur tätig werden, wenn die privaten auf einem bestimmten Marktsegment keine Deckungen übernehmen. Prominentes Beispiel ist der Markt für inländische Risiken, auf dem der Staat grundsätzlich keine Deckungen übernimmt (siehe Art. 1.1. Richtlinie) und damit nicht in Wettbewerb zu privaten Anbietern tritt.[389] Ausgenommen von der staatlichen Deckung sind als Ausfluss des Subsidiaritätsprinzips insbesondere auch typische Unternehmerrisiken, wie Kostensteigerungen im Material- oder Lohnbereich oder Transportrisiken.[390] Da die privaten Kreditversicherer ihr Auslandsgeschäft sowohl in geographischer Sicht als auch im Hinblick auf die übernommenen Risiken immer weiter ausdehnen,

389 *Nielsen*, in: Bankrecht und Bankpraxis, 5/821.
390 Siehe *Kageneck*, Hermes-Deckungen, S. 28.

verbleiben nur Nischen für die staatlichen Exportkreditversicherer. Hinzu kommt, dass der Markt für kurzfristige Risiken inzwischen nahezu vollständig von privaten Kreditversicherern abgedeckt wird, womit die Indeckungnahme durch staatliche Akteure auf den Bereich großer, besonders risikointensiver und langfristiger Unternehmungen beschränkt ist.

Historisch betrachtet hat sich die staatliche Exportunterstützung vornehmlich auf den Bereich der politischen Risiken bezogen, da hier keine Absicherung durch Private zur Verfügung stand. Dies war ein klassisches Betätigungsfeld für die der Subsidiarität verpflichteten staatlichen Agenturen. Aber auch auf diesem Feld sind zunehmend private Anbieter tätig. In geographischer Hinsicht kann der private Markt nahezu alle Risiken im Bereich der EU und OECD aufnehmen, sodass sich die staatlichen ECA von dort weitgehend zurückgezogen haben.[391]

Schließlich sind Indeckungnahmen durch den Bund den allgemeinen Vertragsbedingungen, die das Bundesministerium für Wirtschaft und Energie für jede Art der Indeckungnahme gesondert erlassen hat, unterworfen. Zwar arbeiten auch private Anbieter mit allgemeinen Vertragsbedingungen. Aber von diesen kann privatautonom gestaltet werden, während die Mandatare des Bundes von den ihnen vorgegebenen Standardverträgen nicht abweichen können. Maßgeschneiderte kundenorientierte Lösungen, wie sie die Privatwirtschaft anbieten kann, stehen dem Bund damit nicht zur Verfügung.[392] Damit korrespondiert auch eine gewisse Freiheit in der Preisgestaltung.[393] Die Mandatare des Bundes dürfen zur Neu- und Großkundengewinnung keine günstigen Konditionen gewähren, wodurch die Prämienhöhe zulasten der Kunden negativ beeinflusst wird.[394]

---

391 *Herrmann*, in: Beckmann/Matusche-Beckmann, Versicherungsrecht-HdB, § 39, Rn. 103. Euler Hermes verweist in diesen geographischen Zusammenhängen explizit auf private Kreditversicherer. Eine Ausnahme bildet Griechenland, das von der EU-Kommission zur Bewältigung der Staatsschuldenkrise und Überwindung damit verbundener Unsicherheit bis auf Weiteres für staatliche Kreditversicherer freigegeben wurde.

392 Freilich gibt es besondere wirtschaftspolitische Interessen, in denen die Vertragsgestaltung der Hermes-Deckung eine gewisse Flexibilität verleihen. Beispiele bei *Kageneck*, Hermes-Deckungen, S. 32.

393 *Herrmann*, in: Beckmann/Matusche-Beckmann, Versicherungsrecht-HdB, § 39, Rn. 103.

394 Allerdings ist die Interessenlage der staatlichen Agentur auch nicht oder jedenfalls nicht in selbem Maße wie bei Privaten darauf gerichtet, hohe Prämieneinnahmen zu generieren.

Wenn sich der Anwendungsbereich und damit auch das Investitionsvolumen des Bundes in seine Exportkreditgarantien verringert, hat dies für das Instrument und seine Bedeutung nachteilige Folgen. Aus volks- und insbesondere marktwirtschaftlicher Sicht ist diese Entwicklung aber prinzipiell zu begrüßen. Zum einen wird der Bundeshaushalt entlastet, der jährlich große Summen für Exportkreditgarantien bereitstellt (§ 3 Abs. 1 Nr. 1 HG). Zum anderen sollte die staatliche Intervention in einer Marktwirtschaft die Ausnahme bleiben. Werden solche staatlichen Funktionen durch Private übernommen, ist das auch aus wettbewerbswirtschaftlicher Sicht nur zu begrüßen. Dem entspricht auch die oben erwähnte Beschränkung des Instruments der staatlichen Gewährleistung durch die OECD-Mitglieder. Hinzu kommt die EU-Kommission, die im Binnenmarkt mit Argusaugen über etwaige verbotene Beihilfen wacht (Art. 107–109 AEUV). Auffällig ist es aber dennoch, dass die staatlichen Gewährleistungen in der Praxis steigende Konkurrenz aus der Privatwirtschaft gewärtigen. Insofern mag ihr Anwendungsbereich als Folge des Subsidiaritätsgrundsatzes kleiner werden. Was das Volumen der durch den deutschen Staat abgesicherten Exporte angeht, ist aber eine gegenteilige Entwicklung zu beobachten. Für das Jahr 2016 meldet das Bundesministerium für Wirtschaft und Energie staatliche Exportkreditgarantien in Höhe von 20,6 Milliarden Euro und einen Jahresüberschuss von ca. 1,1 Milliarden Euro, der vollständig dem Haushalt zugeführt wurde.[395] Das höchste Fördervolumen entfiel auf Russland, gefolgt von Ägypten und den Vereinigten Staaten.[396] Hier zeigt sich die gleichbleibend hohe Bedeutung der traditionellen Exportförderung für die deutsche Außenwirtschaft, mögen auch andere Konstruktionen als innovativer gelten. Vor diesem Hintergrund wird die staatliche Außenhandelsabsicherung auf ihre Tauglichkeit zum Transfer von Risikopositionen von Kreditinstituten untersucht.

II. Eignung für Zwecke der Untersuchung

Wie bei der privaten Exportkreditversicherung denkt man auch bei den Adressaten von Hermes-Deckungen zunächst an inländische Exporteure. Diese wollen ihre Risiken im Außenhandel versichern, um Planungssicherheit zu haben und nicht trotz voller Auftragsbücher und Aktiva in Form von nicht eintreibbaren

395 Bundesministerium für Wirtschaft und Energie, Pressemitteilung, Quelle: http://www.bmwi.de/Redaktion/DE/Pressemitteilungen/2017/20170209-bundesregierung-exportgarantien.html.

396 Ebenda. Der Jahresbericht wird auf der Seite des BMWi und dem AGA-Portal veröffentlicht.

Kundenforderungen in die Insolvenz zu fallen. Da es hier aber nicht um die Absicherung der Auslandsengagements von Exporteuren, sondern um die Absicherung bzw. den Risikotransfer von Kreditinstituten geht, greifen die dafür angebotenen Produkte nicht. Inländische Exporteure spielen jedoch auch in den hier behandelten Konstellationen eine Rolle, da sie Deckungsschutz durch Kreditinstitute in Anspruch nehmen, die dieses Engagement ihrerseits „versichern" wollen.

Kreditinstitute kommen auch in der allgemeinen Richtlinie zur Übernahme von Ausfuhrgewährleistungen vor. Ausweislich Art. 1.4. der Richtlinie dürfen Ausfuhrgewährleistungen gegenüber Kreditinstituten (Deckungsnehmer) nur übernommen werden, wenn sie Geschäfte deutscher Exporteure finanzieren und keine Zweifel an der ordnungsgemäßen Durchführung der betreffenden Kreditverträge bestehen. Gemäß Art. 1.4.2. sind deckungsberechtigte Kreditinstitute solche, die nach dem KWG zulässigerweise Bankgeschäfte betreiben oder erlaubnisfrei Bankgeschäfte tätigen dürfen.[397]

Der Untersuchung liegt die nach KWG erlaubnispflichtige Ausstellung von Akkreditiven und Außenhandelsgarantien zugrunde (§ 1 Abs. 1 Nr. 8 KWG i.V.m. § 6 Abs. 1 KWG). Diese dienen unter anderem der Finanzierung der Geschäfte deutscher Exporteure und erfüllen damit die Kriterien des Art. 1.4.2. der Richtlinie. Danach sind die Deckung ihrer Auslandsgeschäfte nachfragenden Kreditinstitute qualifizierte Deckungsnehmer staatlicher Hermes-Deckungen. Das ist insofern überraschend als die Struktur und individuelle Ausprägung der Absicherung durch staatliche Exportkreditgarantien derjenigen im privaten Kreditversicherungsgeschäft durchaus vergleichbar ist. Von diesen Anbietern werden Kreditinstitute jedoch nicht als Adressaten angesprochen. Dies bestätigt die oben stehende Anmerkung, dass das Institut der Kreditversicherung durch private Gesellschaften theoretisch geeignet wäre, es also verwunderlich ist, dass es trotzdem keine Verbreitung in der Praxis gefunden hat.

Die staatliche Exportgewährleistung spricht jedoch neben den Exporteuren selbst auch Kreditinstitute an, die Außenhandelsgeschäfte finanzieren. Entsprechend den zahlreichen Möglichkeiten bankmäßiger Betätigung auf diesem Feld hat sich eine ganze Palette von Produkten entwickelt, die der Deckung daraus resultierender Risiken dienen. Typischerweise werden Deckungsarten danach differenziert, ob sie Risiken vor oder nach dem Versand abdecken.[398] Da es hier

397 Dabei handelt es sich um deutsche Kreditinstitute, in Deutschland ansässige Zweigniederlassungen ausländischer Institute sowie (in besonderen Fällen) ausländische Kreditinstitute (wenn diese deutschen Exporteure absichern).

398 *Janus*, in: Schimansky/Bunte/Lwowski, Bankrechts-Handbuch Bd. 2, § 122, Rn. 59.

aber darum gehen soll, ob sich Hermes-Deckungen zum Risikotransfer bankmäßiger Risiken aus der Exportfinanzierung eignen, bietet sich diese Differenzierung nicht an. Passender ist es, auf die Personen- und Interessenkonstellationen der verschiedenen Deckungsarten abzustellen.

Oberbegriff für die auf Kreditinstitute zugeschnittenen Produkte ist die „Finanzkreditdeckung". Durch sie sichert eine Bank Kreditforderungen ab, die aus der Finanzierung eines Exportgeschäfts stammen.[399] Finanzkreditdeckung kommt in verschiedenen Formen vor und kann mit anderen Deckungsarten kombiniert werden.

Der Grundform der Finanzkreditdeckung liegt folgende Konstellation zugrunde: Der ausländische Besteller schließt mit einer Bank einen Darlehensvertrag des Inhalts, dass die Bank den Kaufpreis bei Lieferung an den (inländischen) Exporteur auszahlt. Gegenstand der staatlichen Finanzkreditdeckung ist der Darlehensanspruch der Bank gegen den Besteller. Auf diese Weise kann sich das finanzierende Kreditinstitut gegen den Zahlungsausfall des ausländischen Bestellers[400], dessen Insolvenz, staatliche Maßnahmen und kriegerische Ereignisse sowie Nichtkonvertierung-/transferierung von Landeswährungsbeträgen absichern.[401] Der Deckungsschutz bezieht sich auf das wirtschaftliche, insbesondere das Nichtzahlungsrisiko sowie politische und Währungsrisiken.[402] Ausgeschlossen sind hingegen kommerzielle Risiken. Zu beachten ist, dass die Hermes-Deckung nur für solche Darlehen gewährt wird, die an die Finanzierung eines deutschen Exportgeschäfts gebunden, also unmittelbar der Tilgung der Forderung des Exporteurs verpflichtet sind (gebundener Finanzkredit). Nach *Kageneck* stellt die Deckung von Finanzkrediten das wirtschaftliche Bindeglied zwischen privater Exportfinanzierung und staatlicher Auslandsgeschäftsabsicherung dar.[403] Für den nicht untypischen Fall, dass das finanzierende Kreditinstitut nicht nur ein Einzeldarlehen an den ausländischen Kreditnehmer vergibt, sondern eine Rahmenvereinbarung geschlossen hat, unter der, bis zu einer vereinbarten Höchstgrenze, Darlehen für die Finanzierung einer Vielzahl von Importen gewährt werden, steht die Rahmenkreditdeckung zur Verfügung.

---

399 Gegenpol ist die „Lieferantenkreditdeckung", durch die sich ein Exporteur gegen den Ausfall seiner Forderung aus Warenlieferungen oder Dienstleistungen absichert.

400 In den sogenannten „Protracted default"-Klauseln wird vereinbart, dass der Deckungsschutz eintritt, wenn einen Monat nach Fälligkeit – unabhängig vom Hinderungsgrund – noch kein Zahlungseingang beim Kreditinstitut zu verzeichnen ist.

401 Quelle: AGA-Portal, Produktinformation Finanzkreditdeckung.

402 *Bauer*, in: Kümpel/Wittig, Bank- und Kapitalmarktrecht, Rn. 13.259 ff.

403 *Kageneck*, Hermes-Deckungen, S. 24.

Durch sie werden Rückzahlungsforderungen aus einer Vielzahl von Darlehensverträgen gleichsam automatisch in Deckung genommen, wobei die Höchstgrenze bei der finanzierenden Bank, eine Entsprechung aufseiten der staatlichen ECA findet.[404] Die Besonderheit besteht darin, dass die Bank gegenüber einem bestimmten ausländischen Abnehmer quasi dessen gesamte Importgeschäfte mit allen Exporteuren aus der Bundesrepublik Deutschland übernimmt.

Für den Fall, dass eine ständige Geschäftsbeziehung zwischen einem Importeur und einem bestimmten deutschen Exporteur abgesichert werden soll, steht die „revolvierende Finanzkreditdeckung" zur Verfügung. Abgesichert werden Darlehensforderungen der finanzierenden Bank, die eine ständige Auslandsgeschäftsbeziehung ermöglichen. Die Bank teilt dem Bund den Geschäftsumfang mit dem ausländischen Darlehensnehmer mit, die ihm wiederum bis zu einem gewissen Höchstbetrag Indeckungnahme aller in dieser Beziehung entstehenden Darlehensforderungen verspricht. Die Bank ist nicht verpflichtet, dem Bund alle Forderungen zu melden, er hat aber seinerseits keine Möglichkeit, Risiken abzulehnen, die den Vertragsbedingungen entsprechen.[405]

Einen Sonderfall der Finanzkreditdeckung (mit oder ohne Rahmenkreditvereinbarung/Revolvingprinzip) stellt die „Akkreditivbestätigungsdeckung" dar. Sie ist in den Fällen verfügbar, in denen das finanzierende Kreditinstitut gegenüber dem Importeur kein Darlehen gewährt, sondern ein Akkreditiv der akkreditiveröffnenden ausländischen Hausbank des Importeurs bestätigt. Durch diese Form der Indeckungnahme können die gleichen Risiken abgesichert werden, wie durch die einfache Finanzkreditdeckung. Der Unterschied besteht darin, dass der Staat dem finanzierenden Kreditinstitut nicht den Darlehensanspruch gegen den Importeur absichert, sondern den Aufwendungsersatzanspruch gegen das ausländische Institut (die Rechtsbeziehungen bei der Bestätigung von Akkreditiven wurden bereits behandelt).[406] Damit gibt die Akkreditivbestätigungsdeckung den finanzierenden Kreditinstituten die Möglichkeit, einen Teil der von ihnen eingegangenen Risiken an den Staat weiterzugeben.

Die Produktpalette zur Deckung von außenhandelsfinanzierenden Kreditinstituten rundet die „Avalgarantie" ab. Sie steht sowohl Exporteuren (als Antragsteller) als auch Banken (als Begünstigte) zur Verfügung. Die Avalgarantie für Banken ist eine Ergänzung zur Vertragsgarantiedeckung für Exporteure.[407] Darin

---

404 Quelle: AGA-Portal, Produktinformation Rahmenkreditdeckung.

405 Quelle: AGA-Portal, Produktinformation Revolvierende Finanzkreditdeckung.

406 Quelle: AGA-Portal, Produktinformation Akkreditivbestätigungsrisikodeckung.

407 Quelle: AGA-Portal, Produktinformation Avalgarantie

wird auch ihr gegensätzlicher Ansatz zur Finanzkreditdeckung deutlich: Während durch eine Finanzkreditdeckung ein den Importeur finanzierendes Institut abgesichert wird, steht die Avalgarantie des Bundes Banken zur Verfügung, die Garantieverpflichtungen gegenüber Exporteuren übernommen haben. Eine Avalgarantie kommt folgerichtig nur infrage, wenn der Exporteur seinem Vertragspartner eine Vertragsgarantie stellen (lassen) musste, um seine eigene Leistung zu garantieren. Der etwaigen, auch widerrechtlichen, Inanspruchnahme dieser Bankgarantie durch den Importeur und den damit verbundenen Regressanspruch der garantiestellenden Bank, kann seitens des Exporteurs durch eine Vertragsgarantie begegnet werden. Im Falle der Inanspruchnahme der garantiegebenden Bank durch den Importeur wirken Avalgarantie und Vertragsgarantie wie folgt zusammen: Wird die Garantie gezogen, entsteht ein Regressanspruch des finanzierenden Instituts gegen den Exporteur. Diesen Regressanspruch sichert der Bund durch Stellung der Avalgarantie zugunsten der Bank ab. Dadurch muss der Exporteur keine Mittel einsetzen, um den Garantiesteller zu befriedigen und der Garantiesteller vermeidet das Risiko der Uneinbringlichkeit seines Regressanspruchs. Dieses Risiko ist auf den Bund übergegangen, der nun aus der Avalgarantie einen Regressanspruch gegen den Exporteur hat.

Betrachtet man nur die Avalgarantie, hat der Exporteur quasi einen Gläubigertausch vorgenommen (wobei zu bedenken ist, dass der Bund aufgrund der milden Konditionen der Avalgarantie ein wesentlich angenehmerer Gläubiger ist). Hier kommt die Vertragsgarantiedeckung zum Tragen. Gegen Zahlung einer moderaten Prämie hat sich der Exporteur beim Bund gegen den Fall, dass die in seinem Auftrag gestellte Garantie gezogen wird, „versichert". Tritt nun der Sicherungsfall aus dieser Vertragsgarantiedeckung ein, steht dem Exporteur ein Entschädigungsanspruch zu. Da sich der Regressanspruch des Bundes aus der Avalgarantie und der Entschädigungsanspruch des Exporteurs aus der Vertragsgarantiedeckung gegenüberstehen, können sie miteinander aufgerechnet werden, wodurch beim Exporteur in keinem Fall Liquidität abfließt. Dass diese Konstruktion hauptsächlich dem Exporteur zugutekommt, zeigt sich auch darin, dass die Avalgarantie vom Exporteur beantragt werden muss, obwohl sie als Sicherheit für den Regressanspruch der finanzierenden Bank dient. Dies ist aber sinnvoll, da die staatliche Auslandsgeschäftsabsicherung immer der Förderung des Exports verpflichtet ist und die Angebote an finanzierende Kreditinstitute nur Mittel zum Zweck der Exportförderung sind, um die Kreditvergabe auf diesem Gebiet zu erleichtern. Auch für die Kreditinstitute stellt dies ein lohnendes Geschäft dar, da der Bund an sie keine zusätzlichen Entgeltforderungen stellt, sondern lediglich ein Teil der Avalprämie des Exporteurs an ihn weitergeleitet werden muss.

Nach alledem ist deutlich geworden, dass der Staat als potenzieller Übernehmer von Risiken aus dem Außenhandelsgeschäft von Kreditinstituten eine bedeutende Rolle spielen kann.[408] Trotz der oben aufgezeigten Unterschiede im Verhältnis zu privaten Kreditversicherern kann es für Kreditinstitute durchaus attraktiv sein, sich mit den Angeboten der staatlichen Exportgewährleistung auseinanderzusetzen. Allerdings ist dabei immer zu bedenken, dass staatliche Hermes-Deckungen immer nur zur Absicherung sogenannter „nichtmarktfähiger“ Risiken zur Verfügung stehen, die Reichweite gegenüber der privaten Konkurrenz, also von vornherein deutlich eingeschränkt ist.

E. Factoringanbieter und Forfaitierung

Als Factoring bezeichnete Finanzdienstleistungen werden von Banken, (Kredit-)Versicherungen vor allem aber anderen Finanzdienstleistern angeboten.[409] Daher lässt sich die für den Marktüberblick gewählte Form der Einteilung nach Risikoübernehmern nicht einhalten. Um dem Rechnung zu tragen, ist dieser Abschnitt mit Factoringanbieter überschrieben. Dennoch soll das Factoring erwähnt werden, da es eine typische und äußerst erfolgreiche Variante des Risikotransfers darstellt.[410]

Da sich der Forderungsverkäufer durch Rechts(ver)kauf und Abtretungsvertrag vollständig von seiner Forderung trennt, ist Factoring eine „Extremform“ des Risikotransfers. Insofern ist zumindest das echte – regresslose – Factoring[411] der echten ABS-Transaktion (*true sale*) durchaus vergleichbar.[412] Zudem bestehen Gemeinsamkeiten hinsichtlich der Eigenkapitalentlastung für Banken und der

---

408 Kritische Analyse der staatlichen Exportkreditversicherung aus versicherungswirtschaftlicher Sicht bei *Schwab*, Risiko-Management durch staatliche Exportkreditversicherung, S. 176 ff.

409 Die Anzahl der nicht dem Banken- oder (Kredit-)versicherungsgewerbe zuzuordnenden Anbieter übersteigt diese in der Praxis deutlich. Tatsächlich haben sich viele auf Factoring spezialisierte Finanzdienstleister entwickelt. Anschaulich wird das an der Zusammensetzung des Deutschen Factoring Verbands e.V., einzusehen unter http://factoring.de/mitglieder.

410 Siehe zur Verbreitung des Factoring *Stumpf*, BB 2012, 1045, 1045.

411 Englisch „*non-recourse*“.

412 Zu unterscheiden vom unechten Factoring, bei dem kein echter Forderungsverkauf stattfindet, und das Bonitätsrisiko nicht auf den Factor übergeht. Wenn sich das Bonitätsrisiko verwirklicht, die abgetretene Forderung also besteht (Verität), aber nicht werthaltig ist, kann der Factor Regress beim Forderungsverkäufer nehmen; *Assies/Vander*, in: HdB Fachanwalt Bank- u. Kapitalmarktrecht, Rn. 1441.

bilanzentlastenden Wirkung für den Forderungsverkäufer/ABS-Originator.[413] Hinzu kommt der auch bei ABS-Transaktionen auftretende Finanzierungseffekt, durch sofortigen Zufluss von Liquidität durch den echten Forderungsverkauf (gegebenenfalls abzüglich eines Risikoabschlags).[414] Der Unterschied zwischen diesen (Re-)finanzierungsmöglichkeiten besteht in der Bedeutung des Servicing, der Verwaltung und insbesondere des Inkassos des Forderungsportfolios (Debitorenmanagement).[415] Während das Debitorenmanagement beim Factoring eine Hauptaufgabe des Factors/Risikoaufnehmers darstellt, ist die Verwaltung der abgetretenen Forderungen bei einer ABS-Transaktion nur ein Nebengebiet, die zudem häufig beim Originator verbleibt.[416]

Kreditinstitute kommen zwar auf Anbieterseite als Forderungskäufer, auf der Seite der Forderungsverkäufer hingegen nicht vor. Obwohl der Geschäftsverkehr der Banken nicht auf die Kreditvergabe oder damit verwandte Geschäfte begrenzt ist, und diese natürlich auch Eigentümer anderer Forderungsarten sind, treten sie nicht als Factoringkunden auf. Gegenstand von Factoring sind vielmehr Forderungen aus Lieferungen und Leistungen aus praktisch allen anderen Bereichen der Wirtschaft.[417] Zwar ist der Anwendungsbereich des Factorings hinsichtlich der dafür infrage kommenden Forderungen sehr weit. Aber die dieser Untersuchung zugrunde liegende Absicherung von Kreditforderungen aus dem Außenhandel gehört ausdrücklich nicht dazu. Factoring ist ein Mittel zum Umgang mit Geldforderungen aus Waren- und Dienstleistungsgeschäften.[418] Hiermit sind Kreditforderungen von Banken aber gerade nicht gemeint.

Factoring und Forfaitierung sind Instrumente, die eine klassische Bankenkreditfinanzierung ersetzen, aber keine, die der Refinanzierung von Banken dienen. Sie fallen damit aus dem Fokus dieser Untersuchung und werden nur der Vollständigkeit halber behandelt, zumal ihr Einsatz im untersuchten Marktsegment technisch durchaus vorstellbar wäre. Theoretisch wäre vor allem die Forfaitierung von Interesse, da hier Forderungen in „Bausch und Bogen“ (französisch

---

413 *Jahn*, in: Schimansky/Bunte/Lwowski, Bankrechts-Handbuch Bd. 2, § 114a, Rn. 13.

414 Zu Finanzierungs-, Delkredere-, und Dienstleistungsfunktion des (echten) Factorings: *Stumpf*, BB 2012, 1045, 1046.

415 *Zeising*, BKR 2007, 311, 315.

416 Ebenda.

417 Übersicht über Branchen, aus denen potenzielle Factoringkunden kommen, in „Wer factort was“ des Deutschen Factoring Verbandes e.V. einsehbar unter http://factoring.de/files/Wer%20factort%20was%202013.pdf auf Seite 3.

418 *Assies/Rösler*, in: HdB Fachanwalt Bank- u. Kapitalmarktrecht, Rn. 1438.

à forfait)[419] übertragen werden und insbesondere auch das Auslandsrisiko eine wichtige Rolle spielt.[420] In der Praxis ist das Factoring von Kreditforderungen aber nicht üblich, Kreditinstitute treten im Factoringgeschäft nur als Forderungskäufer (Factor oder Forfaiteur) auf.

Das unechte Factoring bietet sich, jedenfalls für Kreditinstitute, nicht als Mittel zum Risikotransfer an. Da der „Verkäufer" für die Bonität der Forderung haftet, das Delkredererisiko also bei ihm verbleibt, findet kein Kauf- und Übertragungsgeschäft im Rechtssinne statt. Wenn sich das Delkredererisiko verwirklicht, kann der Factor den von ihm geleisteten Barvorschuss zurückverlangen. Die zeitweise Kapitalüberlassung entspricht eher einem Kreditvertrag (rechtlich einem Darlehensvertrag) als einem Kaufvertrag.[421] Dem entspricht auf dinglicher Seite die Abtretung der Forderung, die quasi zur Sicherung der vom Factor geleisteten Mittel auf ihn übertragen wird. Tritt die Bonitätshaftung des risikoabgebenden „Verkäufers" ein, wird die (nicht werthaltige) Forderung auf ihn rückübertragen und er sieht sich dem Regressanspruch des Factors ausgesetzt. Da die Forderung nicht vollständig auf den Factor übertragen wird, ist sie weiterhin in der Bilanz des Factoringkunden auszuweisen.[422] Die für Kreditinstitute gerade vor dem Hintergrund von Basel II und III entscheidende Verbesserung der Eigenkapitalquote wird folglich nicht erreicht. Damit ist die Möglichkeit unechten Factorings als Risikotransfermöglichkeit für Kreditinstitute von vornherein nicht interessant.

---

419 *Büter*, Außenhandel, S. 346.

420 *Roth*, in: MüKo BGB, § 398, Rn. 189.

421 Siehe zur rechtlichen Einordnung des echten und unechten Factoring *Roth*, in: MüKo BGB, § 398, Rn. 164, der das echte Factoring in die Nähe des Kaufs und das unechte in die Nähe des Darlehens rückt, beide mit geschäftsbesorgerischen Elementen, in summa als typengemischte Verträge eigener Art.

422 *Stumpf*, BB 2012, 1045, 1050.

Dritter Teil: Syndizierung

Nach den einführenden Ausführungen zur Banksyndizierung im zweiten Teil der Arbeit, die eine grundsätzliche Darstellung des Instrumentes und seiner Erscheinungsformen waren, wird im hier folgenden dritten Teil untersucht, wie sich eine ausgewählte Erscheinungsform des Risikotransfers rechtlich auswirkt. Dabei wird untersucht, ob und wenn ja, welche rechtlichen Fragen aufgeworfen werden und dargestellt, wie die Vertragsgestaltung in der Praxis darauf reagiert. Die Ausführungen zur Kreditsyndizierung erfolgen natürlich nicht losgelöst vom Untersuchungsgegenstand, sie sind vielmehr auf die abzusichernden Kredite, wie sie in dem oben stehenden zweiten Teil dargestellt wurden, zugeschnitten.

Neben der bereits im zweiten Teil der Untersuchung erfolgten Abgrenzung zwischen Syndizierung bei der Emission von Wertpapieren und Syndizierung von Krediten, spielt die Differenzierung zwischen Kreditrisiken im Allgemeinen und den hier untersuchten Außenhandels(kredit)risiken, die durch Akkreditive und Garantien veranlasst sind, eine besondere Rolle.

§ 1: Einordnung

Syndizierung wird hier als Technik der Risikoteilung verstanden, unabhängig von der Frage, ob sie auf dem Primär- oder dem Sekundärmarkt erfolgt. Insofern handelt es sich um eine Annäherung an die angloamerikanische Terminologie, die lediglich die Begriffspaare *syndication* und *participation* kennt und kein Äquivalent zur Ausplatzierung. Es kommt also für die nachfolgenden Ausführungen nicht entscheidend darauf an, ob mehrere Kreditgeber ihren jeweiligen Anteil am Kreditvolumen von vornherein selbst aufbringen oder ein ursprünglicher Kreditgeber den Kredit alleine aus- und dann die jeweils übernommenen Tranchen an die Konsorten weiterreicht.[423] Alle hier dargestellten Formen der Syndizierung sind solche, die mit Einbringung von Liquidität verbunden und keine bloßen Risikobeteiligungen sind.

Obwohl Syndizierung gemeinhin als Mittel der Risikoteilung zwischen Banken verstanden wird, sind Banken nicht notwendigerweise allein infrage kommende Teilnehmer einer Syndizierung. Vielmehr kommen zahlreiche

---

423 Die Unterschiede zwischen Innen- und Außenkonsortien bzw. stillen und offenen sowie echten und unechten bzw. zentralisierten und dezentralisierten Konsortien wurden bereits in den einführenden Ausführungen zu Bankenkonsortien beschrieben.

andere institutionelle Anleger als Investoren infrage, vor allem Hedge- und Private-Equity-Fonds, international tätige Pensionsfonds und Versicherungsunternehmen. Dass hier trotz unterschiedlicher Formen – insbesondere auch Rechtsformen – der Investoren ausschließlich Banken angesprochen werden, hat zweierlei Gründe: Zum einen ist die Syndizierung historisch als (Re-)finanzierungsmittel zwischen Banken entstanden und Banken sind auch heute noch marktbeherrschende Initiatoren und Beteiligte.[424] Zum anderen sind Banken angesichts des speziellen Regulierungsregimes, dem sie unterworfen sind, für diese Untersuchung von besonderem Interesse, da die Anforderungen der Regulierungsbehörden ein nicht unerhebliches Motiv für die Kreditvergabe mittels Syndizierung sind.[425] Wenn im Folgenden also von Banksyndizierung die Rede ist, so können die Ausführungen weitgehend auf andere potenzielle Beteiligte eines solchen Prozesses übertragen werden. Ausdrücklich ausgenommen sind aber diejenigen Ausführungen, die sich auf das regulatorische Umfeld von Kreditinstituten und daraus folgende Treiber bestimmter vertraglicher Regelungen beziehen.[426]

Aufgrund der mit Außenhandelstransaktionen sowie ihnen zugrunde liegenden (Re-)finanzierungskonstruktionen notwendigerweise einhergehenden Internationalität, kommt der Kreditvertragsdokumentation besondere Bedeutung zu. Das gilt zum einen für die Verständigung der Kreditgeber untereinander, die häufig bereits mehrfach grenzüberschreitend ist sowie natürlich für die Kreditverträge. Daher sei an dieser Stelle noch einmal auf den von der Loan Market Association in London sowie der Loan Syndications and Trading Association in New York publizierten Musterverträgen hingewiesen.[427]

Beide Organisationen bieten Musterverträge für – auch gemeinschaftliche – Kreditvergabe an Kreditnehmer unterschiedlicher Bonitäten an. Als Standarddokumentation für Kreditverträge haben sich diese Musterverträge international weitgehend durchgesetzt und bieten ein probates Mittel, um den aus der Internationalität resultierenden Risiken im Hinblick auf Verständigungsschwierigkeiten und unterschiedliche Rechtskulturen effektiv zu begegnen. Wie schon dem

---

424 *Mugasha*, The Law of Multi-Bank Financing, S. 7/8.

425 Diese Aussage wird so lange Bestand haben, wie es dem Gesetzgeber nicht gelingt, auch die Teilnehmer des grauen Kapitalmarkts strengeren Regulierungen zu unterwerfen.

426 Ein Beispiel für einen solchen Treiber ist die Frage, ob ein Risikotransferprodukt den regulatorischen Anforderungen an die Eigenmittelausstattung von Banken genügt und *capital relief* erreicht wird.

427 Ebenfalls noch einmal hingewiesen sei auf die Kommentierung des ISDA Master Agreements von *Reiner*, ISDA Master Agreement: Kommentar, 2013.

Namen der beiden Organisationen zu entnehmen ist, beziehen sich die Vertragsmuster allerdings auf Syndizierungen auf dem Markt (Primär- wie Sekundär) für „*loans*". Ein *loan* ist zwar im Deutschen mit „Kredit" übersetzbar und um solche handelt es sich bei Akkreditiven und Garantien, wie oben bereits ausgeführt wurde. Unter *loan* werden im englischen Sprachgebrauch aber Kredite im Sinne von Darlehen, insbesondere Betriebsmittelkredite, und keine gebundenen Finanzkredite verstanden. Die Loan Market Association bietet unterschiedliche *Agreements For Use In Developing Market Jurisdictions* an.[428] Diese berücksichtigen immerhin den Umstand, dass Schuldner in Entwicklungsländern häufig eine geringere Bonität aufweisen bzw. trotz solider Bonität über kein Rating verfügen und das Risikomanagement von Kreditinstituten vor besondere Schwierigkeiten stellen. Obwohl es sich bei der „Art" des Schuldners um einen nicht zu vernachlässigenden Aspekt handelt, beziehen sich diese Musterverträge aber nicht auf die „Art" des diesem Schuldner zu gewährenden Kredits. Ein Betriebsmittelkredit – auch an einen Schuldner in einem Entwicklungsland – unterscheidet sich in seiner Funktionsweise auf andere Weise von der Stellung von Akkreditiven und Außenhandelsgarantien. Er unterscheidet sich im Hinblick auf die Ausgestaltung zum Schuldner (insbesondere im Falle des *defaults*) und wird bankintern anders bewertet und gehandhabt. Zwar existieren mit den *Agreements For Use In Developing Market Jurisdictions* Musterverträge, die der im Außenhandel anzutreffenden Personenkonstellation Rechnung tragen. Diese berücksichtigen aber nicht die typischerweise anzutreffende und in dieser Arbeit untersuchte (Sonder-)form der Kreditierung.

Die Musterverträge von LMA und LSTA können aus diesen Gründen nur hilfsweise für die Bewertung von Syndizierungsverträgen auf dem Gebiet der Außenhandelsfinanzierung herangezogen werden, weil diese nicht als *loans* im Sinne eines Darlehens zu klassifizieren sind. Dennoch können sie als Ausgangspunkt für Musterverträge im Bereich Syndizierung wertvolle Hinweise geben, jedenfalls insoweit, als nicht aufgrund der unterschiedlichen Kreditierungsform davon abgewichen werden muss. An dieser Stelle sei bereits auf die Musterverträge der *Bankers' Association for Finance And Trade* und der *International Financial Service Association*[429] hingewiesen, die im Unterschied zu den oben genannten Interessenverbänden solche Formen von Krediten in den Blick nehmen, die typisch für den Außenhandel und damit auch für die Untersuchung passend, sind.

---

428 Kostenpflichtig abrufbar unter http://www.lma.eu.com/documents.aspx?c=113.

429 BAFT – IFSA mit Sitz in Washington D.C.; http://www.baft-ifsa.com.

Eine gemeinsame Schwierigkeit im Umgang mit allen hier genannten Vertragsmustern ist ihre Unterstellung unter angloamerikanisches Recht. Sie alle enthalten eine Rechtswahlklausel, die auf englisches oder amerikanisches (bzw. New Yorker) Recht verweist[430] und Großbritannien oder die Vereinigten Staaten (im Zweifel den Staat New York) als ausschließlichen Gerichtsstand vorsehen[431]. Man könnte sich also auf den Standpunkt stellen, eine Untersuchung wirtschaftlicher Vorgänge, die ihre rechtliche Ausprägung in der Praxis dem angloamerikanischen Recht unterstellen und im Streitfall den angloamerikanischen Gerichten unterworfen sind (wenn nicht Schiedsklauseln vorgesehen sind), habe keinen praktischen Nutzen, wenn sie am Maßstab des deutschen Rechts gemessen werde.

Am nächsten liegt diese Überlegung für das deutsche Zivilrecht. Die hier getroffenen Kategorisierungen und dahinterliegenden Wertungen scheinen durch die auf eine andere Rechtsordnung verweisende Rechtswahlklausel ihrer Aussagekraft beraubt.[432] Dies wird jedoch insofern relativiert, als andere Rechtsgebiete, die auch oder ausschließlich staatlichen Interessen Rechnung tragen, in der Termonologie ihrer Tatbestandsmerkmale an das deutsche Zivilrecht anknüpfen. So muss der Begriff der Bürgschaft im Zivilrecht nicht notwendigerweise mit dem des Steuerrechts übereinstimmen, aber als Ausgangspunkt der Klassifikation dient das Zivilrecht allemal. Gleiches gilt für das Bilanz- und Aufsichtsrecht. Die Perspektive des deutschen Rechts in diesen Rechtsgebieten ist für deutsche Beteiligte – trotz Rechtswahlklausel – relevant. Wenn eine Vertragsgestaltung nach deutschem Rechtsverständnis eine Bürgschaft darstellt, so knüpfen Bilanz- und Aufsichtsrecht an den deutsch-zivilrechtlichen Bürgschaftsbegriff an. Ob diese Gestaltung nach angloamerikanischem Rechtsverständnis anders einzuordnen ist und in diesen Rechtsordnungen andere Rechtsfolgen

---

430 Eine solche Klausel könnte in etwa lauten: „This Agreement shall be governed by and construed in accordance with the law of the state of New York without regard to principles of conflicts of laws thereof" oder „This Agreement and any non-contractual obligation arising out of or in connection with it is/are governed by English law".

431 Zum Beispiel Clause 22.1 b des BAFT Master Participation Agreement (in der auf den Staat New York zugeschnittenen Version): „Each party agrees that it shall bring any action or legal proceeding in respect of any claims arising out of or related to this Agreement and each Participation Agreement hereunder exclusively in any New York State or Federal court sitting in New York City" a.s.o.

432 Hinzu kommt, dass auch in Verträgen, die deutschem Recht unterworfen sind, die entsprechenden gesetzlichen Bestimmungen überwiegend abbedungen werden; dazu sogleich.

entstehen, ist für den Rechtsanwender mit Sitz in Deutschland nicht entscheidend. Hinzu kommen solche Verträge, für die von vornherein die Geltung deutschen Rechts vereinbart ist, obwohl diese eine Minderheit sein dürften. Einige Aspekte sind europäisch oder – wie im Falle der Basel-III-Regelungen – weltweit harmonisiert.

Schließlich geht es bei der Untersuchung eines Kreditrisikotransferinstruments letztlich um seine Funktionsweise in bestimmten Situationen und diese Situationen sind allesamt ökonomisch indiziert. Wenn die ökonomische Funktionsweise hier beispielhaft für die deutsche Rechtsordnung durchexerziert wird, schließt das eine Übertragbarkeit der Grundgedanken auf andere Rechtsordnungen (trotz Abweichungen im Einzelfall) nicht aus.[433] Die Übereinkunft von Marktteilnehmern aus unterschiedlichen Rechtsordnungen oder Rechtskreisen in ökonomischer Sicht legen es nahe, dass sich ein Gleichklang von Wertungen in gewisser Weise auch in diesen anderen Rechtsordnungen- und -kreisen widerspiegelt.[434]

§ 2: Zivilrecht

Die rechtliche Einordnung und Ausgestaltung von Konsortien – auch Kreditkonsortien, selbst internationale Kreditkonsortien – wird in der deutschen Literatur ausführlich beschrieben und diskutiert.[435] Daher wird hier im Hinblick auf die

---

433 Wenn beispielsweise die Frage untersucht wird, wie sich ein bestimmtes Kreditrisikotransferinstrument in der Insolvenz des Kreditnehmers verhält und dies anhand des deutschen Insolvenzrechts untersucht wird, haben grundsätzliche Überlegungen, trotz unterschiedlicher Verfahrensvorschriften in anderen Rechtsordnungen, eine über die deutsche Rechtsordnung hinausgehende Bedeutung.

434 Der Gedanke, dass sich eine ökonomische Übereinkunft durch unterschiedliche Rechtsordnungen- und -kreise ziehen kann, spiegelt sich illustrativ bei *Mugasha*, The Law of Multi-Bank Financing, S. 520: „While legal systems are inevitably different from each other and underpinned by varying socio-economic circumstances, it is submitted that the commercial or business sense of a transaction would largely be the same in comparable countries and the courts of major trading nations would reach the same decision on the same facts regardless of the laws and regulations forming the background for a particular transaction".

435 Siehe zum Beispiel *Scholze*, Das Konsortialgeschäft der deutschen Banken Bd. 1, S. 100 ff.; *DeMeo*, Bankenkonsortien, S. 160 ff.; *Hinsch/Horn*, Vertragsrecht internationaler Konsortialkredite, S. 1 ff.; *Ulmer*, in: MüKo BGB, Vor § 705, Rn. 58 f.; *Schaffelhuber/Sölch*, in: Gummert/Weipert/Bälz, Münchener HdB GesR, § 31; *Wunderlich*, in: Schimansky/Bunte/Lwowski, Bankrechts-Handbuch Bd. 1, § 76, Rn. 147; *Graf v. Westphalen*, in: Münchener Vertragshandbuch, Konsortial- Kreditvertrag; *Heise*,

grundlegenden Unterscheidungen weitgehend auf die Ausführungen im zweiten Teil dieser Untersuchung und darüber hinaus auf die einschlägige umfangreiche Literatur verwiesen. Nicht ausführlich diskutiert und kommentiert ist allerdings die gemeinsame Zurverfügungstellung von Haftungskrediten.

Bei einem Konsortium, das sich zwecks gemeinsamer Syndizierung eines Kredits zusammengefunden hat, handelt es sich in der Mehrzahl der Fälle um eine Gesellschaft bürgerlichen Rechts im Sinne der §§ 705 ff. BGB. Allerdings um eine (ggf. stark) atypische GbR, bei der die BGB-Vorschriften, die dem Typus Gesellschaft bürgerlichen Rechts üblicherweise seine Form geben abbedungen sind.[436] Dies gilt sowohl für Verträge, die individuell ausgehandelt werden als auch für die LMA und LSTA Musterverträge, Letztere jedenfalls wenn und soweit die Musterverträge nicht in grenzüberschreitenden Kreditierungen verwendet werden.[437]

Dennoch entsprechen nicht alle Kreditierungsformen, die unter den Begriff Syndizierung subsumiert werden können, einer Gesellschaft bürgerlichen Rechts, auch dann nicht, wenn sie – wie angedeutet – mit der typisierten Form nicht mehr viel gemein hat. Die unterschiedlichen Formen der Kreditierung müssen im Einzelfall auf ihre rechtliche Qualifikation untersucht werden. Dies im Unterschied zu den Untersuchungen in der allgemeinen Literatur nicht für klassische Gelddarlehen gemäß §§ 488 ff. BGB, sondern zugeschnitten auf die gemeinschaftliche Stellung von Akkreditiven und Bankgarantien im Außenhandel.

Für die Untersuchung kann nicht auf standardisierte Vertragsmuster zurückgegriffen werden; auch der Rückgriff auf die Muster von LMA und LSTA ist nur sehr eingeschränkt möglich. Es müssen daher unterschiedliche Konstellationen in verschiedenen Gestaltungen beispielhaft untersucht werden, was allgemeingültige Aussagen deutlich erschwert.

---

in: HdB Fachanwalt Bank- u. Kapitalmarktrecht, Rn. 1453 ff.; *Rayermann*, Der internationale Konsortialvertrag, S. 33 ff.; *Brandt/Sonnenhol*, WM 2001, 2329, 2355; *Walgenbach*, in: Langenbucher/Bliesener/Spindler, Bankrechts-Kommentar, S. 1111 ff.; *Rauch/Kaufmann*, WM 2018, 652.

436 Ähnlich *Rayermann*, Der internationale Konsortialvertrag, S. 37, der auch die Eignung der GbR für die angestrebten Zwecke mit Kapitalgesellschaften, Personenhandelsgesellschaften und der EWIV vergleicht.

437 Insbesondere zu diesen siehe *Walgenbach*, in: Langenbucher/Bliesener/Spindler, Bankrechts-Kommentar, S. 1115 ff., Rn. 6, 6a; *Rauch/Kaufmann*, WM 2018, 652, 653 ff.

A. Akkreditivstellung

Bei der Syndizierung von Krediten in Form von Akkreditiven ist in zweierlei Hinsicht zu differenzieren. Zum einen danach, wie die Banken zusammenarbeiten und der Kredit den Empfänger letztlich erreicht. Hier gilt es, Mittel aus dem Sekundärmarkt für Syndizierung sorgfältig von Unterbeteiligungen abzugrenzen, da die Grenzen häufig fließend sind. Zum anderen ist danach zu differenzieren, welche Funktion die Bank, die das von ihr übernommene Risiko syndiziert, in der Akkreditivkonstellation übernimmt. Die Grundlagen in Bezug auf die Funktion und das entsprechende Risiko wurden bereits im zweiten Teil der Arbeit erläutert.[438]

I. Zusammenwirken der Banken und Einordnung als Gesellschaft bürgerlichen Rechts

Die Zusammenarbeit von Banken bei der Syndizierung eines Akkreditivs kann drei Erscheinungsformen annehmen.[439] Dies ergibt sich aus der Begrenztheit der Möglichkeiten in tatsächlicher Hinsicht und spiegelt die üblichen Unterscheidungen und Begrifflichkeiten bei der Konsortialkreditvergabe wider.

1. Erscheinungsformen

Folgende drei Erscheinungsformen können unterschieden werden:

a) Rahmenbildung

Denkbar ist, dass sich zwar mehrere Banken zwecks gemeinsamer Kreditierung zusammenschließen, letztlich aber immer nur eine Bank in direkte Beziehung zum Kreditnehmer tritt, und zu seinen Gunsten bzw. in seinem Interesse ein Akkreditiv ausstellt oder bestätigt. Der Kreditnehmer sucht sich ein Institut für diesen Zweck aus, das ihm aufgrund besonderer Sachkunde in einer Branche oder Region oder aufgrund eines besonders starken Ratings oder bekannter Firma, besonders geeignet erscheint.

Diese Konstellation fristet in der Praxis eher ein Randdasein. Da es hier keinerlei Form des Ausgleichs zwischen den Konsortialbanken gibt, fallen einige Vorteile der gemeinschaftlichen Kreditgewährung weg, wodurch die Attraktivität

---

438 Siehe oben, Teil 2, § 1 B. II.

439 *Scholze*, Das Konsortialgeschäft der deutschen Banken Bd. 1, S. 102 ff., oder *Mugasha*, The Law of Multi-Bank Financing, S. 181, 182. Letzterer allerdings ohne Hinweis auf die rechtliche Einordnung.

des Instruments für die Kreditinstitute deutlich gemindert wird. Das Vorgehen ist auch besonders weit von einer Gesellschaft bürgerlichen Rechts entfernt (dazu sogleich).

b) Fronting Bank

Eine weiter verbreitete Möglichkeit der Risikoteilung bei der Kreditvergabe ist die Bildung „klassischer" Kreditkonsortien. Im Unterschied zur zuvor genannten Funktionsweise hat die hier beschriebene Möglichkeit eine echte Aufteilung des Kreditrisikos unter den beteiligten Banken zum Ziel.

Bei einem zentral organisierten Konsortium stellt die Konsortialführerin als *fronting bank* das Akkreditiv entweder (i) in Vertretung des Konsortiums alleine zur Verfügung oder (ii) in Vertretung jedes Konsorten und zugleich im eigenen Namen im Umfang der selbst eingegangenen Verpflichtung. Diese *fronting bank* ist typischerweise diejenige Bank, die auch die Auswahl der Konsorten und Verteilung der Quoten organisiert hat (*agent bank*), kann theoretisch aber auch jede andere Bank sein.[440] Im Regelfall ist der Konsortialführer für alle Belange des Konsortiums geschäftsführungs- und in den meisten Fällen auch vertretungsbefugt.[441] Dies ist aber nicht zwingend und wird häufig auch von der Verhandlungsposition der *fronting bank* gegenüber den (Mit-)Konsorten abhängen. Die *fronting bank* erhält für ihren gegenüber erhöhten Aufwand neben dem ihrer Tranche im Innenverhältnis entsprechenden, proportionalen Anteil an Provisionen, Gebühren und Zinsen (letzter nur soweit sie bei einem Haftungskredit überhaupt vereinbart werden, im Regelfall also nicht), eine zusätzliche Gebühr zu. Den Konsorten steht lediglich ein ihrer Tranche entsprechender, proportionaler Anteil an Provisionen, Gebühren und Zinsen zu.

c) Multi Issuer

Etwas anders gilt bei einem dezentral organisierten Akkreditivkonsortium. Dort soll jede der beteiligten Banken ihren Anteil an der Eröffnung oder Bestätigung des Akkreditivs unmittelbar mit dem Kreditnehmer und auch dem Begünstigten abwickeln.[442] In diesen Fällen ist der Kreditnehmer für die anteilige Zahlung der Provisionen, Gebühren und Zinsen an jede einzelne Bank selbst zuständig. Dies kann in der Praxis erheblichen Aufwand bedeuten, da an einer Syndizierungstransaktion eine Vielzahl von Kreditinstituten beteiligt sein kann.

---

440 *Mugasha*, The Law of Multi-Bank Financing, S. 182.

441 *Schaffelhuber/Sölch*, in: Gummert/Weipert/Bälz, Münchener HdB GesR, § 31, Rn. 13.

442 *Scholze*, Das Konsortialgeschäft der deutschen Banken Bd. 1, S. 104, 105.

Für die Eröffnung und Bestätigung von Akkreditiven ist diese Vorgehensweise aus dem zusätzlichen Grund besonders schwer umzusetzen, dass die Handelndenkonstellation im Vergleich zum Gelddarlehen wesentlich komplexer ist und sich dadurch auch die Zahl der Vertragsbeziehungen erhöht.

2. Zivilrechtliche Einordnung

Für alle hier dargestellten Konstellationen gilt auch bei Einordnung als Gesellschaft bürgerlichen Rechts des Eingangs dieses § 2 mit Verweis auf die umfangreiche Literatur zu den (Geld-)Kreditkonsortien Gesagte: Immer handelt es sich um atypische Gesellschaften bürgerlichen Rechts, um Grenzfälle, bei denen die Mehrzahl der eine „Ideal"-GbR konstituierenden Regelungen der §§ 705 ff. BGB abbedungen wurde. „Das zentrale Merkmal, das Personengesellschaften sowohl von Schuldverträgen als auch juristischen Personen und Personengemeinschaften abgrenzt, ist freilich der gemeinsame Zweck".[443] Zu dessen Feststellung sind im Zweifelsfall ein typologischer Einzelmerkmalsvergleich und eine Gesamtwürdigung aller Einzelmerkmale vorzunehmen.[444] Der Bearbeitung in den §§ 3, 4 und 5 der Untersuchung sollen nur solche Konstellationen zugrunde gelegt werden, die nach deutschem Rechtsverständnis als Gesellschaften bürgerlichen Rechts einzuordnen sind.

a) Rahmenbildung

Wenn das Institut den Kredit sowohl aus Sicht des Kreditnehmers als auch im Innenverhältnis gegenüber anderen beteiligten Instituten alleine vergibt, fragt sich, ob sich eine solche Konstruktion überhaupt als Gesellschaft bürgerlichen Rechts qualifizieren lässt.

Ausweislich § 705 BGB müssen die Gesellschafter „die Erreichung eines gemeinsamen Zweckes in der durch den Vertrag bestimmten Weise [zu] fördern, insbesondere die vereinbarten Beiträge [zu] leisten". In der Verabredung von Banken, Akkreditive bis zu einem gewissen Höchstbetrag zur Verfügung zu stellen und im Einzelfall – individuell – zu gewähren, könnte ein gemeinsamer Zweck gesehen werden. Hinzukommen muss die Verpflichtung zur Förderung des gemeinsamen Zwecks, wobei in der Literatur umstritten ist, ob gemeinsamer

443 *Geibel*, in: BeckOGK BGB, § 705, Rn. 3; „Das Erfordernis eines gemeinsamen Zwecks in § 705 [BGB] ist das essentiale societatis schlechthin", Rn. 123.

444 *Geibel*, in: BeckOGK BGB, § 705, Rn. 146.

Zweck und Förderpflicht voneinander abgrenzbare Tatbestandsmerkmale sind.[445]

Explizites Beispiel für eine Verpflichtung der Gesellschafter ist die Beitragspflicht gemäß § 705 BGB. Beitrag in diesem Zusammenhang wäre die Stellung oder Bestätigung des Akkreditivs, wenn es vom Kreditnehmer abgerufen wird. Es ist aber auf den ersten Blick nicht eindeutig zu bestimmen, ob dieser Beitrag neben dem Kreditnehmer auch der Gesellschaft geschuldet ist. Wenn die Auskehrung des Kredits in Form der Akkreditivstellung keine Verpflichtung gegenüber der Gesellschaft darstellt, bleibt mangels weiterer ausdrücklicher Verpflichtungen kein Beitrag i.S.d. § 705 BGB, den der Gesellschafter gegenüber der Gesellschaft zu erbringen hätte.

Für die Annahme, dass die Vereinbarung so zu verstehen ist, dass die Stellung des Akkreditivs nur dem Kreditnehmer gegenüber verpflichtend ist, spricht die allgemeine Vermutung, dass sich das Institut im Regelfall möglichst wenigen Gläubigern aussetzen will.[446] Eine – über das gemeinsame Auftreten und die informelle Zusammenarbeit von Kreditinstituten hinausgehende – Leistung gegenüber den anderen Konsorten ist dann nicht bezweckt und nicht geschuldet. In der Folge ist unabhängig von der Frage, ob man im gemeinsamem Zweck einerseits und der Förderverpflichtung andererseits, selbstständige, aber auf einander bezogene Tatbestandsmerkmale sieht oder diese als untrennbar versteht, jedenfalls die Förderverpflichtung nicht erfüllt.

Die dargestellte Form der Zusammenarbeit von Kreditinstituten zwecks gemeinschaftlicher Stellung von Akkreditiven wird daher im Regelfall die Voraussetzungen des § 705 BGB nicht erfüllen und keine Gesellschaft bürgerlichen Rechts darstellen.[447]

---

445 *Ulmer*, in: MüKo BGB, § 705, Rn. 142: „Gemeinsamer Zweck und Förderpflicht [sind] konstitutive Elemente des Gesellschaftsvertrags [und] hängen untrennbar zusammen." Insofern inhaltlich unverändert auch die Nachauflage in der Kommentierung von *Schäfer*, Rn. 146. Anders *Geibel*, in: BeckOGK BGB, § 705, Rn. 171: „Die Förderpflicht hat ihren Bezugspunkt im gemeinsamen Zweck. Sie ist von diesem allerdings zu trennen und ist nicht lediglich dessen Bestandteil. Bereits im Zeitpunkt des Vertragsschlusses sind die Gesellschafter angehalten, die Förderpflicht in gewisser, positiver wie negativer Weise zu konkretisieren, vor allem was ihre Beitragspflichten angeht, aber auch hinsichtlich anderer Pflichten wie z. B. Wettbewerbsverbote."

446 Im Ergebnis anderer Ansicht *Hinsch/Horn*, Vertragsrecht internationaler Konsortialkredite, S. 160; die wiederum auf *Scholze*, Das Konsortialgeschäft der deutschen Banken Bd. 1, S. 20 verweisen, der aber eine andere Konstellation im Blick hat.

447 Zum Vergleich mit dem angloamerikanischen Recht, *Hinsch/Horn*, Vertragsrecht internationaler Konsortialkredite, S. 159 f.

b) Fronting Bank

Die zentrale Abwicklung der Akkreditivfinanzierung über eine *fronting bank* erfüllt die Anforderungen des § 705 BGB an eine Gesellschaft bürgerlichen Rechts. Hier treten die einzelnen Beiträge der Konsorten hinter den gemeinsamen Zweck der Akkreditivgewährung zurück. Ferner besteht nicht nur eine allgemeine Förder-, sondern explizit auch eine Beitragsverpflichtung gegenüber der Gesellschaft, vertreten durch die *fronting bank*.

Wenn die *fronting bank* – wie im Regelfall – das Akkreditiv in Vertretung des Konsortiums zur Verfügung stellt, handelt es sich um eine Außen-GbR.

Wenn – seltener – die *fronting bank* das Akkreditiv in Vertretung der einzelnen (Mit-)Konsorten und zugleich im eigenen Namen in Höhe der selbst übernommenen Verpflichtung zur Verfügung stellt und die Gesellschaft in diesem Zusammenhang (und auch in keinem anderen) nicht als solche im Rechtsverkehr auftritt, handelt es sich um eine Innen-GbR. Gesellschaftsrechtliche Auseinandersetzungsansprüche bestehen in diesen Fällen (mangels Gesellschaftsvermögen) nicht. Individualvertragliche Ansprüche auf Auseinandersetzung von nach Beendigung der Gesellschaft bei dem Konsortialführer verbliebenen Vermögensgegenständen (über die Abrechnung individueller Provision- und Gebührenansprüche hinaus) dürften in aller Regel nicht vereinbart werden. Ferner ist eine Haftung der Konsorten für Verbindlichkeiten der Gesellschaft aus § 128 HGB analog oder § 31 BGB analog ausgeschlossen.

c) Multi Issuer

Weniger eindeutig ist die Frage bei dezentraler Organisation und Abwicklung ohne Konsortialführers. Diese wird teilweise auch als Parallelkredit bezeichnet.[448] Der Name deutet in Richtung einer Geschäftstätigkeit gleichen Inhalts „nebeneinander" und nicht, wie es für eine GbR typisch wäre, gemeinsam.[449] Ob in diesen Fällen ein gemeinsamer Zweck besteht, ist bereits für sich genommen äußerst fraglich. Hier kommt es darauf jedoch nicht entscheidend an, da jedenfalls keine Förderpflicht besteht. Sie entstünde mittelbar dann, wenn die übrigen Konsorten im Falle einer Nichterbringung der Leistung eines anderen Konsorten gesamtschuldnerisch für die Verbindlichkeit einstehen müssten. Diese gesamtschuldnerische Haftung ist in der dargestellten Konstellation jedoch gerade abbedungen.

---

448 *Schaffelhuber/Sölch*, in: Gummert/Weipert/Bälz, Münchener HdB GesR, § 31, Rn. 13.

449 *Hinsch/Horn*, Vertragsrecht internationaler Konsortialkredite, S. 156, Fn. 3; *Schaffelhuber/Sölch*, in: Gummert/Weipert/Bälz, Münchener HdB GesR, § 31, Rn. 13.

Das individuelle Gewähren von anteiligen Finanzierungen, ohne gemeinschaftliche Führung oder wechselseitige Verpflichtungen ist im Ergebnis nicht Gesellschaft, auch nicht Innengesellschaft, sondern mehrseitiger Austauschvertrag.

II. Funktion der Bank

Wie im zweiten Teil der Arbeit bereits dargestellt, kann ein Kreditinstitut im Zuge eines Akkreditivgeschäfts drei unterschiedliche Funktionen übernehmen.[450] Dabei multiplizieren sich die gerade herausgearbeiteten Formen der Zusammenarbeit mit den drei denkbaren Funktionen der risikoabgebenden Bank zur Gesamtmenge der denkbaren Konstellationen, denen die Vertragsgestaltung Rechnung tragen muss.

Ausgehend von der Funktion derjenigen Bank, deren Risiko mittels Syndizierung behandelt werden soll, kann die Frage beantwortet werden, welches Risiko auf die Partnerbanken verteilt wird. Jede dieser Risikopositionen kann durch Syndizierung verringert werden.

*1. Eröffnende (*Issuing*) Bank*

Die eröffnende Bank ist diejenige, die durch das ursprüngliche Auftragsverhältnis in direktem Kontakt zum Schuldner/Kreditnehmer steht, und dem Begünstigten gegenüber die Verpflichtung übernimmt, dessen Forderung bei akkreditivkonformer Dokumentenvorlage zu befriedigen.[451] An anderer Stelle wurde bereits herausgearbeitet, dass das rechtliche Risiko eines Kreditinstituts, das die Funktion einer eröffnenden Bank übernimmt, der Ausfall des Regressanspruchs gegenüber ihrem Auftraggeber ist.[452]

Mit dem Risiko der eröffnenden Bank korrespondiert die Weitergabe auf die Partnerbanken im Konsortium. Die mit den anderen Banken zu teilende Risikoposition ist der Ausfall des Auftraggebers, auch wenn die Partnerbanken zu diesem – je nach Ausgestaltung im Einzelfall – keine vertraglichen Beziehungen unterhalten. Hinzu kommt aus Sicht der eröffnenden Bank eine weitere Risikoposition; nämlich die Gefahr, den Anspruch des Begünstigten zu

---

450 Siehe oben Teil 2 § 2 B. II. 4.

451 Bzw. zu honorieren (je nach Benutzbarkeit des Akkreditivs: Bei Sicht zahlen; eine Verpflichtung zur hinausgeschobenen Zahlung übernehmen; oder einen Wechsel zu akzeptieren und bei Fälligkeit zu zahlen; Art. 2 ERA 600) oder zu negoziieren (Ankauf von Tratten oder Dokumenten durch die benannte Bank unter Vorleistung oder Übernahme einer Verpflichtung zur Vorleistung; Art. 2 ERA 600).

452 Siehe oben, Teil 2 § 1 B. II. 3./4.

befriedigen, obwohl die vorgelegten Dokumente nicht den Akkreditivbedingungen entsprochen haben. Dies hätte zur Folge, dass ein Regressanspruch gegen den Auftraggeber gar nicht entstünde, da nach §§ 675 Abs. 1, 670 BGB nur solche Aufwendungen zu ersetzen sind, die der Beauftragte für erforderlich halten durfte. Hier kommt es entscheidend auf die Vertragsgestaltung im Innenverhältnis der Banken an. Typischerweise enthält das Vertragswerk an dieser Stelle eine Klausel, die die Konsorten zur Leistung ihrer Beiträge auch dann verpflichtet, wenn die Bedingungen nicht eingehalten wurden, folglich kein Regress vom Kreditnehmer zu erwarten ist.[453] Die Konsorten werden in der Regel nur von dieser Verpflichtung frei, wenn der auszahlende Konsorte vorsätzlich und/oder in betrügerischer Absicht (zum Beispiel in Kollusion mit dem Begünstigten oder dem Auftraggeber) eine vom Konsortium tatsächlich nicht geschuldete Leistung erbringt. Ob der Vertrag den Konsortialführer auch für Fälle einer grob fahrlässigen Auszahlung nichtgeschuldeter Beträge ein Erbringen der Leistung der Konsorten vorsieht, hängt maßgeblich von der Stärke der Verhandlungsposition des Konsortialführers und dem Interesse der Konsorten an diesem Geschäft ab.

2. *Benannte (*Nominated*) Bank*

Eine benannte Bank übernimmt keine eigenständige Verpflichtung gegenüber dem Kreditnehmer oder dem Begünstigten, sondern handelt im Auftrag und für Rechnung der eröffnenden Bank (Art. 2, 12 ERA 600).[454] Das von ihr übernommene und weiterzugebende Risiko steht folglich auch in keinem Zusammenhang mit einem Regress gegen den Auftraggeber der eröffnenden Bank, sondern in der Zahlungsunfähig- bzw. -willigkeit der sie beauftragenden Erstbank. Da das Risiko der Zahlungsunfähigkeit einer Bank im Grundsatz als relativ gering einzuschätzen ist, besteht in diesen Fällen ein deutlich geringerer Anreiz, diesem Risiko mittels Syndizierung zu begegnen. Die rechtliche Situation entspricht zwar derjenigen einer eröffnenden Bank, insofern als es sich um einen Regressanspruch handelt. Ökonomisch geht eine benannte Bank aber ein ungleich geringeres Risiko ein.

---

453 Jedenfalls beim offenen Kreditkonsortium, das den typischsten Fall der Zusammenarbeit auf diesem Gebiet darstellt.

454 „Solange die benannte Bank nicht die bestätigende Bank ist, begründet die Ermächtigung zu honorieren oder zu negoziieren, keine Verpflichtung der benannten Bank" Art. 12 a ERA 600; siehe oben Teil 2 § 2 B. II. 4. b).

3. *Bestätigende (*Confirming*) Bank*

Die Verpflichtung einer bestätigenden Bank verhält sich „spiegelbildlich"[455] zu der Verpflichtung der eröffnenden Bank. Das heißt, dass der Begünstigte einen echten zweiten Schuldner erhält, der ihm neben der Erstbank gesamtschuldnerisch haftet (siehe auch Wortlaut Art. 2 ERA 600 sowie insbesondere Art. 8 ERA 600).

Das Risiko der bestätigenden Bank ist der Ausfall ihres Regressanspruchs gegen die mit ihr durch ein Auftragsverhältnis verbundene eröffnende Bank, für den Fall, dass der Begünstigte sie und nicht die Erstbank in Anspruch nimmt. Aus Sicht der bestätigenden Bank ändert sich die rechtliche Situation im Vergleich zu einer benannten Bank nicht entscheidend, da sie zwar keinen Regress beim Kreditnehmer, dafür aber bei der sie unterbeauftragenden Erstbank nehmen kann.

Der für den Begünstigten entscheidende Unterschied zwischen inländischer und ausländischer Bank spielt im Verhältnis der Banken zueinander keine Rolle. Auch hier handelt es sich folglich um einen ökonomisch durchaus werthaltigen Anspruch, was eine Teilung des dennoch einhergehenden Risikos zwar nicht undenkbar, aber doch weniger erstrebenswert macht. Vorstellbar wäre eine solche Risikoteilung vor allem dann, wenn außerordentlich hohe Kreditbeträge in Rede stehen, die einen derartigen Aufwand rechtfertigen könnten.

B. Bankgarantien

Bankgarantien unterscheiden sich im Hinblick auf die Syndizierung rechtlich nicht entscheidend von Akkreditiven. Dies mag auf den ersten Blick verwundern, da Verträge, die die Stellung einer Bankgarantie oder die Übernahme einer Akkreditivverpflichtung zum Gegenstand haben, sowohl inhaltlich als auch vom Umfang her durchaus variieren. Abstrahiert man aber von der Ebene der Einzelregelungen, findet man deutliche Parallelen, die auch die Bewertung einer Weitergabe der Risiken insofern beeinflussen, als sie diese in die Nähe der Weitergabe von Risiken aus einer Akkreditivvergabe rücken.

Auf der Ebene zwischen Kreditgeber und Begünstigtem handelt es sich rechtlich bei beiden um Eventualverbindlichkeiten. Auf der Ebene der Kreditgeber untereinander nach erfolgter Syndizierung handelt es sich bei beiden um einen Haftungskredit.

---

455 *Nielsen/Jäger*, in: Schimansky/Bunte/Lwowski, Bankrechts-Handbuch Bd. 2, § 120, Rn. 65.

Auch die Ausführungen zu unterschiedlichen Formen des Zusammenwirkens bei der Aufteilung der Risiken aus dem Akkreditivgeschäft lassen sich auf die gemeinschaftliche Stellung einer Bankgarantie übertragen.[456] Schließlich kann ein Kreditinstitut auch bei einer Garantie die Funktion einer eröffnenden, benannten oder bestätigenden Bank übernehmen. Somit lassen sich die diesbezüglichen Ausführungen im dritten Teil der Arbeit auf der Ebene der Syndizierung ebenso auf die Garantiestellung übertragen, wie im zweiten Teil auf der Ebene der ursprünglichen Kreditgewährung.

Ein entscheidender ökonomischer Unterschied ist, dass ein Akkreditiv zur Inanspruchnahme gedacht ist – es hat eben auch Zahlungsfunktion[457] – während bei der Stellung einer Außenhandelsgarantie davon ausgegangen wird, dass der Auftraggeber seiner Verpflichtung eigenständig nachkommen kann. Eine Inanspruchnahme der Garantie wird nach dem Gesetz der großen Zahl als Risikoposition verbucht. Ökonomisch wirkt sich dieser Unterschied natürlich nicht nur auf der Ebene einer Einzelgewährung, sondern auch auf der Ebene der gemeinschaftlichen Stellung der Garantie aus.

§ 3: Aufsichtsrecht

Die staatlichen Bestrebungen, durch Eingriffe in die unternehmerische Freiheit der Kreditwirtschaft ein höheres Maß an Kontrolle über den Bankensektor zu gewinnen, wurden im Zuge der Finanzmarktkrise verstärkt und haben mit dem unter dem Namen Basel III bekannt gewordenen Regelwerk eine Konkretisierung erfahren.[458]

Dieses Regelwerk wurde erstellt, um die Regulierung, Überwachung und das Risikomanagement des Bankensektors zu verbessern.[459] Die Bedeutung dieses Anforderungskatalogs für das Syndizierungsgeschäft wird nachstehend überblickweise in allgemeiner Form dargelegt und in einem zweiten Schritt im Einzelnen untersucht. Teilweise kann dabei auf die Ausführungen zur Einordnung der Bankrisiken in den aufsichtsrechtlichen Zusammenhang im zweiten Teil der Arbeit zurückgegriffen werden.

---

456 Siehe oben, Teil 2 § 3 B. III. 3.

457 Siehe oben, Teil 2 § 3 B. II. 5.

458 *Schulte-Mattler*, in: Boos/Fischer/Schulte-Mattler, KWG, Bd. 2, Einf. Rn. 27 f.

459 In den Worten der Urheber: „These measures aim to: Improve the banking sector's ability to absorb shocks arising from financial and economic stress, whatever the source; improve risk management and governance; strengthen bank's transparency and disclosures." Quelle: http://www.bis.org/bcbs/basel3.htm.

A. Einordnung und Basel-III-Implementierung

Unter Basel III sind die (auch bei Veröffentlichungen in deutscher Sprache mit ihrer englischen Bedeutung abgekürzte) *Capital Requirements Directive IV* (CRD IV)[460] sowie die *Capital Requirements Regulation* (CRR)[461] (zusammen auch CRD IV Paket) zu verstehen. Beide Regelwerke haben große Veränderungen für das deutsche Kreditwesengesetz sowie die auf den Ermächtigungsgrundlagen des KWG gründenden Rechtsverordnungen (insbesondere die Solvabilitätsverordnung) mit sich gebracht.[462]

Die Verordnung ist am Tage ihrer Verkündigung (dem 26. Juni 2013) in Kraft getreten, galt aber erst ab dem 01.01.2014 (mit Ausnahmen, Art. 521 CRR), während die Richtlinie 20 Tage nach der Verkündigung im Amtsblatt der EU ihre volle Wirkung auf den Adressatenkreis, die Mitgliedstaaten, entfaltet hat (Art. 164, 165 CRD IV). Für den deutschen Anwender entscheidend ist – neben der direkt verbindlichen Verordnung – vor allem das Umsetzungsgesetz, das ebenso (vorbehaltlich Art. 10 II, III des Umsetzungsgesetzes) am 01.01.2014 in Kraft getreten ist.[463] Durch das CRD IV-Paket sollte „ein einheitlicher aufsichtsrechtlicher Rahmen für den gesamten EU-Binnenmarkt geschaffen werden".[464] Auf diesem Wege soll Schritt für Schritt der Weg für eine europäische Bankenunion geebnet werden.

Ein praktisch besonders bedeutsamer Unterschied zwischen dem KWG und der CRR ist der persönliche Anwendungsbereich der Vorschriften. Direkte

460 Richtlinie 2013/36/EU des Europäischen Parlaments und des Rates vom 26. Juni 2013 über den Zugang zur Tätigkeit von Kreditinstituten und die Beaufsichtigung von Kreditinstituten und Wertpapierfirmen, zur Änderung der Richtlinie 2002/87/EG und zur Aufhebung der Richtlinien 2006/48/EG und 2006/49/EG; ABl. EU L 176, S. 338 ff.

461 Siehe oben, Teil 2 § 3 A. II..

462 Siehe zur Umsetzung von Basel III in europäisches und nationales Recht und die Auswirkungen auf das KWG den Monatsbericht der Bundesbank. https://www.bundesbank.de/Redaktion/DE/Downloads/Veroeffentlichungen/Monatsberichtsaufsaetze/2013/2013_06_umsetzung_basel_3.pdf?__blob=publicationFile.

463 „Gesetz zur Umsetzung der Richtlinie 2013/36/EU über den Zugang zur Tätigkeit von Kreditinstituten und die Beaufsichtigung von Kreditinstituten und Wertpapierfirmen und zur Anpassung des Aufsichtsrechts an die Verordnung (EU) Nr. 575/2013 über Aufsichtsanforderungen an Kreditinstitute und Wertpapierfirmen" (CRD IV-Umsetzungsgesetz) v 28.08.2013 – BGBl. I 2013 Nr. 53 v 03.09.2013 S. 3395.

464 *Kirchhartz*, in: GWR 2013, 395, 396.

Anwendung findet die CRR auf sogenannte CRR-Kreditinstitute nach Art. 4 Abs. 1 Nr. 1 CRR sowie CRR-Wertpapierfirmen nach Art. 4 Abs. 1 Nr. 2 CRR. Kreditinstitute sind danach „Unternehmen, deren Tätigkeit darin besteht, Einlagen oder andere rückzahlbare Gelder des Publikums entgegenzunehmen und Kredite für eigene Rechnung zu gewähren"; während sich der Begriff der Wertpapierfirmen nach Art. 4 Abs. 1 Nr. 1 der Richtlinie 2004/39/EG[465] richtet (mit einigen Ausnahmen). Im genuin deutschen Recht sind die Begriffe „Kreditinstitut" in § 1 Abs. 1 KWG und „Finanzdienstleistungsinstitute" in § 1 Abs. 1a KWG wesentlich weiter gefasst. Um diesen weiten persönlichen Anwendungsbereich der Aufsicht und damit auch die Kontrolle sonst unregulierter Teile der Finanzwirtschaft nicht zu gefährden, dehnt § 1a Abs. 1 und 2 KWG den Anwendungsbereich der CRR auf die in § 1 Abs. 1 und Abs. 1a KWG benannten Unternehmen aus.

Der angesprochene inhaltliche Anwendungsbereich wird in Artikel 1 CRR katalogartig aufgeführt.[466] Es handelt sich um von den Normadressaten zu erfüllende Aufsichtsanforderungen, die beispielhaft (deswegen sind sie hier ausgewählt) die Bandbreite der von den Basel III Regularien angesprochenen Punkte wiedergeben.[467] Zusammengefasst finden sich darin Anforderungen, die in erster Linie die Bereiche Solvabilität und Liquidität, daneben aber auch Transparenz (in Form von Berichts- und Offenlegungspflichten) und das Großkreditregime betreffen.

I. Kapitalbezogene Maßnahmen

Haupt- und bekanntestes Anliegen von Basel III ist die Stärkung des Bankensektors im Krisenfall durch höhere Anforderungen an Qualität und Quantität des

---

465 „Wertpapierfirma: jede juristische Person, die (...) Wertpapierdienstleistungen für Dritte erbringt (...)."

466 Art. 1 CRR: a) Eigenmittelanforderungen im Hinblick auf vollständig quantifizierbare, einheitliche und standardisierte Komponenten von Kreditausfall-, Markt-, operationellem und Abwicklungsrisiko, b) Vorschriften zur Begrenzung von Großkrediten, c) nach Inkrafttreten des in Artikel 460 genannten delegierten Rechtsakts, Liquiditätsanforderungen im Hinblick auf vollständig quantifizierbare, einheitliche und standardisierte Komponenten des Liquiditätsrisikos, d) Berichtspflichten hinsichtlich der Buchstaben a bis c und hinsichtlich der Verschuldung, e) Offenlegungspflichten.

467 Normadressaten sind die im Rahmen der Richtlinie 2013/36/ EU (s.o.) beaufsichtigten Institute. Ausgenommen vom Anwendungsbereich der Verordnung sind solche Bekanntmachungspflichten, die von der Richtlinie erfasst werden.

bankaufsichtlichen Eigenkapitals.[468] Zentral sind deswegen die ausführlichen Vorschriften zu der Frage, was die Aufsicht als Eigenmittel anerkennt (Teil 2 CRR) und die jeweiligen quantitativen Anforderungen (Teil 3 CRR). Ausweislich der zentralen Vorschrift im Hinblick auf die Qualifikation (Art. 72 CRR) ergeben sich die Eigenmittel eines Instituts aus der Summe von Kernkapital und Ergänzungskapital; Kernkapital besteht wiederum aus hartem und zusätzlichem Kernkapital (Art. 25 CRR) und wird in Art. 50 CRR respektive Art. 61 CRR in Verbindung mit den dort aufgeführten Vorschriften definiert. Welche Finanzinstrumente als Ergänzungskapital zu qualifizieren sind, ist Art. 71 CRR i.V.m. den dort genannten Vorschriften zu entnehmen.

Hinsichtlich der Quantität der Eigenmittelanforderungen ist Art. 92 CRR maßgeblich. Danach müssen die Institute zu jedem Zeitpunkt (mindestens)[469] eine harte Kernkapitalquote von 4,5 %, eine Kernkapitalquote von 6 % und eine Gesamtkapitalquote von 8 % erfüllen.[470] Dies bedeutet für die Institute im Vergleich zur früheren Regelung eine erhebliche Erschwernis und führt zu Bestrebungen, Aktiva abzuschmelzen bzw. jedenfalls keine neuen Forderungsbestände aufzubauen, was wiederum negative Auswirkungen auf die Versorgung der Realwirtschaft mit Krediten hat.[471]

Nicht dem Thema Solvabilität, aber auch dem Rubrum „Maßnahmen zur Verbesserung der Kapitalsituation" ist die Einführung der Verschuldungsquote (*leverage ratio*) als weitere Kennziffer neben der Eigenkapitalquote zuzuordnen. Im Unterschied zu den risikobasierten Eigenkapitalanforderungen ist die *leverage ratio* der Quotient aus der Kapitalmessgröße eines Instituts und seiner Gesamtrisikopositionsmessgröße und wird als Prozentsatz angegeben (Art. 429 Abs. 2

---

468 Siehe im Detail die Veröffentlichung der BIS „Basel III: A global regulatory framework for more resilient banks and banking systems", abrufbar unter http://www.bis.org/publ/bcbs189.pdf. Da die Maßnahmen zur Reduktion von Prozyklizität und Stärkung antizyklischer Puffer sowie zum Umgang mit systemischen Risiken für diese Arbeit keine Bedeutung haben, wird diesbezüglich auf die vorgenannte Veröffentlichung verwiesen.

469 Art. 3 CRR hält denn auch ausdrücklich fest, dass „diese Verordnung Institute nicht daran hindert, mehr Eigenmittel und Eigenmittelkomponenten zu halten als in dieser Verordnung gefordert oder strengere als die in dieser Verordnung festgehaltenen Maßnahmen anzuwenden".

470 Die Gesamtkapitalquote ist gleich geblieben, nur die Verteilung auf die unterschiedlichen Klassen ist zulasten der Banken verändert worden.

471 Nach der alten Regelung mussten Banken zum Beispiel hartes Kernkapital in Höhe von 2 % der risikogewichteten Aktiva vorhalten.

CRR), wobei jeweils ein Quartal als Bemessungsgröße zählt.[472] Dadurch sollen die Verschuldungsquoten der Institute überwacht (und in der Folge verringert) sowie die risikobasierten Anforderungen durch eine nicht-risikobasierte Kennziffer ergänzt werden, um potenziell gefährlichen Entwicklungen von vornherein entgegenwirken zu können.[473] Welch großen Einfluss die Einführung der Leverage Ratio auf die Geschäftspolitik hatte, zeigt das Beispiel der Deutschen Bank. Obwohl das Institut im Hinblick auf die risikogewichtete Eigenkapitalquote nach einer Kapitalerhöhung vergleichsweise komfortabel kapitalisiert war, hatte das Institut nach Einführung von Basel III Schwierigkeiten, die Vorgaben im Hinblick auf den Verschuldungsgrad einzuhalten.[474] Um den Anforderungen gerecht zu werden, hat das Unternehmen seine Bilanzsumme um bis zu 250 Milliarden Euro verringert und dadurch auch sein Jahresergebnis geschmälert.[475]

II. Liquiditätsbezogene Maßnahmen

Das zweite „Hauptanliegen" des neuen Regulierungsregimes war die Einführung quantitativer Anforderungen an die Liquiditätslage der beaufsichtigten Institute.[476] Zentrale Vorschrift ist Art. 412 Abs. 1 CRR, wonach „Institute über liquide Aktiva verfügen müssen, deren Gesamtwert die Liquiditätsabflüsse abzüglich der Liquiditätszuflüsse unter Stressbedingungen abdeckt, damit gewährleistet wird, dass sie über genügend angemessene Liquiditätspuffer verfügen, um sich einem möglichen Ungleichgewicht zwischen Liquiditätszuflüssen- und -abflüssen unter erheblichen Stressbedingungen während 30 Tagen stellen zu können". Durch die Einführung dieser als *Liquidity Coverage Ratio* (LCR) bezeichneten Kennziffer wird die kurzfristige Überlebensfähigkeit eines Instituts in Krisensituationen sichergestellt. Zentrale Messgröße ist dabei die Anzahl hochliquider

---

472 BIS „Revised Basel III leverage ratio framework and disclosure requirements", S. 2: „The Basel III leverage ratio is defined as Capital Measure divided by the Exposure measure (the denominator), with this ratio expressed as a percentage (…)."

473 BIS „Revised Basel III leverage ratio framework and disclosure requirements", S. 1: „The leverage ratio is intendend to: Restrict the build-up if leverage in the banking sector and to avoid destabilising deleveraging processes that can damage the broader financial system and the economy; and reinforce the risk-based requirements with a simple, non-risk-based ‚backstop measure'." http://www.bis.org/publ/bcbs251.pdf.

474 Quelle: FAZ vom 22.07.2013 „Deutsche Bank will Bilanzsumme deutlich verkleinern".

475 Quelle: FAZ vom 29.10.2013 „Gewinneinbruch bei der Deutschen Bank".

476 Siehe BIS „Basel III: The Liquidity Coverage Ratio and liquidity risk monitoring tools", abrufbar unter http://www.bis.org/publ/bcbs238.pdf.

Aktiva[477], die dem Institut in einer Situation erschwerter Finanzierungsbedingungen zur Deckung seines Liquiditätsbedarfs zur Verfügung stehen. Flankiert werden die Anforderungen an den kurzfristigen Liquiditätsbedarf durch Art. 413 Abs. 1 CRR, der das (noch recht vage) Postulat aufstellt, dass die Institute auch hinsichtlich ihrer langfristigen Verbindlichkeiten sicherstellen, dass diese durch eine breite Vielfalt von Instrumenten der stabilen Refinanzierung unterlegt sind. Das Liquiditätsregime besteht also langfristig in Vorschriften, die eine ausreichende Finanzierung der kurz- und langfristigen Liquiditätserfordernisse sichern sollen sowie zahlreichen Meldepflichten im Fall von Mittelabflüssen (insbesondere auch im Privateinlagenbereich (Stichwort *bank run,* Art. 421 CRR)). Damit soll eine der Ursachen der Finanzkrise, die Divergenz zwischen den Laufzeiten bei Kreditvergabe und Refinanzierung und daraus resultierende Liquiditätsengpässe unter Kontrolle gebracht werden.[478]

Bis zur vollständigen Einführung der LCR im Jahre 2018 können die nationalen Vorschriften zur Liquidität (in Deutschland der Grundsatz § 11 Abs. 1 S. 1 KWG in Verbindung mit der Liquiditätsverordnung) „als Mindeststandard parallel rechtsverbindlich beibehalten werden"[479] (siehe Art. 412 Abs. 5, 460 CRR).

III. Groß- und Millionenkreditregime

Im Bereich des Groß- und Millionenkreditregimes ist zwischen den unterschiedlichen Bestandteilen und den jeweiligen Änderungen zu unterscheiden. Während die Regelungen in Bezug auf Großkredite sehr umfangreich waren, wurde das Millionenkreditprogramm nur in einem wesentlichen Punkt verändert. Dies liegt darin begründet, dass auf europäischer Ebene keine Parallele zur deutschen Millionenkreditregelung existiert.[480] Das hat den deutschen Gesetzgeber aber nicht davon abgehalten, auch in diesem Bereich strengere Regeln einzuführen. § 14 Abs. 1 S. 1 a.F. in Verbindung mit § 22 KWG a.F. und der GroMiKV[481] wurde im Hinblick auf die Höhe, ab der eine Meldepflicht besteht, geändert. Während nach § 14 Abs. 1 S. 1 KWG a.F. diejenigen Kreditnehmer anzuzeigen waren,

---

477 High Quality Liquid Assets (HQLA).

478 Siehe zur Motivation und Zielrichtung der Vorschriften auch Erwägungsgründe 100-106 CRR.

479 *Zeranski*, in: Boos/Fischer/Schulte-Mattler, KWG, § 11, Rn. 21.

480 *Kirchhartz*, GWR 2013, 395, 397.

481 Verordnung über die Erfassung, Bemessung, Gewichtung und Anzeige von Krediten im Bereich der Großkredit- und Millionenkreditvorschriften des Kreditwesengesetzes V. v. 14.12.2006 BGBl. I S. 3065 (Nr. 61).

deren Kreditvolumen 1,5 Millionen Euro oder mehr betrug, wird die Meldeschwelle seit dem 01.01.2015 bereits ab 1 Million Euro erreicht.

Umfangreiche Änderungen hat hingegen das Großkreditregime erfahren. Ehemals in den §§ 13 ff. KWG a.F. in Verbindung mit § 22 KWG a.F. und der Verordnung ausführlich geregelt, sind jetzt beinahe alle wesentlichen Vorschriften in Teil 4 der CRR (Art. 387 ff.) europäisch harmonisiert. Neue Zentral- und Ausgangsnorm ist Art. 392 CRR: Danach stellt eine Risikoposition einen die weiteren Vorschriften (insbesondere die Meldepflichten (Art. 394 CRR)) auslösenden Großkredit dar, wenn ihr Wert 10 % der anrechenbaren Eigenmittel des Instituts erreicht oder überschreitet.[482] Auch müssen die Institute Maßnahmen treffen, um Großkredite rechtzeitig zu erkennen und zu verwalten (Art. 393 CRR). Besondere Bedeutung hat die Großkreditobergrenze in Art. 395 CRR: Nach neuem Recht dürfen Institute keine Risikopositionen eingehen, deren Wert 25 % ihrer anrechenbaren Eigenmittel übersteigt (Großkrediteinzelobergrenze).[483] Wenn der Betrag von 150 Mio. Euro mehr als 25 % des Eigenkapitals darstellt, legt Art. 395 Abs. 1 S. 2 CRR fest, dass eine Großkreditgesamtobergrenze greift. Diese darf 100 % des Eigenkapitals des Instituts nicht überschreiten.

Die ehemalige Zentralnorm § 13 KWG enthält in der neuen Fassung in Verbindung mit § 22 KWG n.F. weiterhin eine Verordnungsermächtigung für das BMF. Dort werden allerdings nur noch nationale Wahlrechte und Besonderheiten in Einzelfällen geregelt. Der materiell-inhaltliche Schwerpunkt hat sich von deutschem Gesetzgeber und Bankenaufsicht unter der Ägide von BMF und BaFin auf die Kommission in Brüssel und die EBA in London verlagert.[484]

IV. Melde- und Offenlegungspflichten

Die Offenlegungspflichten der Institute nach CRR finden sich in Art. 431 ff. CRR (ehemals § 26a KWG). Nach Art. 431 Abs. 1 CRR müssen die Beaufsichtigten alle in Titel II genannten Informationen gegenüber den Behörden offenlegen, soweit sie wesentlich, d.h. keine Geschäftsgeheimnisse oder vertrauliche Informationen

---

482 Vgl. die inhaltsgleiche Definition in § 13 Abs. 1 S. 1 a.F. KWG. In diesem Bereich ist Hauptverdienst der Verordnung die europaweite Harmonisierung, inhaltlich änderte sich für die Institute zunächst nichts.

483 Natürlich gibt es auch nach neuem Recht zahlreiche Ausnahmen und Möglichkeiten der Kreditrisikominderung, Art. 399–403 CRR.

484 Dies obwohl die technische Zuständigkeit zur Aufsicht natürlich noch bei den nationalen Behörden des Herkunfts- oder im Falle von Zweigstellen, des Aufnahmestaates liegt, Art. 49 CRD-IV.

im Sinne des Art. 432 CRR sind. Ausgenommen sind die Bereiche Eigenkapital, Vergütungsstruktur und Risikomanagement. Hinsichtlich der Reichweite der Offenlegungspflichten ist festzustellen, dass nahezu alle Bereiche der Geschäftstätigkeit (insbesondere auch Interna) offenzulegen sind. Dies betrifft umfassende Aussagen zu den Bereichen der internen Risikomanagement- und -politik, die Eigenmittelausstattung, Aussagen zum Gegenparteiausfallrisiko, den Kapitalpuffern, zu Markt-, operationellem, Beteiligungs- und Zinsrisiko der internen Vergütungspolitik sowie dem Verschuldungsgrad (u.a.). Auf Einzelheiten wird an dieser Stelle nur eingegangen, soweit sie sich explizit auf Syndizierungen beziehen, da Offenlegungs- und Berichtspflichten sowie der damit verbundene Verwaltungsaufwand für die beaufsichtigten Institute zwar aufwendig und vor allem kostspielig sind, aber voraussichtlich keinen Einfluss auf ihre wirtschaftliche Tätigkeit im Bereich der Syndizierung haben.

B. Anforderungen im Syndizierungsgeschäft

Nach der allgemeinen Darstellung derjenigen Bereiche des Bankaufsichtsrechts, die für das Syndizierungsgeschäft besonders große Bedeutung haben, werden die Anforderungen und ihre Auswirkungen auf die Syndizierung von Akkreditiven und Garantien im Einzelfall untersucht.

I. Eigenkapital

Die Motivationslage der mit Syndizierungen im Außenhandel befassten Kreditinstitute hat sich durch die Umsetzung der Basel-III-Regeln verändert. Der neue rechtliche Rahmen hat die Attraktivität der Zusammenarbeit mit anderen Banken gerade in Bezug auf die Eigenkapitalvorschriften verstärkt. Dieser Einfluss auf die Kreditvergabe wird hier dargestellt. Dass strengere Eigenkapitalanforderungen die Vergabe von Gelddarlehen negativ beeinflussen, ist ohne Weiteres einsichtig, da der Abfluss von Geld die Eigenkapitalposition automatisch schmälert. Hier ist demgegenüber zu beachten, dass es nicht um die Vergabe von Gelddarlehen, sondern um Akkreditive und Garantien im Außenhandel geht. Wenn die Nutzung dieser Instrumente die Einhaltung der Vorschriften in gleicher Weise erschweren und das Abschmelzen von Aktiva oder die Aufnahme weiteren Eigenkapitals nötig machen und die Syndizierung diese Folgen verringert, ist der gesteigerte Nutzen der Syndizierung vor dem Hintergrund von Basel III belegt.[485] Im Folgenden werden Akkreditive und Außenhandelsgarantien

---

485 Das Abschmelzen von Aktiva und außerbilanziellen Positionen bedeutet gleichzeitig

zunächst im neuen Regulierungsregime verortet und daraufhin untersucht, welche Auswirkungen die Syndizierung hat.

1. Einordnung von Akkreditiven und Garantien nach CRR

Anknüpfungspunkt für die Bestimmung der Position von Akkreditiven und Garantien ist die bereits zitierte Zentralnorm für den Bereich der Eigenmittel Art. 92 CRR. Ausweislich von dessen Absatz 2 haben die Institute ihre Kapitalquoten (in den jeweiligen Klassen) als Prozentsatz des „Gesamtforderungsbetrages" auszudrücken.[486] Der „Gesamtforderungsbetrag" (engl. *total risk exposure*) berechnet sich wiederum als Summe der in Absatz 3 genannten Elemente. Das nach Umfang größte und für die Untersuchung entscheidende dort aufgeführte Element sind die Forderungsbeträge für das Kredit- und Verwässerungsrisiko.[487] Die Eigenmittelanforderungen für das Kreditrisiko enthält Titel II (Art. 106 ff. CRR). Danach zu bestimmende risikogewichtete Positionsbeiträge einer Risikoposition[488] zum Gesamtforderungsbetrag werden nach dem Standardansatz (KSA-Ansatz) oder dem auf internen Beurteilungen basierenden Ansatz berechnet (IRB-Ansatz). Dabei ist stets zu beachten, dass es sich bei den hier untersuchten Instrumenten nicht um Aktiva, sondern um außerbilanzielle Geschäfte handelt, insofern also besondere Regeln gelten.[489] Von der durch den jeweiligen Berechnungsansatz ermittelten Höhe der gewichteten Risikoposition hängt ihr Beitrag zum Gesamtforderungsbetrag (*total risk exposure*) ab.[490] Da

---

den Verzicht auf Rendite, während die Aufnahme zusätzlichen Eigenkapitals teuer und in einem von Misstrauen geprägten Marktumfeld problematisch ist.

486 Für den deutschen Rechtsanwender gewöhnungsbedürftig ist die in der CRR durchweg verwendete, hier daher nicht so wiedergegebene, Formulierungsweise der Anforderungen an die Institute als Aussagesatz.

487 Art. 92 Abs. 3 a) CRR: „Die gemäß Titel II und Artikel 379 berechneten risikogewichteten Forderungsbeträge für das Kredit- und das Verwässerungsrisiko in allen Geschäftsfeldern eines Instituts ausschließlich der risikogewichteten Forderungsbeträge aus der Handelsbuchtätigkeit des Instituts." Dass die Gewährung von Akkreditiven und Garantien aus Sicht des Instituts einen Kredit, mithin die Eingehung eines Kreditrisikos bedeutet, wurde oben bereits dargelegt.

488 Nach Art. 5 Abs. 1 CRR bezeichnet Risikoposition „einen Aktivposten (Vermögenswert) oder einen außerbilanziellen Posten;".

489 Siehe oben, Teil 2 § 3 A. II.

490 Dieser zentrale Teil der Bankenaufsicht im Bereich des Eigenmittels – die Vorgaben hinsichtlich der Berechnung eines risikogewichteten Positionsbetrags – war ehemals in der SolvV geregelt.

die Eigenkapitalquote ein Prozentsatz des Gesamtforderungsbetrags ist (siehe Art. 92 CRR), hängt die Auswirkung des Eingehens einer Risikoposition auf das bankaufsichtliche Eigenkapital von der so ermittelten Größe ab. Wird demnach einem Akkreditiv oder einer Garantie ein besonders hoher risikogewichteter Positionsbetrag zugewiesen, hat das negative Auswirkungen auf die Eigenkapitalquote des Instituts; und andersherum. Daher ist es wichtig, den theoretischen Wert der Eingehung einer solchen Risikoposition zu ermitteln. Zugleich ist mit den vorstehenden Ausführungen die Schnittstelle zwischen den erneuerten Eigenkapitalanforderungen und den untersuchten Finanzierungsinstrumenten identifiziert.

a) Risikopositionswert

Da es sich bei Akkreditiven und Garantien um außerbilanzielle Geschäfte handelt (siehe zur bankaufsichtsrechtliche Einordnung bereits oben unter § 1 B. II.), ist vor der Berechnung des risikogewichteten Positionsbetrags der Risikopositionswert im Zusammenhang mit Anhang 1 zur CRR („Einstufung außerbilanzieller Geschäfte") zu ermitteln. Dies gilt sowohl für den KSA-[491] als auch den IRB-[492]Ansatz und wird deshalb vorangestellt. Der Anhang teilt außerbilanzielle Geschäfte in solche mit hohem, mittlerem, mittlerem/niedrigem und niedrigem Kreditrisiko ein. Diese Einteilung korreliert mit der Zuweisung eines Prozentsatzes vom Nominalwert, vermittelt über Art. 111 Abs. 1 S. 2 CRR respektive Art. 166 Abs. 10 CRR. Dokumentenakkreditiven, bei denen die Frachtpapiere als Sicherheit dienen, oder anderen leicht liquidierbaren Transaktionen, wird als außerbilanziellem Posten für die Handelsfinanzierung ein mittleres/niedriges Kreditrisiko unterstellt (Anhang I Abs. 3 a) i)). Erfüllungsgarantien (einschließlich Bietungs- und Erfüllungsbürgschaften und damit verbundene Anzahlungs- und Einhaltungsgarantien) und Garantien, die nicht den Charakter von Kreditsubstituten haben, sind ebenfalls mit einer mittleren/niedrigen Risikoeinschätzung versehen (Anhang I Abs. 3 a) ii)). Schließlich werden sogar unwiderrufliche Kreditsicherungsgarantien (*standby letter of credits*), die nicht den Charakter eines Kreditsubstituts haben, der gleichen Kategorie zugeordnet

491 Nach Art. 111 Abs. 1 S. 2 CRR entspricht der Risikopositionswert einer in Anhang 1 genannten außerbilanziellen Position nach dem KSA einem bestimmten Prozentsatz des Nominalbetrags (abzüglich spezifischer Risikoanpassungen).

492 Gemäß Art. 166 Abs. 10 CRR ist der Risikopositionswert bei allen nicht in den Absätzen 1 bis 8 (dazu sogleich) genannten außerbilanziellen Positionen ein dort in Abhängigkeit von Anhang 1 zu bestimmender Prozentsatz seines Nominalwerts.

(Anhang I Abs. 3 a) iii)). Alle hier untersuchten Finanzierungsinstrumente tragen folglich ein mittleres bis niedriges Kreditrisiko.

Positionen mit mittlerem bis niedrigem Risiko weisen Art. 111 Abs. 1 c) und Art. 166 Abs. 10 c) CRR für beide Ansätze gleichlautend einen Risikopositionswert von 20 % des Nominalwerts zu. Für kurzfristige Dokumentenakkreditive, die anlässlich eines Warentransfers ausgestellt werden, gilt nach dem IRB-Ansatz eine Sonderregelung. Zugesagten, aber nicht in Anspruch genommenen Akkreditiven wird für das emittierende und das bestätigende Institut ein Risikopositionswert von 20 % des zugesagten Betrages zugewiesen. Da sich dieser Wert mit dem oben ausgewiesenen deckt, wird hier ein Gleichlauf des Instruments in der Phase vor und nach Inanspruchnahme erzielt. Für Zwecke beider Ansätze sind die hier untersuchten Risikopositionen mit 20 % ihres Nominalwerts anzusetzen.

b) Risikogewicht nach Standardansatz (KSA-Ansatz)

Die Berechnung des risikogewichteten Positionswertes einer bestimmten Risikoposition nach dem IRB-Ansatz ist – Bonitätsbeurteilung durch eine anerkannte Ratingagentur vorausgesetzt – vergleichsweise einfach: Der Risikopositionswert ist mit dem Risikogewicht zu multiplizieren (Art. 113 Abs. 2 CRR). Das Risikogewicht richtet sich nach der allgemeinen Forderungsklasse und der individuellen Bonität der Forderung. Der Katalog des Art. 112 CRR enthält eine Auflistung der unterschiedlichen Schuldnerklassen, die Grundlage für die Risikogewichtung ist. Unabhängig von individueller Bonität werden Forderungen gegenüber Staaten oder Zentralbanken die geringste Ausfallwahrscheinlichkeit zugeordnet. Beispielsweise haben Risikopositionen gegenüber der Europäischen Zentralbank generell ein Risikogewicht von 0 % (Art. 112a) i.V.m. Art. 114 Abs. 3 CRR). Forderungen gegenüber Staaten haben das gleiche Risikogewicht, allerdings wird bei ihnen eine ausgezeichnete Bonitätsbeurteilung einer anerkannten Ratingagentur zur Voraussetzung gemacht (Art. 114 Abs. 2 CRR). Da der Risikopositionswert mit dem Risikogewicht multipliziert wird, um den risikogewichteten Positionswert zu errechnen, der wiederum Grundlage für die Errechnung des Gesamtforderungsbetrages ist, führt ein Risikogewicht von 0 % dazu, dass solche Forderungen eigenkapitalneutral sind. Dadurch wird die Grundlage dafür geschaffen, dass der Erwerb staatlicher Schuldtitel trotz geringer Rentabilität für Kreditinstitute attraktiv bleibt.[493]

---

493 Hier zeigt sich die politische Dimension hinter den Eigenkapitalanforderungen an Kreditinstitute.

Forderungen gegen die Privatwirtschaft haben demgegenüber ein ungleich höheres Risikogewicht. Gemäß Art. 112 g) i.V.m. Art. 122 Abs. 1 CRR wird Forderungen gegenüber Unternehmen ein Risikogewicht nach Tabelle 6 zugewiesen. Dies bedeutet auch bei höchster Bonitätsbeurteilung einer anerkannten Ratingagentur mindestens 20 %.[494] Nicht mit einem Rating versehene Forderungen schlagen mit ihrem Nominalwert zu Buche (Art. 122 Abs. 2 CRR). Die Beurteilungen der Ratingagenturen sind folglich entscheidend für die Zuweisung eines Risikogewichts.[495] Diese externen Bonitätsbeurteilungen dürfen nur herangezogen werden, wenn es sich um eine anerkannte Ratingagentur, eine sogenannte ECAI (*External Credit Assessment Institution*)[496] handelt, wobei die EU-Verordnung über Ratingagenturen[497] zu beachten ist (Art. 135 Abs. 1 CRR). Unter engen Voraussetzungen im Hinblick auf Anerkennung und Ratingmethode (Art. 137 CRR) können auch Bonitätsbeurteilungen von Exportversicherungsagenturen zur Ermittlung des Risikogewichts herangezogen werden.[498]

494 Tabelle 6 CRR

Bonitätsstufe	**1**	**2**	**3**	**4**	**5**	**6**
Risikogewicht	20 %	50 %	100 %	100 %	150 %	150 %

495 Die Problematik der Machtkonzentration in den Händen weniger Ratingagenturen hat den EU-Gesetzgeber zwar beschäftigt, aber zu keiner Neuregelung veranlasst. Ausweislich Erwägungsgrund 98 zur CRR soll die Anerkennung einer Agentur als ECAI nicht dazu führen, dass sich ein von drei großen Unternehmen beherrschter Markt weiter abschottet. Offensichtlich sind hier Standard&Poor's, Moody's Investor Services und Fitch Ratings gemeint (wenn auch nicht explizit genannt), die zusammen über 90 % des Weltmarktes für Bonitätsbeurteilungen auf sich vereinen. Allerdings sollen EBA und Zentralbanken darauf hinwirken, dass mehr Ratingagenturen als ECAI anerkannt werden, allerdings ohne das Verfahren zu vereinfachen. Die Idee einer europäischen Ratingagentur wurde offensichtlich aufgegeben.

496 Art. 4 Abs. 1 Nr. 98 CRR: „Externe Ratingagenturen" oder „ECAI" sind zugelassene oder zertifizierte Agenturen oder eine Zentralbank, die Bonitätsbeurteilungen abgeben.

497 Verordnung (EG) Nr. 1060/2009 des Europäischen Parlaments und des Rates vom 16. September 2009 über Ratingagenturen, die einen gemeinsamen Regulierungsansatz einführen sollte, „um die Integrität, Transparenz, Verantwortung, gute Unternehmensführung und Verlässlichkeit von Ratingtätigkeiten zu fördern (…)" (Art. 1 der Verordnung).

498 Auf die Bedeutung des Ratings durch Kreditversicherer wurde bereits im zweiten Teil der Arbeit hingewiesen.

Für den Fall der Außenhandelsfinanzierung ohne Beteiligung eines staatlichen Exportkreditversicherers hängt die Frage der Eigenkapitalwirksamkeit einer Risikoposition also entscheidend von der Beurteilung der Bonität des Kreditnehmers ab. Das Risikogewicht kann dabei zwischen 20 % des Nominalwerts (z.B. bei einer Forderung gegen ein staatliches russisches Rohstoffunternehmen) und bis zu 150 % (bei einem privaten Baumwollexporteur aus Burkina Faso) variieren.

Beispiel: Ein deutsches Kreditinstitut bestätigt ein Dokumentenakkreditiv einer ecuadorianischen Bank zugunsten deren Kunden, einem ecuadorianischen Importeur deutscher Luxusklasseautos, dem die Ratingagentur Standard & Poor's eine Bonitätsstufe von 3 zugewiesen hat, wobei die Frachtdokumente als Sicherheit dienen. Die Forderung des deutschen Automobilherstellers hat einen Umfang von EUR 50 Mio. Auswirkungen auf das aufsichtsrechtliche Eigenkapital für das deutsche Institut?

Forderungen der Bonitätsstufe 3 wird in Tabelle 6 ein Risikogewicht von 100 % des Nominalwerts, hier also EUR 50 Mio. zugewiesen. Das Risikogewicht ist gemäß Art. 113 Abs. 2 CRR mit dem Risikopositionswert zu multiplizieren. Der Risikopositionswert eines Dokumentenakkreditivs beträgt gemäß Art. 111 Abs. 1 S. 2 i.V.m. Anhang I Abs. 3 a) i) für die eröffnende und die bestätigende Bank 20 % des Nominalwerts, hier also EUR 10 Mio. Der risikogewichtete Positionswert des Akkreditivs und damit der Beitrag der Forderung zum Gesamtforderungsbetrag gemäß Art. 92 Abs. 3 a) CRR beläuft sich also auf EUR 500 Mio.

Die Gesamtkapitalquote des Instituts ergibt sich gemäß Art. 92 Abs. 2 c) CRR aus den Eigenmitteln, ausgedrückt als Prozentsatz des Gesamtforderungsbetrags. Um also die Gesamteigenkapitalanforderungen nach Art. 92 Abs. 1 c) CRR einzuhalten, muss die Bank Eigenkapital aufweisen, das mindestens 8 % des Gesamtforderungsbetrages ausmacht, zu dem das Akkreditiv, zuzüglich aller anderen risikogewichteten Forderungsbeträge für das Kredit- und Verwässerungsrisiko und der anderen Elemente des Art. 92 Abs. 3 CRR, den Betrag von EUR 500 Mio. beiträgt.

c) Risikogewicht nach IRB-Ansatz

Die Verwendung eines auf internen Ratings basierenden Ansatzes (IRB-Ansatz) steht unter dem Erlaubnisvorbehalt der Art. 143, 144 CRR. Die Berechnung risikogewichteter Positionsbeträge anhand eigener Einschätzungen, statt auf diejenigen einer ECAI oder Exportversicherungsagenturen zurückzugreifen, wird nur gestattet, wenn zahlreiche Anforderungen, die die Aufsichtsbehörden an die Methodik der Berechnung stellen, nachgewiesen werden können (Art. 143 Abs. 2 CRR). Vorausgesetzt das Institut erfüllt die Anforderungen an die Berechnung der maßgeblichen Kennzahlen, kann der risikogewichtete Positionswert in Abhängigkeit von Art des Risikos und Forderungsklasse berechnet werden (Art. 151 Abs. 1 CRR). Für Kreditrisiken (Art) gegenüber Unternehmen (Forderungsklasse „Risikopositionen gegenüber Unternehmen" (Art. 147 Abs. 2 c) CRR) sind die untersuchten Risikopositionen nach Art. 153 der CRR zu berechnen.

Danach errechnet sich der risikogewichtete Positionsbetrag aus dem Risikogewicht (RW) multipliziert mit dem Risikopositionsbetrag.[499] Das Risikogewicht (RW) ergibt sich aus vier entscheidenden Kennzahlen: der Ausfallwahrscheinlichkeit (*probability of default*, PD)[500], der Verlustquote bei Ausfall (Verlustausfallquote, *loss given default*, LGD)[501] sowie des erwarteten Verlustes (*expected loss*, EL)[502] und der Laufzeit (M).[503] Liegt die Ausfallwahrscheinlichkeit einer Risikoposition bei Null, ist auch ihr Risikogewicht Null (Art. 153 Abs. 1 i CRR) mit der Folge, dass auch der risikogewichtete Positionsbetrag gleich Null ist. Allerdings hat eine Risikoposition gegenüber Unternehmen eine Mindestausfallwahrscheinlichkeit von 0,03 % (Art. 160 Abs. 1 CRR).[504] Ist die PD einer Risikoposition 100 %, d.h., ist die Forderung ausgefallen, ist ihr Risikogewicht auch gleich Null, wenn das Institut den von der Verordnung vorgegebenen LGD nach Art. 161 CRR verwendet. Bei eigenen LGD-Werten errechnet er sich anhand dieser Kennzahl und der bestmöglichen Schätzung des zu erwartenden Ausfalls.[505] Der zu erwartende Verlust errechnet sich gemäß Art. 158 Abs. 5 CRR bei Risikopositionen gegenüber Unternehmen im Grundsatz aus der Multiplikation

499 Der Risikopositionsbetrag wurde oben bereits nach Art. 166 i.V.m. Anhang 1 bestimmt.

500 Art. 4 Abs. 1 Nr. 54 CRR: „Die Wahrscheinlichkeit des Ausfalls einer Gegenpartei im Laufe eines Jahres."

501 Art. 4 Abs. 1 Nr. 55 CRR: „Die Höhe des Verlusts an fälligen Risikopositionen bei Ausfall der Gegenpartei gemessen am Betrag der zum Zeitpunkt des Ausfalls ausstehenden Risikopositionen."

502 Art. 5 Abs. 3 CRR: „Das Verhältnis der Höhe des Verlusts, der bei einem etwaigen Ausfall der Gegenpartei oder bei Verwässerung über einen Einjahreszeitraum zu erwarten ist, zum Betrag der ausstehenden Risikoposition zum Zeitpunkt des Ausfalls."

503 Allgemein gilt, dass der risikogewichtete Positionsbetrag für das Kreditrisiko „anhand der mit der jeweiligen Risikoposition verbundenen Parameter berechnet wird", wozu „die PD, die LGD, die effektive Restlaufzeit (M) und der Risikopositionswert gehören" (Art. 151 Abs. 3 S. 1 u 2 CRR).

504 Bei Forderungen gegen Staaten ist eine PD von 0 % möglich.

505 Nach der Formel in Art. 153 Abs. 1 ii) CRR: RW = max {0,12.5 × (LGD – El (best efforts)}.

von PD und LGD. Bei einem PD zwischen Null und 1 ist das Risikogewicht anhand einer in der CRR ausgewiesenen (komplexen) Formel, die alle genannten Kennzahlen, insbesondere auch die Laufzeit berücksichtigt, zu bestimmen (Art. 153 Abs. 1 iii)).[506]

Letztlich läuft nicht nur die Berechnung des Risikopositionswerts nach den unterschiedlichen Ansätzen im Prinzip gleich, sondern auch die Berechnung des Risikogewichts. Hier können sich die Werte im Ergebnis allerdings dann unterscheiden, wenn das Institut seine eigenen Beurteilungen zugrunde legt. Insbesondere auch dann, wenn es die Erlaubnis hat, eigene Maßstäbe für die entscheidenden Kennzahlen (wie den LGD) zu verwenden.[507] Im Grunde wird aber davon auszugehen sein, dass sich auch im Ergebnis keine größeren Unterschiede zwischen den Berechnungsansätzen ergeben, da die Verordnung so umfangreiche Vorgaben zur Methodik und teilweise sogar der Höhe der Kennziffern macht, dass die durch Anwendung des IRB-Ansatzes erzielten Ergebnisse denen externer Ratingagenturen sehr nahe kommen dürften. Zu bedenken ist, dass die mit größeren Außenhandelsfinanzierungen befassten Kreditinstitute im Regelfall den IRB-Ansatz verwenden und über dementsprechende Genehmigungen verfügen, da sie typischerweise über hausinterne Kreditanalyseabteilungen verfügen. Diese haben wiederum das nötige Know-how, das die Einhaltung der komplexen Bestimmungen zum IRB-Ansatz gewährleistet.

2. *Reduzierung des Risikopositionswerts*

Mit der Antwort auf die Frage, wie sich die untersuchten Risikopositionen aufsichtsrechtlich auswirken, ist die Folgefrage aufgeworfen, wie sie sich verringern lassen, um negativen Effekten auf die Eigenmittelausstattung zu begegnen. Basel III hält für diesen Zweck das Instrument der Risikominderung parat, das nun beschrieben und dessen Anwendungsmöglichkeit im Bereich der Syndizierung untersucht wird.

a) Kreditrisikominderung

Kreditrisikominderung wird in Art. 4 Abs. 1 Nr. 57 CRR definiert, als „Verfahren, das ein Institut einsetzt, um das mit einer oder mehreren Risikopositionen seines Bestands verbundene Kreditrisiko herabzusetzen".[508] Das Verfahren

506 $RW = \left(LGD \cdot N\left(\frac{1}{\sqrt{1-R}} \cdot G(PD) + \sqrt{\frac{R}{1-R}} \cdot G(0.999)\right) - LGD \cdot PD\right) \cdot \frac{1+(M-2{,}5)\cdot b}{1-1{,}5\cdot b} \cdot 12{,}5 \cdot 1{,}06$

507 Art. 161 Abs. 2 i.V.m. Art. 143 CRR.

508 Englisch „*risk mitigation*" siehe Art. 4 Abs. 1 Nr. 57 CRR in der englischen Fassung.

ist bei der Berechnung risikogewichteter Positionsbeträge sowohl nach dem KSA- als auch dem IRB-Ansatz einsetzbar (Art. 108 Abs. 1 CRR), allerdings mit Modifikationen für den Fall, dass ein Institut den IRB-Ansatz mit einer eigenen LGD-Kennziffer verwendet (Art. 108 Abs. 2 CRR).[509] Unter den Voraussetzungen, dass eine anerkannte Methode angewandt wird und Verfahrensregeln eingehalten werden, können Institute ihre risikogewichteten Forderungsbeträge anpassen, Art. 193 Abs. 3 CRR (siehe auch Art. 133 Abs. 3 CRR). Anerkannte Methoden sind die Besicherung mit Sicherheitsleistung[510], die Absicherung ohne Sicherheitsleistung[511] sowie einige Formen von Derivaten[512].

Da die Besicherung einer Forderung mit Bargeld, Schuldverschreibungen oder Immobiliarsicherheiten wie Grundpfandrechten sowie Kreditderivaten hier keine Rolle spielen, rückt die Absicherung ohne Sicherheitsleistung für alle untersuchten Risikotransferinstrumente in den Fokus.[513] Die Risikominderungswirkung durch Absicherung ohne Sicherheitsleistung setzt anerkennungsfähige Sicherungsgeber- und -vereinbarungen voraus (Art. 194 Abs. 5/6 CRR).[514] Davon hängt es ab, ob die hier untersuchte Syndizierung Einfluss auf die Eigenkapitalquote hat.

509 Oder auch bei der Berechnung der erwarteten Verlustbeträge als Abzugsposten von hartem Kernkapital und Ergänzungskapital, Art. 108 Abs. 1 Alt. 2 CRR.

510 Art. 4 Abs. 1 Nr. 58 CRR: „Ein Verfahren der Kreditrisikominderung, bei dem sich das mit der Risikoposition eines Instituts verbundene Kreditrisiko dadurch vermindert, dass das Institut das Recht hat, bei Ausfall der Gegenpartei oder bei bestimmten anderen, mit der Gegenpartei zusammenhängenden Kreditereignissen bestimmte Vermögenswerte oder Beträge zu verwerten, ihren Transfer oder ihre Bereitstellung zu erwirken oder sie einzubehalten oder aber den Risikopositionsbetrag auf die Differenz zwischen diesem und dem Betrag einer Forderung gegen das Institut herabzusetzen bzw. diesen durch diese Differenz zu ersetzen."

511 Art. 4 Abs. 1 Nr. 59: „Ein Verfahren der Kreditrisikominderung, bei dem sich das mit der Risikoposition eines Instituts verbundene Kreditrisiko durch die Verpflichtung eines Dritten vermindert, bei Ausfall des Kreditnehmers oder bestimmten anderen Kreditereignissen eine Zahlung zu leisten."

512 Kreditausfallswaps (*credit default swaps*), Gesamtrendite Swaps (*total return swaps*) und mit Barmitteln unterlegt synthetische Unternehmensanleihen (*credit linked notes*), Art. 204 Abs. 1 CRR.

513 Auch hier zeigt sich die Privilegierung staatlicher Schuldverschreibungen, die zwecks Steigerung ihrer Attraktivität, trotz geringerer Bonität im Vergleich zu einem Privatunternehmen, in gleichem Maße zur Minderung des Kreditrisikos herangezogen werden können, siehe Art. 197 Abs. 1 b) und d) CRR.

514 Die CRR sieht ein vierstufiges Vorgehen vor: Nach Anerkennungsfähigkeit des Sicherungsgebers (1.) ist die Anerkennungsfähigkeit des Absicherungsmittels im

b) Anwendung auf Banksyndizierung

Die anerkennungsfähigen Sicherungsgeber für Zwecke der Kreditrisikominderung werden in Art. 201, 202 CRR bestimmt. Banken als Teilnehmer am Syndizierungsprozess und potenzielle Sicherungsgeber im Sinne des Aufsichtsrechts sind in Art. 201 Abs. 1 f) angesprochen. Für Institute, die ihre risikogewichteten Forderungsbeträge nach dem IRB-Ansatz berechnen (das ist in den hier untersuchten Transaktionen überwiegend der Fall), gilt gemäß Art. 201 Abs. 2 CRR die Einschränkung, dass die Bonität des Sicherungsgebers nach den oben dargestellten Grundsätzen bewertet wird. Für die Anerkennung einer Bank als Sicherungsgeber kommen, bei Anwendung des IRB-Ansatzes, zusätzliche Anforderungen hinzu. Die Bank muss nachweisen, dass sie über ausreichende Sachkenntnis in diesem Bereich verfügt, sie benötigt eine günstige interne Bonitätsbeurteilung nach dem IRB oder einer ECAI (desjenigen Instituts, das seine Risikoposition mindern will) sowie eine interne PD-Kennziffer, die eine geringe Ausfallwahrscheinlichkeit nahelegt (Art. 202 CRR). Damit wird geregelt, was im Prinzip nicht überraschend ist, nämlich, dass die Bankenaufsicht Sicherheitsleistungen nur dann anerkennt, wenn sie von Sicherungsgebern gewährt werden, die in fachlicher und finanzieller Hinsicht zuverlässig sind. Für die Zwecke dieser Untersuchung ist damit festzuhalten, dass Banken, die den speziellen Anforderungen genügen, taugliche Sicherungsgeber im Sinne der CRR sind.

Ob die Syndizierung als taugliche Technik der Kreditrisikominderung infrage kommt, ist am Maßstab des Art. 194 Abs. 6 CRR zu messen und relativ schnell beantwortet.[515] Syndizierung muss danach allgemein in Art. 203, 204 Abs. 1 CRR genannt werden, im Einzelfall rechtswirksam und in den relevanten Rechtsräumen durchsetzbar sein. In Art. 203, 204 Abs. 1 CRR sind lediglich Garantien und Kreditderivate als mögliche Sicherungsmittel aufgeführt. Dass es sich bei der Zusammenarbeit im Syndizierungsgeschäft um die Stellung einer Garantie zugunsten eines Institutes für den Fall des Ausfalls des gemeinsamen Kreditnehmers handelt, ist eher fernliegend, bei Derivaten hingegen völlig ausgeschlossen.[516]

Allgemeinen (2.), sodann die konkrete Gestaltung des individuellen Absicherungsmittels (3.) und schließlich die Auswirkung im Einzelfall (4.) zu prüfen.

515 Zu Kreditsicherheiten als Instrumente der Kreditrisikominderung für syndizierte Unternehmensfinanzierungen siehe *Steinhauer*, WM 2014, 1264–1270.

516 Dennoch sind Derivate taugliche Absicherungen ohne Sicherheitsleistung und können vorbehaltlich der Erfüllung der weiteren Vorschriften in Art. 213 ff. CRR durchaus zur Minderung einer Kreditrisikoposition eingesetzt werden.

Dies trifft sicherlich auf den klassischen Fall des Konsortiums mit Verabredung einer Bareinschusspflicht zu. In dieser oben bereits beschriebenen Konstellation übernimmt jedes der Institute lediglich einen Teil der Garantie bzw. des Akkreditivs gegenüber dem Kreditnehmer und eben keine Garantie zugunsten einer der anderen teilnehmenden Banken, insbesondere auch nicht dem Konsortialführer. Eine Minderung des Risikos der dadurch eingegangenen Position ist dadurch nicht zu erreichen. Im Übrigen ist sie auch nicht bezweckt, da hier keine „Minderung“, sondern eine „Teilung“ des Risikos erfolgt. Das bedeutet allerdings nicht, dass die gemeinschaftliche Kreditvergabe im Wege der Syndizierung überhaupt keinen Einfluss auf die Eigenkapitalquote des risikoabgebenden Institutes hätte, der Einfluss ist nur wesentlich weniger komplex als die Reduktion der risikogewichteten Forderungsbeträge als Beitrag zum Gesamtforderungsbetrag (mit dessen oben beschriebenen Auswirkungen auf die Eigenkapitalquote).

Durch die Teilung des Risikos verringert sich der Nennwert der außerbilanziellen Position des Instituts. In der Folge fallen auch alle davon abhängigen Kennziffern niedriger aus, der Beitrag dieser Position zum Gesamtforderungsbetrag wird verringert, was sich wiederum positiv auf die Eigenmittelquote auswirkt (im Vergleich zu einer Situation, in der das Institut den Kredit alleine gewährt).

Ob diese Überlegungen auch auf die Situation eines Kreditkonsortiums ohne Liquidität übertragbar sind, ist weniger eindeutig. Denkbar ist, dass „der Konsortialführer die Valuta aufbringt und die Mitkonsortien lediglich das Risiko der Realisierung des Rückzahlungsanspruchs – etwa durch Stellung einer Bürgschaft gegenüber dem Konsortialführer – mittragen“[517]. Eine solche Situation ließe sich hier theoretisch konstruieren: Die Konsorten müssten sich verpflichten, für den Fall einzustehen, dass ein Institut, das ein Akkreditiv zugunsten seines Kunden eröffnet hat, den Regressanspruch gegen den Kunden nicht verwirklichen kann. Dabei handelte es sich allerdings um eine Situation, die mit klassischer Syndizierung nicht viel gemein hat. Die liquiditätslose Beteiligung ist ein Sonderfall. Für den weiteren Sonderfall des Absicherungsgegenstandes Akkreditiv oder Garantie ist sie noch unwahrscheinlicher (siehe obenstehende Definition „Valuta aufbringen“ und nicht Eventualverbindlichkeit aufbringen).

3. *Leverage Ratio*

Auf die große Bedeutung der Einführung der Leverage Ratio vor allem für deutsche Institute, deren Finanzlage sich unter Berücksichtigung risikogewichteter Kernkapitalquoten positiver darstellt als unter Zugrundelegung der

517 *Früh/Müller-Arends*, in: Bankrecht und Bankpraxis, 3/334.

risikounabhängigen Verschuldungsquote, ist bereits hingewiesen worden.[518] Das Regulierungsregime zur Leverage Ratio kommt ausnahmsweise mit wenigen Regelungen aus; die Berechnung ist in Art. 429 CRR, die Meldepflichten werden in Art. 430 CRR geregelt.[519] Die Auswirkungen der untersuchten Finanzierungsmittel auf die Verschuldungsquote eines Instituts und in der Folge der Syndizierung sind also am Maßstab des Art. 429 CRR zu messen:

Leverage Ratio ist der Quotient aus der Kapitalmessgröße und der Gesamtrisikopositionsmessgröße eines Instituts (Absatz 2).[520] Die Kapitalmessgröße für diese Zwecke ist das Kernkapital (Absatz 3). Die Gesamtrisikopositionsmessgröße ist die Summe der Risikopositionswerte aller Aktiva und außerbilanziellen Posten (Absatz 4). Akkreditive und Garantien wirken sich auf die Variable Gesamtrisikopositionsmessgröße aus, indem sie die Summe der Risikopositionswerte erhöhen. Bei außerbilanziellen Geschäften ermitteln die Institute diesen Wert gemäß Art. 111 Abs. 1 CRR, mit der Einschränkung, dass sie gemäß Art. 429 Abs. 10 CRR zu modifizieren sind. Auf die in Anhang I Nr. 3 a) genannten außerbilanziellen Posten für die Handelsfinanzierung mit mittlerem/niedrigem Kreditrisiko wird ein Umrechnungsfaktor von 20 % angewandt (Absatz 10 b). In dieser Kategorie gleichen sich die Werte also, sodass Art. 111 Abs. 1 S. 2 CRR auch direkt angewandt werden könnte. Die einzelnen Posten erhöhen den Gesamtrisikopositionswert folglich um 20 % ihres Nominalwerts (als Divisor, wobei das Kernkapital der Dividend ist). Je größer der Divisor, desto kleiner ist der Quotient, mit der Folge, dass sich die untersuchten Risikopositionen zunächst negativ auf die Verschuldungsquote auswirken, allerdings weniger stark als beispielsweise ein gewöhnliches Darlehen im Sinne der §§ 488 ff. BGB.

Hier wird der Unterschied zwischen *leverage ratio* und risikogewichteter Eigenkapitalquote als Messgröße der Finanzlage eines Instituts deutlich. Das Risikogewicht fließt nicht in die Gleichung der *leverage ratio* ein. Deswegen befürchtete die deutsche Kreditwirtschaft, dass die Einführung der *leverage ratio* als Messgröße nicht nur ihr Ziel verfehlen, sondern sogar in sein Gegenteil verkehren würde.[521] Wenn nur das Volumen, aber nicht das Risikogewicht

---

518 Siehe oben, Teil 3 § 3 A. I. 1.

519 Hinzu kommt die Definition der Verschuldung in Erwägungsgrund (93) zur CRR, die „die an den Eigenmitteln eines Instituts gemessene relative Höhe der Aktiva, außerbilanziellen Verpflichtungen und Eventualverpflichtungen (…)" bezeichnet.

520 Sie wird als Prozentsatz angegeben, der sich aus dem arithmetischen Mittel der monatlichen Verschuldungsquoten eines Quartals ergibt, Art. 492 Abs. 2 CRR.

521 Stellungnahme der deutschen Kreditwirtschaft, S. 2, siehe oben.

einer Position berücksichtigt wird, könnte es für Banken attraktiv sein, weniger, dafür risikoreicheres und somit lukrativeres Geschäft zu machen. Die Stärkung der Versorgung der Realwirtschaft mit Krediten wäre dann zugunsten risikointensiver Geschäfte – entgegen der ursprünglichen Intention der Regelungsgeber – benachteiligt.

Auch die Frage, ob sich die Syndizierung positiv auf den Gesamtrisikopositionswert und damit die Leverage Ratio auswirkt, ist am Maßstab des Art. 429 CRR zu messen. Für Aktiva gilt die Sonderregelung des Absatzes 5, wonach physische oder finanzielle Sicherheiten, Garantien oder Kreditrisikominderungen, nicht zur Verringerung verwendet werden. Außerbilanzielle Positionen richten sich, in Abwesenheit einer vergleichbaren Sonderregelung, vermittelt über Absatz 10 nach Art. 111 Abs. 1 S. 2 CRR. Dort werden spezifische Risikoanpassungen vom Nominalwert abgezogen, bevor er mit dem Faktor 20 % in den Divisor der Gleichung einfließt. Kreditrisikoanpassungen sind aber – anders als Kreditrisikominderungen – in der CRR nicht definiert.[522] Obwohl die Namen und Stelle ihrer Berücksichtigung als Abzugsposition vom Nominalwert nach, durchaus als Ansatzpunkt für die Berücksichtigung der Syndizierung bei der Ermittlung der Leverage Ratio infrage kommen, kann Kreditrisikoanpassung letztlich keine Lösung bieten. Bei allgemeinen und spezifischen Kreditrisikoanpassungen handelt es sich um Risikovorsorgebeträge, die in ihrer Höhe von angewendeten Rechnungslegungsstandards abhängig, an einigen Stellen des Regulierungsregimes zu berücksichtigen sind.[523]

Bei der Syndizierung handelt es sich aber nicht um Abschreibungen oder gar Rückstellungen, die möglicherweise als Posten des Ergänzungskapitals berücksichtigt werden können. Folglich kann sie nicht als Risikoanpassung im Sinne des Art. 111 Abs. 1 S. 2 CRR vermittelt über Art. 429 Abs. 10 CRR eingeordnet werden. Dennoch bleibt die Aufteilung der Risiken durch Syndizierung nicht ohne Auswirkungen auf die Leverage Ratio. Dies allerdings auf weniger elegante Weise, als durch „Neutralisierung" der einzelnen Position durch eine andere Forderung „Gegengewicht". Vielmehr wird die Höhe der Nominalforderung, die in die Gesamtrisikoposition nach den oben dargestellten Grundsätzen einfließt, um den Anteil der übrigen Konsorten am Kreditengagement verringert. In der

522 Englisch *credit risk adjustment*, siehe Art. 111 Abs. 1 CRR englische Fassung.

523 Zum Beispiel als Abzugsposition vom Forderungswert vor Ermittlung des risikogewichteten Positionsbetrages nach KSA- und IRB-Ansatz gemäß Art. 110 Abs. 1 und 2 CRR, als Posten des Ergänzungskapitals gemäß Art. 62c CRR, oder im Rahmen der Behandlung erwarteter Verlustbeträge (EL) nach Art. 159 CRR.

Folge ist der Divisor geringer und der Quotient höher. Die Finanzlage des syndizierenden Instituts ist unter Zugrundelegung der Messgröße Leverage Ratio folglich positiver, als wenn das Institut die gesamte Risikoposition tragen würde.

II. Liquidität

Die Syndizierung kann eingesetzt werden, um das Abschmelzen bilanzieller Aktivpositionen und den damit einhergehenden Renditeverzicht zu vermeiden und dabei eine sehr positive Rolle spielen. Für die klassische Kreditvergabe in Form von Gelddarlehen ist die Wirkung der Aufteilung der Kreditrisikoposition auf mehrere Kreditgeber deutlich: Die auf jedes einzelne Institut entfallenden Belastungen sind kleiner mit der Folge, dass Banken an großen und lukrativen Kreditvergaben teilnehmen können, ohne teures Eigenkapital aufnehmen zu müssen oder ihre LCR über Gebühr zu schwächen.

Anders ist die Situation bei außerbilanziellen Positionen, die als Eventualverbindlichkeiten keinen unmittelbaren Mittelabfluss zur Folge haben. Wenn sie durch die Zusammenarbeit eines Konsortiums vergeben werden, steht der Liquiditätsabfluss unter dem Vorbehalt des Fälligwerdens der Eventualverbindlichkeit.[524] Dabei ist wieder die Einordnung der untersuchten Finanzierungsinstrumente diesmal unter das „Liquiditätsregime“ vorzunehmen, um daraus Rückschlüsse für die Auswirkung der Syndizierung in diesem Bereich ziehen zu können.

Verbindlichkeiten, die nicht zu Kern- oder Ergänzungskapital gehören, sind gemäß Art. 427 Abs. 1 b) CRR i.V.m. Art. 415 Abs. 1 S. 1 CRR den zuständigen Behörden mitzuteilen, um die Stabilität der Finanzierungsstruktur des Unternehmens beurteilen zu können. Akkreditive und Garantien sind dort nicht gesondert aufgeführt, sie fallen unter den Auffangtatbestand „sonstige – aber auch in Einklang mit Art. 415 Abs. 3 CRR meldepflichtige – Verbindlichkeiten“ im Sinne des Art. 427 Abs. 1 b) xii) CRR.[525] Eine individuelle Behandlung erfahren sie unter dem Rubrum „Positionen die eine stabile Finanzierung erfordern“

524 Hinzu kommt, dass Akkreditive – wie oben bereits dargestellt – im Unterschied zu Garantien grundsätzlich zur Benutzung – sprich Inanspruchnahme – gedacht sind, während der Garantiesteller im Regelfall davon ausgeht, nicht in Anspruch genommen und auf seinen Regressanspruch verwiesen zu werden.

525 Insbesondere auch nicht Art. 427 Abs. 1 b) ix) CRR, da es sich nicht um eine „besicherte Kreditvergabe“ im Sinne des Art. 192 Abs. 2 CRR handelt.

in Art. 428 Abs. 1 k) CRR.[526] Auch wenn sie noch nicht in Anspruch genommen wurden (also kein Mittelabfluss erfolgt ist), sind die hier untersuchten Positionen aufsichtsrechtlich als Risiko für die Liquiditätsversorgung der Institute identifiziert. Ihrem Charakter als Eventualverbindlichkeit trägt der Umstand Rechnung, dass ihre Bewertung anderen Regeln folgt, als den Fällen aktuell ausstehender Beträge (Art. 420 Abs. 1 a/b CRR i.V.m. Art. 421,422 CRR). Bei Kredit- und Liquiditätsfazilitäten, die zugesagt aber noch nicht in Anspruch genommen worden sind, sind die Meldepflichten erfüllt, wenn der Höchstbetrag, der innerhalb der nächsten 30 Tage in Anspruch genommen werden kann sowie die tatsächlichen Abflüsse in Einklang mit Art. 424 CRR angegeben werden (Art. 420 Abs. 1 d) CRR).

Der Höchstbetrag, der in Anspruch genommen werden kann, ist unter den Voraussetzungen des Art. 424 Abs. 3 CRR mit 10 % zu multiplizieren.[527] Die Abflüsse sind als Prozentsatz des Höchstbetrags anzugeben (Art. 424 Abs. 1 S. 1 CRR). Von diesem Höchstbetrag dürfen – unter bestimmten Voraussetzungen – etwaige Liquiditätsanforderungen außerbilanzieller Posten für die Handelsfinanzierung nach Art. 420 Abs. 2 S. 2 CRR abgezogen werden (Art. 424 Abs. 1 S. 2 CRR). Auch hier zeigt sich wieder die Ausnahmestellung der Handelsfinanzierung nicht zuletzt in aufsichtsrechtlicher Hinsicht. In Art. 420 Abs. 2 S. 2 CRR sind dann auch wieder ausdrücklich außerbilanzielle Posten für die Handelsfinanzierung im Sinne des Art. 429 CRR[528] und des Anhangs 1 aufgeführt. Abgesehen von der Frage tatsächlicher Liquiditätsabflüsse müssen die Institute nach Art. 420 Abs. 2 S. 1 a.E. CRR die Wahrscheinlichkeit und den potenziellen Umfang derselben nach Maßgabe eines kombinierten spezifischen und marktweiten Stressszenarios bewerten (Art. 420 Abs. 2 S. 2 CRR).[529]

---

526 Art. 428 Abs. 1 k) CRR: „Nicht in Anspruch genommene zugesagte Kreditfazilitäten, die gemäß Anhang I mit einem mittleren oder mittleren bis niedrigen Risiko behaftet sind." Die Einordnung unter diese Rubrik wurde oben bereits vorgenommen.

527 Wenn wie hier die weiteren Voraussetzungen des Art. 424 Abs. 3 a-c CRR eingehalten wurden.

528 Wo die oben bereits vorgenommene Wertung des Risikopositionswerts außerbilanzieller Geschäfte, die nach Anhang I Nummer 3 a mit einem mitt-leren/niedrigen Kreditrisiko versehen sind, wiederholt wird. Auf solche Geschäfte ist ausweislich Art. 429 Abs. 10 a) Alt. 1 CRR ein angepasster Umrechnungsfaktor von 20 % im Rahmen des Art. 111 Abs. 1 S. 1 CRR anzuwenden. Sowohl im Bereich der risikogewichteten Eigenkapitalanforderungen als auch der Verschuldungs- und der Liquiditätsquote werden die Instrumente folglich einheitlich gewertet.

529 Weitere Konkretisierung bieten die folgenden Unterabsätze. Bemerkenswert ist insbesondere, dass die zuständigen Behörden nach Art. 420 Abs. 2 Unterabsatz 1-3 CRR

Damit ist der Umfang der Meldepflichten für die hier untersuchten Finanzierungsinstrumente ebenso umrissen wie der Modus, in dem die Pflichten gegenüber der EBA zu erfüllen sind. Im Hinblick auf die entscheidende Norm des Art. 412 Abs. 1 S. 1 CRR, die einen Bestand an Aktiva postuliert, der insbesondere in Stresssituationen ein Ungleichgewicht zwischen Liquiditätszu- und -abflüssen abzudecken vermag, wirken sich Akkreditive und Garantien für die Bank als Posten des Liquiditätsabflusses aus; allerdings aufgrund ihrer Natur als Eventualverbindlichkeit nur in der dargestellten – im Vergleich zu direkter Mittelausreichung „schwächerer" – Art und Weise.

Noch nicht beantwortet ist damit allerdings die Frage, ob sich die gemeinschaftliche Vergabe der Instrumente im Wege der Syndizierung mildernd auf die Anforderungen des Liquiditätsregimes auswirkt. Klar ist, dass die Aufteilung eine Verringerung der meldepflichtigen Höchstbeträge, die in Anspruch genommen werden können, zur Folge haben (Art. 420 Abs. 1 d, 424 CRR). Ein denkbarer Ansatzpunkt für darüber hinausgehende Auswirkungen sind die Verpflichtungen der an der Finanzierung teilnehmenden Konsorten untereinander. Wenn diese ein Aktivum darstellen, wird die Auswirkung auf den Posten Liquiditätsabfluss im Falle der Inanspruchnahme um den Posten „Stärkung der nach Art. 412 Abs. 1 S. 1 CRR erforderlichen, liquiden Aktiva" ergänzt. Dabei spielt wieder die bereits oben aufgeworfene Frage eine Rolle, wem die Konsorten die Bereitstellung beispielsweise eines Garantierahmens oder Zahlung, wenn der Garantierahmen in Anspruch genommen wird, schulden.

Infrage kommt eine Verpflichtung nur gegenüber dem Kreditnehmer, dem Kreditnehmer und dem Begünstigten, dem Konsortium als Gesellschaft oder den Konsorten untereinander. Wenn die Verpflichtung auch gegenüber den anderen Gesellschaftern besteht, haben diese eine Forderung, die – bei Vorliegen der weiteren Voraussetzungen – durchaus als liquides Aktivum infrage käme. Gegenüber dem Kreditnehmer besteht zunächst nur die Verpflichtung, das Akkreditiv zu eröffnen oder zu bestätigen, bzw. einen Garantierahmen zur Verfügung zu stellen und ggf. einen Garantievertrag mit dem Begünstigten zu schließen. Dass eine Verpflichtung gegenüber dem Begünstigten besteht, ist ohne Weiteres einsichtig, während die Frage der Verpflichtung gegenüber der Gesellschaft nicht eindeutig zu klären ist. Wie oben bereits ausgeführt, spricht die Auslegung vor dem Hintergrund wirtschaftlicher Interessen jedoch dafür, dass jeder Konsorte möglichst wenigen Gläubigern gegenüberstehen will. Hier

---

für die außerbilanziellen Posten für die Handelsfinanzierung einen Mittelabfluss von bis zu 5 % festlegen können.

ist allerdings zu differenzieren: Während es eindeutig ist, dass die Pflicht zum Zurverfügungstellen etwa eines Garantierahmens kein Aktivum sein kann, das einem Konsortialpartner zur Einhaltung des erforderlichen Verhältnisses zwischen liquiden Aktiva und etwaiger Inanspruchnahme zu Gebote stünde, ist die Frage der tatsächlichen Zahlungsverpflichtung im Garantiefall eine andere. Auch die Zahlungsverpflichtung besteht aber zuvörderst gegenüber dem Begünstigten. Ob im Falle der Nichtzahlung eines Konsorten eine Haftung der Mitkonsorten mit anschließender Regressmöglichkeit besteht, steht auf einem anderen Blatt. Jedenfalls kann aus dieser Gemengelage nicht herausgelesen werden, dass eine Verpflichtung der Konsorten untereinander bestünde, der eine Forderung zugrunde läge, die als Aktivum, die Liquiditätskennziffern der jeweils anderen Konsorten verbesserte.

Im Übrigen bestehen auch erhebliche Zweifel, dass eine solche Forderung – vorausgesetzt, sie bestünde – die tatbestandlichen Voraussetzungen des (einzig infrage kommenden) Art. 416 Abs. 1 d CRR erfüllen würde. Es handelte sich zwar um übertragbare Aktiva.[530] Auch die Frage der Qualität des Kredites könnte man abstrakt bejahen; Schuldner der Forderung wäre jeweils ein Kreditinstitut. Forderungen gegenüber Kreditinstituten werden von der Verordnung auch an anderer Stelle als relativ risikoarm eingestuft.[531] Auch die Ausschlusstatbestände des Art. 416 Abs. 2 CRR erfüllten sie nicht. Dies alles spricht zunächst für Art. 416 Abs. 1 d CRR.

Spätestens an der Frage der Fungibilität, die die Verordnung an den Merkmalen „anerkannte Sicherheiten für die gewöhnlichen geldpolitischen Operationen einer Zentralbank“ (Art. 416 Abs. 2 d) CRR) und „der Verwertbarkeit an einer anerkannten Börse oder im direkten Verkauf oder durch ein Pensionsgeschäft“ (Art. 416 Abs. 3 e) CRR) festmacht, muss die Qualifikation als übertragbares Aktivum hoher Kreditqualität und Liquidität im Sinne des Art. 416 Abs. 1 d) CRR jedoch scheitern.

Syndizierung von Akkreditiven und Garantien hat vor dem Hintergrund des aufsichtsrechtlichen Liquiditätsregimes folglich keine über die Verringerung der individuellen Position und damit geringeren Belastung des Postens „Liquiditätsabflüsse“ hinausgehende Wirkung, dies abgesehen von den geringeren

---

530 Akkreditive können wie oben dargestellt nicht mehr unübertragbar gestaltet werden, Teil 1 § 2 B. II.

531 Siehe die Klasse „Risikopositionen gegenüber Instituten“ im Rahmen des IRB-Ansatzes in Art. 119 f. CRR im Vergleich zu „Risikopositionen gegenüber Unternehmen“ in Art. 122 CRR.

Anforderungen an die Höhe der vorzuhaltenden Aktiva. Die Besonderheiten im Bereich der Liquiditätsvorschriften fußen im Charakter der Akkreditive und Garantien als Eventualverbindlichkeiten, die noch nicht abgerufen wurden, und nicht in der Syndizierung.

III. Groß- und Millionenkreditregime

Großkredite sind Risikopositionen, die 10 % der anrechenbaren Eigenmittel eines Instituts erreichen oder überschreiten. Sie sind Auslöser der als Großkreditregime bekannten Art. 387 ff. CRR zur „Überwachung und Kontrolle von Großkrediten". Das Regulierungsregime besteht aus einer Mischung aus relativen und absoluten Kreditobergrenzen (Art. 395 CRR) sowie detaillierten Meldepflichten (Art. 394 CRR).

Die Großkrediteinzelobergrenze in Art. 395 Abs. 1 S. 1 CRR verbietet Instituten die Eingehung von Risikopositionen, deren Wert 25 % der anrechenbaren Eigenmittel übersteigt. Risikopositionen sind ausweislich Art. 389 CRR alle Aktiva und außerbilanziellen Positionen im Sinne der oben stehenden Ausführungen, die der Ermittlung des Risikopositionswerts im Rahmen der Eigenmittelanforderungen für das Kreditrisiko, ohne Anwendung von Risikogewichten und Graden, dienen.[532] Dem Art. 111 Abs. 1 S. 2 CRR in Verbindung mit Anhang I kann für Zwecke des Großkreditregimes folglich die Aussage entnommen werden, dass Akkreditive und Garantien zum Zwecke der Handelsfinanzierung außerbilanzielle Risikopositionen darstellen. Da das Risikogewicht ausweislich Art. 389 CRR außer Acht bleibt, sind sie mit ihrem Nennwert anzusetzen und müssen die Vorgabe des Art. 395 Abs. 1 S. 1 CRR sowie Gesamtobergrenzen gegenüber Instituten gemäß Art. 395 Abs. 1 S. 2 ggf. in Verbindung mit Unterabsatz 1 einhalten. Es handelt sich bei Akkreditiven und Garantien auch nicht um von der Anwendung des Art. 395 CRR ausgenommene Sonderfälle gemäß Art. 400 CRR, insbesondere nicht um Risikopositionen aus nicht in Anspruch genommenen Kreditfazilitäten als außerbilanzielle Geschäfte mit niedrigem Risiko nach Anhang 1, gemäß Art. 400 Abs. 1 i) CRR.

Gesonderte Behandlung erfahren die Instrumente jedoch als fakultative Ausnahmetatbestände gemäß Art. 400 Abs. 2 i) Alt. 1 CRR, die von den zuständigen nationalen Behörden von der Anwendung des Art. 395 CRR ausgenommen werden können (wenn sie es der EBA melden). Danach können 50 % der als außerbilanzielle Geschäfte mit mittlerem/niedrigem Risiko eingestuften

---

532 Siehe oben, Teil 3 § 3 B. I. 1. a).

Dokumentenakkreditive sowie auch nicht in Anspruch genommene Kreditfazilitäten der gleichen Risikokategorie als nicht dem Art. 395 CRR unterstehend ausgenommen werden.[533] Mittelbar wirkt sich die Privilegierung von Akkreditiven hinsichtlich ihres Risikogewichts also doch auch auf das Großkreditregime aus (vorausgesetzt die weiteren Voraussetzungen des Art. 400 Abs. 3 CRR sind im Einzelfall erfüllt).[534]

Nach der vergleichsweise übersichtlichen Einordnung der Akkreditive und Garantien fragt sich wieder, wie sich die Syndizierung auswirkt, nun eben im Großkreditwesen. Die Kreditobergrenzen verstehen sich gemäß Art. 395 Abs. 1 S. 1 CRR nach Berücksichtigung etwaiger Kreditrisikominderungen, wie sie auch im Bereich der Eigenmittel schon besprochen wurden.[535] Anerkannte Kreditrisikominderungstechniken sind auch im Großkreditwesen die Besicherung mit Sicherheitsleistung und die Absicherung ohne Sicherheitsleistung (Art. 399 Abs. 2 und 3 CRR), wobei die Voraussetzungen der Art. 192 ff. CRR – auch im Hinblick auf die Berechnung der Wirkung der Kreditrisikominderung (Art. 401 CRR) – eingehalten werden müssen. Interessanterweise können hier zwar auch Kreditderivate unter den Begriff „Garantie" eingeordnet und als Technik der Kreditrisikominderung eingesetzt werden – allerdings ohne synthetische Unternehmensanleihen (Art. 399 Abs. 1 CRR)[536].

Die Rechtsfolge der Anerkennung als Absicherung ohne Sicherheitsleistung nach dem Substitutionsansatz gemäß Art. 403 CRR wäre für den Fall einer Absicherung durch ein Kreditinstitut in der hier beschriebenen Art und Weise, besonders interessant. Nach Art. 403 Abs. 1 a) CRR dürfen Institute im Falle einer Absicherung durch einen Dritten, den abgesicherten Teil des Kredits als Forderung an den Garantiegeber und nicht den Kunden ansehen, sofern der ungesicherten Forderung gegen den Sicherungsgeber nach den Art. 111 ff. CRR

533 Garantien jedoch nur, wenn sie keine Kreditgarantien sind und auf Rechts- oder Verwaltungsvorschriften beruhen, Art. 400 Abs. 2 i) Alt. 2 CRR. Daraus kann im Umkehrschluss eine etwas höhere Risikobewertung der Garantien im Verhältnis zu Akkreditiven aus Sicht der Verordnung abgelesen werden.

534 Beachte auch die Übergangsvorschrift in Art. 493 Abs. 3 CRR, insbesondere Absatz 3 i).

535 Siehe oben, Teil 3 § 3 B. I. 2. a).

536 Die Formulierung in Art. 399 Abs. 1 CRR ist dabei allerdings missverständlich, da sie nahelegt, dass für Zwecke der Risikominderung im Großkreditwesen, „Garantie" ausschließlich Kreditderivate meint. Die englische Formulierung „*shall include*" gibt Aufschluss über den *telos* der Norm. Nach Art. 204 Abs. 1 c) CRR wären *credit linked notes* ebenso anerkannt wie CDS und *total return swaps*.

(hypothetisch!) dasselbe oder ein geringeres Risikogewicht zugewiesen würde als der Forderung gegen den Kunden. Dies wäre hier deshalb von besonderem Interesse, weil der Kunde des Akkreditivs oder der Garantie ein Unternehmen im Sinne des Art. 122 CRR und der (Ab-)sicherungsgeber ein anderes Institut im Sinne der Art. 119 ff CRR ist. Ihnen werden im Einzelfall unterschiedliche Risikogewichte zugewiesen: Während das beigemessene Risikogewicht bei Unternehmen mit höchster Bonitätsstufe einer anerkannten ECAI noch das gleiche Risikogewicht zugewiesen wird wie einem Institut höchster Bonitätsstufe (unabhängig von der Frage der Restlaufzeit, siehe Art. 120 Abs. 1 und 2 CRR), können die Risikogewichte bei etwas schwächerer Bonität erheblich divergieren.[537]

Dies zumal in den hier vorliegenden Einzelfällen häufig ein Institut hoher Bonitätsstufe mit einem Unternehmen niedriger Bonitätsstufe „konkurrieren" würde.[538] Dies ergibt sich aus der Überlegung, dass ein Kunde, der selbst über eine starke Bonität verfügt, häufig keinen Bedarf an Akkreditiven oder Personalsicherheiten finanzstarker Kreditinstitute haben dürfte. Wenn der Einzelfall so gelagert ist, dass den Forderungen unterschiedliche Risikogewichte beigemessen werden, was hier häufig der Fall ist, könnte das dem Großkreditregime unterworfene Institut nach dem Substitutionsansatz die Forderung gegen den Kunden mit dem durch das andere Institut abgesicherten Teil ersetzen, eben substituieren. Durch das (in den meisten denkbaren Fällen) niedrigere Risikogewicht verringerte sich der Risikopositionswert, der Grundlage für die Berechnung der Kreditobergrenze nach Abzug der Kreditrisikominderung aus Art. 395 Abs. 1 S. 1 i.V.m. Art. 401 Abs. 1 CRR ist. Die Syndizierung kann also einen deutlichen Beitrag zur Einhaltung der Großkreditgrenzen leisten, wenn sie die Voraussetzungen des Substitutionsansatzes erfüllte.

Wie schon im Rahmen der Ermittlung der Eigenmittelausstattung ist die Syndizierung allerdings auch für Zwecke des Großkreditregimes am Maßstab der Art. 192 ff. CRR zu messen (Art. 399 Abs. 2 und 3 CRR). Wie bereits oben dargelegt erfüllt die Syndizierung die Voraussetzungen der einzig infrage kommenden „Absicherung ohne Sicherheitsleistung" jedoch im Ergebnis nicht.[539]

537 Siehe Tabellen 3/4 der CRR auf der einen und Tabelle 6 der CRR auf der anderen Seite.

538 Hinzu kommt, dass die Werte bei kurzen Laufzeiten gemäß Tabelle 4 noch stärker divergieren und es sich bei Akkreditiven in den meisten Fällen um kurzfristige Geschäfte handelt.

539 Siehe oben, Teil 3 § 3 B. I. 2. b).

IV. Melde- und Offenlegungspflichten

Die Verordnung enthält zahlreiche Vorgaben an die Institute im Hinblick darauf, welche Informationen sie an welche Behörde melden, bzw. Zugriff gewähren müssen. Meldepflichten finden sich für alle hier dargestellten Regulierungsbereiche.[540] Sie sind notwendige Ergänzung der „materiellen“ Vorschriften, die eine effektive Überwachung erst ermöglichen sollen. Zusammen mit den Offenlegungspflichten sollen sie bisher als nicht ausreichend empfundene Transparenz im Bankensektor herstellen. Die Anforderungen in Bezug auf die technischen Abläufe sind jedoch teilweise zentral in den Art. 435 ff. CRR geregelt. Wie bereits oben angesprochen, haben die Institute neben den Meldepflichten auch Offenlegungspflichten. Ihnen gibt Art. 432 CRR in Bezug auf nicht wesentliche Informationen, Geschäftsgeheimnisse und Vertraulichkeit einen gewissen Rahmen vor. Dennoch sind im Grundsatz auch interne Informationen hinsichtlich der Risikomanagementziele- und -politik (Art. 435 Abs. 1 CRR) und den Unternehmensführungsregelungen (Art. 435 Abs. 2 CRR)[541], neben vielen anderen Bereichen (zum Beispiel der Vergütungspolitik, Art. 450 CRR), offenzulegen. Unabhängig von der Frage, ob man solche Eingriffe in die unternehmerische Freiheit gutheißt, drängt sich angesichts des Umfangs der Meldepflichten und der damit verbundenen kostspieligen Einrichtung eines „Meldewesens“ die Frage auf, ob die Vorgaben ihr Ziel nicht verfehlen und im Gegenteil zusätzliche operationelle Risiken schaffen. Da es sich bei den hier angerissenen Melde- und Offenlegungspflichten aber um allgemein verbindliche Vorschriften handelt, die nicht speziell auf die Syndizierung zugeschnitten sind, sollen die vorstehenden Ausführungen nicht vertieft werden. Wenn Besonderheiten der Syndizierung von Akkreditiven und Garantien eine Rolle spielen, so wurden sie im „materiellen“ Teil der Untersuchung des Aufsichtsrechts gewürdigt.

C. Annex: Sanktionsregime

Wie die Melde- und Offenlegungspflichten die notwendige Ergänzung der „materiellen“ Vorschriften sind, so komplementiert das Sanktionsregime die

540 Vgl. für die Einhaltung der Eigenkapitalvorschriften Art. 99 ff. CRR, gesondert für die Verschuldungsquote Art. 430 CRR, im Bereich der Liquiditätsvorschriften Art. 415 CRR i.V.m. Art. 416 ff. CRR für die Zu- und Abflüsse liquider Aktiva und i.V.m. Art. 427 f. CRR für die stabile Finanzierung sowie die umfangreichen Meldepflichten im Großkreditregime in Art. 394 CRR.

541 Englisch *governance*, siehe die englische Fassung der CRR.

Aufsichtsanforderungen in ihrer Gesamtheit. Ohne eine effektive Durchsetzung laufen die Vorschriften letztlich leer. Dies erkennend hat der europäische Gesetzgeber den Aufsichtsbehörden einige Instrumente der Regulierung an die Hand gegeben, die von Rügen bis zum Entzug der Zulassung als Kreditinstitut reichen. Die in der CRR durchweg nur als „zuständig" bezeichneten Behörden werden in der CRD-IV konkretisiert und mit ihren Befugnissen ausgestattet (Art. 2 CRR). Nach Art. 4 Abs. 1 S. 1 CRD-IV benennen die Mitgliedstaaten die in ihrem Geltungsbereich funktionell zuständigen Behörden und melden ihre Wahl an die Kommission und die EBA.[542] Diese Behörden beaufsichtigen die Institute ihres jeweiligen „Herkunftsmitgliedstaats" (Art. 49 Abs. 1 CRD-IV). Für Zweigstellen, die als „bedeutend" eingestuft werden, gelten Sonderregeln (Art. 51 CRD-IV).

Die Mitgliedstaaten sind es auch, die sicherzustellen haben, dass den zuständigen Behörden die notwendigen Ressourcen zur Ausübung der in der Richtlinie und der Verordnung festgelegten „Aufsichts-, Ermittlungs-, und Sanktionierungsaufgaben" zugewiesen werden (Art. 4 Abs. 4 CRD-IV). Art. 64 Abs. 1 CRD-IV hebt die Aufsichts- und Sanktionsaufgaben in Art. 18, 102, 104 und 105 CRD-IV hervor. Neben der bereits erwähnten Entziehung der Zulassung in Art. 18 d CRD-IV, spielen für die hier gesuchte Verknüpfung zwischen den Anforderungen der CRR und den Sanktionen bei Nichtbefolgung, vor allem Art. 102 und 104 CRD-IV eine Rolle. Nach Art. 102 a/b CRD-IV müssen die Aufsichtsbehörden Abhilfemaßnahmen anordnen, wenn ein Institut die Anforderungen der CRR nicht erfüllt oder nachweislich nicht erfüllen wird. Art. 104 Abs. 1 a bis l CRD-IV geben den Behörden ein ausdifferenziertes, den jeweiligen Erfordernissen angepasstes, Instrumentarium an die Hand. Damit steht der Bankenaufsicht ein scharfes Regulierungs-, verbunden mit einem ebenso scharfen Sanktionsregime zur Verfügung.

§ 4: Bilanzrecht

Die Auswirkungen des Engagements in der Außenhandelsfinanzierung werden auch im Hinblick auf das Bilanzrecht untersucht. Mögliche Anknüpfungspunkte rechnungslegungsrechtlicher Einordnung sind theoretisch die Beteiligung der Banken am Konsortium sowie die Beteiligung am jeweiligen

---

542 Nach § 6 Abs. 1 KWG übt die Bundesanstalt „die Aufsicht über die Institute nach den Vorschriften des KWG, den dazu erlassenen RVO, der CRR in ihrer jeweils geltenden Fassung (…) aus. Die Bundesanstalt ist zuständige Behörde für die Anwendung des Art. 458 CRR und nach Art. 4 Abs. 1 der CRD-IV".

Finanzierungsinstrument. Daher ist festzuhalten, dass die erstgenannte Beteiligung am Konsortium kein „für bilanzielle Zwecke zu aktivierender Vermögensgegenstand“[543] ist. Dies liegt darin begründet, dass die Gesellschaft bürgerlichen Rechts „Kreditkonsortium“ zwar grundsätzlich rechtsfähig[544], aber nicht selbst Inhaberin der Kreditforderung ist. Ein gegebenenfalls gesamthänderisch gebundenes Gesellschaftsvermögen, an dem die einzelnen Konsorten bilanzwirksame Beteiligungen haben, besteht nicht, da die §§ 718, 719 BGB, wie an anderer Stelle bereits dargelegt, standardmäßig abbedungen werden.[545]

Zu untersuchen ist hier also die Frage, wie sich das Engagement im Rahmen der gemeinschaftlichen Kreditvergabe auf Bilanz sowie Gewinn- und Verlustrechnung (GuV) auswirkt. Interessant ist dabei, dass im Rahmen der Erörterungen zum Aufsichtsrecht der Begriff der Bilanz schon eine Rolle gespielt hat, da Akkreditive und Garantien „Außerbilanzielle Posten zur Handelsfinanzierung“ nach Anhang 1 zur CRR sind. Ob das Bilanzrecht im engeren Sinne diese Zuordnung teilt, wird im Folgenden erörtert.

A. Rechnungslegung nach HGB

Traditioneller Rechtsrahmen der deutschen Rechnungslegung sind die Vorschriften über Handelsbücher in den §§ 239 ff. HGB. Sie sind auch für die hier anzustellenden Überlegungen Ausgangspunkt, werden jedoch im Hinblick auf bilanzpflichtige Kreditinstitute an entscheidenden Stellen sowohl innerhalb des HGB als auch in anderen Vorschriften modifiziert.

I. Branchenspezifisches Bilanzrecht für Kreditinstitute

Die besondere volkswirtschaftliche Bedeutung von Kreditinstituten spiegelt sich auch im deutschen und europäischen Bilanzrecht wider. Daher weicht die Rechnungslegung von Banken – zu ihren Lasten – an entscheidenden Stellen von den §§ 239 ff. HGB ab.[546] Auf Kreditinstitute im Sinne des § 1 KWG und

---

543 *Schaffelhuber/Sölch*, in: Gummert/Weipert/Bälz, Münchener HdB GesR, § 31, Rn. 45.

544 BGH Urteil v. 29.01.2001 – II ZR 331/00 „Weißes Ross I“, BGHZ 146, 341; NJW 2001, 1056.

545 Siehe oben, Teil 2 § 2 A. und Teil 2 § 1.

546 Siehe dazu die ursprüngliche Bankbilanzrichtlinie (BBR) Richtlinie 86/635/EWG des Rates vom 08.12.1986 über den Jahresabschluss und den konsolidierten Abschluss von Banken und anderen Finanzinstituten (ABl. Nr. L 372 S. 1) mit den Änderungen durch Richtlinien 2001/65/EG, 2003/51/EG, 2006/46/EG sowie das deutsche Durchführungsgesetz „Bankbilanzrichtliniegesetz“, Gesetz v. 30.11.1990, BGBl. I 1990, 2570.

(unter weiteren Voraussetzungen) auch Zweigstellen ausländischer Institute sind gemäß § 340 Abs. 1 S. 1 HGB die besonderen Vorschriften der §§ 340 ff. HGB, insbesondere der § 340a HGB, anzuwenden.[547] Unabhängig von der Rechtsform muss der Jahresabschluss nach den für große Kapitalgesellschaften geltenden Vorschriften erklärt werden (§ 340a Abs. 1 HGB); zudem muss in jedem Fall ein Lagebericht nach § 289 HGB aufgestellt werden (§ 340a Abs. 1 a.E. HGB).[548] Da international tätige Kreditinstitute in ihrer Mehrheit Kapitalgesellschaften sind, wirken sich diese Bestimmungen nicht dramatisch auf die Rechnungslegung für Zwecke der Untersuchung aus.

Anderes gilt nach Kreditinstituts-Rechnungslegungsverordnung, einer weiteren Neuerung, die die Bankbilanzrichtlinie dem deutschen Recht gebracht hat.[549] Rechtsgrundlage der Verordnung ist § 330 Abs. 1 HGB, dessen Vorschriften gemäß Absatz 2 auf Kreditinstitute i.S.d. § 1 Abs. 1 KWG ungeachtet ihrer Rechtsform anwendbar sind.[550] Die Verordnung selbst nimmt hinsichtlich ihres Anwendungsbereichs in § 1 RechKredV wiederum Bezug auf § 340 Abs. 1 S. 1 HGB.[551]

Zusammengenommen markieren die genannten Vorschriften das branchenspezifische Bankbilanzrecht, an dessen Maßstab das Risikotransinstrument Syndizierung gemessen wird.

II. Anwendung auf die Syndizierung

Bilanz sowie Gewinn und Verlustrechnung sind gemäß § 340a Abs. 2 S. 1 HGB in der durch die Rechtsverordnung vorgeschriebenen Weise nach den Formblättern

---

547 *Löw*, in: MüKo Bilanzrecht, § 340 HGB, Rn. 1.

548 Hinzu kommen Vorschriften zur GuV und dem Anhang (§ 340c HGB), den Bewertungsvorschriften (§§ 340e ff. HGB), Währungsumrechnung (§ 340h HGB), Konzernabschluss (§ 340i HGB), Prüfung (§ 340k HGB) und Offenlegung (§ 340l HGB). Erleichterungen sind hingegen nicht vorgesehen, siehe auch *Löw*, in: MüKo Bilanzrecht, § 340a HGB, Rn. 2 ff.

549 „Verordnung über die Rechnungslegung der Kreditinstitute und Finanzdienstleistungsinstitute“ (RechKredV) v. 10.02.1992“ in Umsetzung der oben zitierten BBR, sowie der „Zweigniederlassungsrichtlinie 89/117/EWG v. 13.02.1989 (ABl. Nr. L 44 S. 40).

550 *Fehrenbacher*, in: MüKo HGB, § 330, Rn. 10.

551 Zum Zusammenspiel von Richtlinie, Umsetzungsgesetz, Ermächtigungsgrundlage und Verordnung sowie den branchenspezifischen Bestimmungen für Kreditinstitute und den allgemeinen Vorschriften für Kaufleute, *Böcking/Becker/Helke*, MüKo HGB, Vorbem. zu §§ 340 bis 340o, Rn. 1 ff., insbes. Rn. 18.

1-3 auszuweisen, die in ihrem jeweiligen Anwendungsbereich die Vorschriften des § 266 bzw. § 275 HGB ersetzen.[552]

1. Darstellung in der Bilanz nach Formblatt 1

Für von mehreren Kreditinstituten gemeinschaftlich erbrachte Kreditvergabe (Gemeinschaftskredit) hält § 5 RechKredV eine Sonderregelung vor. Danach hat bei einer typischen Kreditgewährung zum Beispiel in Form eines Darlehens „jedes beteiligte oder unterbeteiligte Kreditinstitut nur seinen Anteil an dem Kredit in die Bilanz aufzunehmen" (§ 5 S. 1 RechKredV). Die Rückforderung ist dann – je nach Schuldner – unter den Posten Forderungen an Kreditinstitute (§ 14 RechKredV) oder Forderungen an Kunden (§ 15 RechKredV) in der Höhe der jeweiligen Kreditübernahme zu aktivieren. Ein solcher typischer Fall liegt hier jedoch nicht vor, da es sich um einen Haftungskredit handelt und nicht um ein Darlehen.

Übernimmt ein Institut seinen liquiditätsmäßigen Anteil und die Haftung für den von anderen Konsorten zu erbringenden Anteil, also eine gesamtschuldnerische Haftung im Außenverhältnis verbunden mit Regressmöglichkeit im Innenverhältnis, so ist der über den eigenen Anteil hinausgehende Betrag als Eventualverbindlichkeit auf der Passivseite der Bilanz unter dem Strich zu vermerken (§ 5 S. 2 RechKredV). Die gesamtschuldnerische Außenhaftung ist jedoch üblicherweise abbedungen.[553]

Näher liegt hier die dritte Möglichkeit. Der § 5 S. 3 RechKredV regelt den Fall, dass nur die Haftung für den Ausfall eines Teils der Forderung übernommen wird. Daneben muss es ein Institut geben, das sich verpflichtet hat, den (Anteils-)Betrag tatsächlich auszuzahlen. In diesem Fall hat das haftende Kreditinstitut seinen Haftungsbetrag im Unterposten „Verbindlichkeiten aus Bürgschaften und Gewährleistungsverträgen" zu vermerken. Dieser Fall entspricht der Situation, die oben als bloß haftungsmäßige Beteiligung an einer Syndizierung dargestellt wurde.[554] Obwohl er in der Praxis selten vorkommt, ist er – in Bezug auf die Bilanzierung – hier abschließend geregelt.

Die Gewährung von Akkreditiven und Garantien wird in der RechKredV an anderer Stelle direkt angesprochen, wenn auch nicht im hier untersuchten Sonderfall der gemeinschaftlichen Vergabe. Nach § 26 Abs. 2 RechKredV sind im Unterposten b „Verbindlichkeiten aus Bürgschaften und Gewährleistungsverträgen"

552 *Löw*, in: MüKo Bilanzrecht, § 340a HGB, Rn. 6 f.

553 Siehe oben, Teil 3 § 3 A., Teil 3 § 1 und 2.

554 Siehe oben, Teil 3 § 3 A., Teil 3 § 1 und 2.

nicht nur die vorgenannten Fälle der haftungsmäßigen Beteiligung, sondern auch Ausbietungs- und andere Garantieverpflichtungen sowie Akkreditiveröffnungen und -bestätigungen als Eventualverbindlichkeiten (Nr. 1 unter dem Strich) zu vermerken.[555] Der Verordnungsgeber hat den Sonderfall der Kombination aus gemeinschaftlicher Vergabe und liquiditätslosem Haftungskredit nicht ausdrücklich geregelt. Zu dessen Erfassung müssen die jeweiligen Vorschriften kombiniert werden. Für die hier auftretende Kombination der Posten „Vergabe von Garantien und Akkreditiven" mit der Sondervorschrift „Gemeinschaftskredit" ist danach festzuhalten, dass sie zwar in voller Höhe (§ 26 RechKredV), aber gleichzeitig dem Rechtsgedanken des § 5 RechKredV entsprechend, nur in Höhe der übernommenen Verpflichtung, als Eventualverbindlichkeit unter dem Strich auszuweisen ist.

Die Vorschriften der RechKredV verdrängen in diesem Bereich die Vorschrift des § 251 HGB.[556] Nach § 251 S. 1 HGB sind Verbindlichkeiten aus der Begebung und Übertragung von Wechseln, aus Bürgschaften, Wechsel- und Scheckbürgschaften und aus Gewährleistungsverträgen sowie Haftungsverhältnisse aus der Bestellung von Sicherheiten für fremde Verbindlichkeiten, sofern sie nicht auf der Passivseite auszuweisen sind (wie z.B. Rückstellungen), unter der Bilanz zu vermerken.[557]

„Unter dem Strich" bedeutet – technisch gesehen – außerhalb der Bilanz. In den Ausführungen zum Aufsichtsrecht wurden Akkreditive und Garantien als außerbilanzielle Positionen eingeordnet. Damit ist die eingangs aufgeworfene Frage nach der Übereinstimmung von bilanz- und aufsichtsrechtlicher Einordnung von Akkreditiven und Garantien positiv beantwortet.

2. Darstellung in der Gewinn- und Verlustrechnung

Wie für die Bilanz hält das Bankbilanzrecht auch für die Gewinn- und Verlustrechnung von den §§ 275 ff. HGB abweichende Vorschriften bereit.[558] Sie sind

555 Allerdings nur, wenn für sie keine „zweckgebundenen Deckungsguthaben unter dem Posten „Verbindlichkeiten gegenüber Kreditinstituten" oder dem Posten „andere Verbindlichkeiten gegenüber Kunden" ausgewiesen werden.

556 *Hennrichs*, in: MüKo Bilanzrecht, § 151 HGB, Rn. 12.

557 Der Begriff „Haftungsverhältnisse" ist synonym zu „Eventualverbindlichkeiten" zu verwenden, siehe *Ballwieser*, in: MüKo HGB, § 251, Rn. 1, der Haftungsverhältnisse definiert als „am Bilanzstichtag bestehende einseitige vertragliche Verpflichtungen, die beim künftigen Eintritt eines Ereignisses oder einer Bedingung zu einer Vermögensbelastung des Kaufmanns führen".

558 *Löw*, in: MüKo Bilanzrecht, § 340a HGB, Rn. 6 f.

in § 340c HGB und den §§ 28 ff. RechKredV verortet und beziehen sich hauptsächlich auf die Darstellungsform der GuV nach Formblättern 2 und 3 (statt der sonst üblichen Gliederung nach § 275 HGB). Die Formblätter treten gemäß § 340a Abs. 2 S. 2 HGB an die Stelle der Vorschriften des Handelsgesetzbuches. Ertragswirksame Mittelzuflüsse, die in dieser Form darzustellen sind, sind die (anteiligen) Provisions- und Gebührenzahlungen der Kunden.[559]

Provisionszahlungen werden von der RechKredV in § 30 angesprochen. Provisionserträge sind danach Provisionen und ähnliche Erträge aus Dienstleistungsgeschäften. Explizit aufgeführt sind unter anderem der Zahlungsverkehr und der Außenhandel. Akkreditive haben auch Zahlungsfunktion, sie werden u.a. auch als Mittel des bargeldlosen Zahlungsverkehrs unter dem Begriff Zahlungsverkehr eingeordnet.[560] Der Schwerpunkt dürfte hier jedoch – wie bei der Außenhandelsgarantie – auf dem Begriff „Außenhandel" liegen. In jedem Fall fällt auch das Akkreditiv unter den § 30 Abs. 1 RechKredV, da der Zahlungsverkehr dort ausdrückliches Anwendungsbeispiel ist. Die Differenzierung hat also keine Auswirkungen auf die Bilanzierungspraxis. Provisionen aus der Gewährung von Akkreditiven und Garantien sind als ertragswirksame Mittelzuflüsse in Formblatt 2 Spalte Erträge Nr. 4, bzw. Formblatt 3 Nr. 5 auszuweisen.

Gebühren werden in der RechKredV nicht als eigene Posten aufgeführt. Sie fallen aber unter den Zinsbegriff der Verordnung. Nach § 28 RechKredV sind vom Posten „Zinserträge" alle Zinserträge und ähnliche Erträge aus dem Bankgeschäft erfasst und müssen in Formblatt 2 Spalte Erträge Nr. 1 bzw. Formblatt 3 Nr. 1 ausgewiesen werden. Zinsen sind die den Kunden der Akkreditive und Garantien berechneten Gebühren zwar nicht, jedenfalls nicht im klassischen Sinne. Sie fallen auch nicht unter die in § 28 RechKredV aufgezählten Ertragsformen (auch wenn die Aufzählung nicht abschließend ist, „insbesondere"). Da die Höhe der Gebühren aber dem Prinzip des Zinses entsprechend als Prozentsatz der Höhe der Forderung berechnet werden, können sie als „Gebühren und Provisionen mit Zinscharakter, die nach dem Ablauf oder der Höhe der Forderung berechnet werden", eingestuft werden (§ 28 RechKredV a.E.).

---

559 Im Falle der Einschaltung einer Zweitbank zwecks provisionspflichtiger Bestätigung eines Akkreditivs kommen diese Provisionen als zusätzliche Mittel hinzu. Ertragswirksam ist auch die Provision des Konsortialführers, die von den Mitkonsorten geschuldet wird. „Provisionsergebnis aus Dienstleistungsgeschäften", *Löw*, in: MüKo Bilanzrecht, § 340a HGB, Rn. 6 f.

560 Nach *Seeger*, in: Kümpel/Wittig, Bank- und Kapitalmarktrecht, Rn. 13.118 ist das Akkreditiv sogar „vor allem ein Instrument des bargeldlosen Zahlungsverkehrs".

III. Zwischenergebnis

Nach nationaler Rechnungslegung stellen sich Akkreditive und Garantien als Eventualverbindlichkeiten dar, die unter dem Strich, außerhalb der Bilanz auszuweisen sind. Da eine gesamtschuldnerische Haftung standardmäßig abbedungen wird, muss jedes Institut dabei nur die jeweils übernommene Verpflichtung ausweisen. Dadurch haben die Institute die Möglichkeit, an Transaktionen größeren Umfangs teilzunehmen, ohne die Bilanz über Gebühr zu belasten. Hinzu kommt, dass auch die außerbilanziellen Posten, die durchaus eine Rolle bei der Bewertung der Finanzlage eines Unternehmens spielen, in ihrer Höhe deutlich reduziert sind. Dies hat wiederum günstige Auswirkungen auf das externe Rating des Instituts und leistet dadurch einen Beitrag zur Erhöhung der Attraktivität für Investoren. Aus bilanzieller Sicht vermag die Syndizierung im Rahmen des Akkreditiv- und Garantiegeschäfts folglich einen positiven Beitrag zum Transfer bilanzieller bzw. hier außerbilanzieller Risiken zu leisten. Dies wirkt sich insgesamt günstig auf die Finanzlage der Bank und ihre Stellung im Wettbewerb aus.

Neben die Einhaltung der Vorgaben der Aufsichtsbehörden tritt mit den vorstehend dargestellten bilanziellen Auswirkungen ein weiterer externer Positiveffekt, der durch Risikotransfer in Form von Syndizierung erzielt werden kann.

B. Rechnungslegung nach internationalen Standards

I. Einleitung

Neben der Rechnungslegung nach HGB können bzw. müssen Kreditinstitute (jedenfalls überwiegend) nach internationalen Standards bilanzieren (§ 315 a HGB). Große Kreditinstitute sind in der Regel sowohl Kapitalgesellschaft als auch kapitalmarktorientiert, sodass sie typische Anwender der internationalen Rechnungslegungsstandards sind.[561]

Kapitalgesellschaften sind gemäß § 290 Abs. 1 S. 1 HGB verpflichtet, einen Konzernabschluss- und -lagebericht aufzustellen, wenn sie einen beherrschenden Einfluss auf ein anderes Unternehmen ausüben können.[562] Dies wird bei großen Kreditinstituten regelmäßig der Fall sein.[563] Vermittelt über § 315a Abs. 1

---

561 Beispielsweise entspricht der Konzernabschluss der Deutschen Bank AG, Frankfurt a.M., den IFRS Standards, während der Einzelabschluss nach HGB i.V.m. RechKredV erfolgt.

562 *Busse/von Colbe*, in: MüKo HGB, § 290, Rn. 1.

563 Zumal Kreditinstitute nach § 340i Abs. 1 S. 1 HGB sowieso unabhängig von ihrer Rechtsform und Größe einen Konzernabschluss- und Lagebericht aufzustellen haben.

HGB, sind Konzernobergesellschaften verpflichtet, ihren Abschluss nach den dort genannten internationalen Rechnungslegungsstandards aufzustellen, wenn sie die Voraussetzungen des Art. 4 der „Verordnung betreffend die Anwendung internationaler Rechnungslegungsstandards“[564] erfüllen. Dies ist der Fall, wenn am jeweiligen Bilanzstichtag Wertpapiere des betreffenden Unternehmens in einem beliebigen Mitgliedstaat zum Handel in einem geregelten Markt im Sinne der Richtlinie über Wertpapierdienstleistungen[565] zugelassen sind.[566] Auch diese Voraussetzung erfüllen die in den Blick genommenen Institute. Die Normadressaten veröffentlichen ihren Konzernabschluss- und -lagebericht nach den „International Accounting Standards“ (IAS) und den „International Financial Reporting Standards“ (IFRS) und den damit verbundenen Auslegungen (SIC/IFRIC-Interpretationen) (Art. 2, 3 und 6 der VO).[567] Dabei werden die unterschiedlichen Standards im sogenannten „Endorsement“ – Verfahren Schritt für Schritt in direkt anwendbares Recht überführt.[568]

II. International Financial Reporting Standard und International Accounting Standard

Die für die Einordnung der gemeinschaftlichen Vergabe von Akkreditiven und Garantien bedeutsamen Standards des IASB sind durch EU-Verordnung in Deutschland unmittelbar geltendes Recht.[569] Dabei handelt es sich um den

564 Verordnung (EG) Nr. 1606/2002 des Europäischen Parlaments und des Rates vom 19. Juli 2002 betreffend die Anwendung internationaler Rechnungslegungsstandards (ABl. Nr. L 243 S. 1).

565 Richtlinie 93/22/EWG des Rates über Wertpapierdienstleistungen vom 10. Mai 1993 (ABl. Nr. L 141 S. 27), heutzutage Richtlinie 2004/39/EG des Europäischen Parlaments und des Rates vom 21. April 2004 über Märkte für Finanzinstrumente, zur Änderung der Richtlinien 85/611/EWG und 93/6/EWG des Rates und der Richtlinie 2000/12/EG des Europäischen Parlaments und des Rates und zur Aufhebung der Richtlinie 93/22(EWG) des Rates.

566 *Busse/von Colbe*, in: MüKo HGB, § 315a, Rn. 6 f.

567 Europäisches Parlament und Rat scheinen keine Schwierigkeiten damit zu haben, dass diese Standards vom International Accounting Standards Board (IASB), einem privatwirtschaftlichen Gremium, herausgegeben werden und vermittelt über die Übernahmeverordnung unmittelbar geltendes Recht in den Mitgliedstaaten sind. *Busse/von Colbe*, in: MüKo HGB, § 315a, Rn. 14.

568 Siehe zur Anerkennung von IFRS und IAS in der EU im Endorsement – Verfahren ausführlich *Bohl*, in: IFRS Handbuch, § 1, Rn. 66 ff.

569 *Busse/von Colbe*, in: MüKo HGB, § 315a, Rn. 14.

Standard IFRS 7 „Finanzinstrumente“[570] für die Frage der Einordnung der jeweiligen Außenhandelsfinanzinstrumente und den Standard IFRS 11 „Gemeinsame Vereinbarungen“[571] für die Beurteilung der Auswirkungen der Syndizierung. Die Standards stehen in keinem Konkurrenzverhältnis; vielmehr nehmen sie wechselseitig Bezug aufeinander.

1. Bilanzierung geteilter Risiken und IFRS 11 „Gemeinsame Vereinbarungen“

Der gemeinsam ausgeübten Geschäftstätigkeit wird nicht nur im deutschen HGB i.V.m. § 5 der RechKRedV, sondern auch im Rahmen internationaler Rechnungslegungsstandards besondere Aufmerksamkeit zuteil, wie die Sonderregelung IFRS 11 zeigt. Anwendungsbereich sind alle Unternehmen, die an einer gemeinsamen Vereinbarung beteiligt sind, § 3 IFRS 11. Diesen Oberbegriff erfüllen „Arrangements, bei denen zwei oder mehr Parteien gemeinschaftlich die Führung ausüben“, § 4 IFRS 11. Sie zeichnen sich dadurch aus, dass die Parteien durch eine vertragliche Vereinbarung gebunden sind (§ 5 (a) IFRS 11), bei der zwei oder mehr Parteien die gemeinschaftliche Führung der Vereinbarung zugewiesen ist (§ 5 (b) IFRS 11.[572]

Keine Anwendung findet hier IFRS 3, da dieser ausweislich § 2 IFRS 3 einen Unternehmenszusammenschluss erfordert, worunter „eine Transaktion oder ein anderes Ereignis, durch die/das ein Erwerber die Beherrschung über einen Geschäftsbetrieb oder mehrere Geschäftsbetriebe erlangt“ (Anhang A Definitionen) zu verstehen ist.[573] Ein Konsortium stellt jedoch keinen Geschäftsbetrieb dar, sodass die Anwendung von IFRS 3 von vornherein ausgeschlossen ist. Zudem findet im Rahmen des Konsortiums keine Kontrollerlangung durch ein Unternehmen über ein anderes Unternehmen statt.[574]

570 Der IFRS 7 war mit Beginn des Geschäftsjahres, das am 1. Januar 2007 oder später begonnen hat, erstmals anzuwenden *Homölle*, in: MüKo Bilanzrecht, IFRS 7, Rn. 17.

571 Der IFRS 11 war mit Beginn des Geschäftsjahres, das am 1. Januar 2013 oder später begonnen hat erstmals anzuwenden, § C1 IFRS 11; siehe auch *Brune*, in: Beck'ches IFRS-Handbuch, § 29, Rn. 79.

572 *Brune*, in: Beck'sches IFRS-Handbuch, § 29, Rn. 5 ff.

573 IFRS 3 „Unternehmenszusammenschlüsse“ war erstmalig für Unternehmenszusammenschlüsse anzuwenden, deren Erwerbsstichtag in dem Geschäftsjahr liegt, das am 1. Juli 2009 oder später begonnen hat, *Berndt/Gutsche*, in: MüKo Bilanzrecht, IFRS 3, Rn. 54.

574 Ebenso wenig ein Zusammenschluss unter Gleichen, der nach *Berndt/Gutsche*, in: MüKo Bilanzrecht, IFRS 3, Rn. 31, ebenfalls von IFRS 3 erfasst wäre.

a) Gemeinschaftliche Führung § 7 ff. IFRS 11

Um die Grundsätze für die Rechnungslegung von Unternehmen, die an gemeinsamen Vereinbarungen beteiligt sind, festzulegen, wird in den §§ 7 ff. IFRS 11 der Begriff der „gemeinschaftlichen Führung" definiert (§ 2 i.V.m. § 1 IFRS 11):

„Gemeinschaftliche Führung ist die vertraglich vereinbarte, gemeinsam ausgeübte Führung einer Vereinbarung. Sie besteht nur dann, wenn Entscheidungen über die maßgeblichen Tätigkeiten die einstimmige Zustimmung der an der gemeinschaftlichen Führung beteiligten Parteien erfordern" (§ 7 IFRS 11). Entscheidendes und letztlich einziges Merkmal der Definition ist das Erfordernis der Einstimmigkeit.[575] Dies wird dadurch verdeutlicht, dass gemäß § 9 IFRS 11 gemeinschaftliche Führung nur möglich ist, wenn die „maßgeblichen Tätigkeiten die einstimmige Zustimmung der an der gemeinschaftlichen Vereinbarung beteiligten Parteien erfordern". Das notwendige und gleichzeitig hinreichende Erfordernis der einstimmigen Zustimmung wird in Anhang B Leitlinie 9 konkretisiert: Es bedeutet im Wortlaut des Standards, „dass jede Partei mit gemeinschaftlicher Führung der Vereinbarung jede andere Partei oder Gruppe der Parteien daran hindern kann, ohne ihre Zustimmung einseitige Entscheidungen (über die maßgeblichen Tätigkeiten) zu fällen". Übertragen in die Sprache des deutschen Rechts kann dieses Kriterium bedeuten, dass Gesamtgeschäftsführung, Gesamtvertretungsbefugnis oder beide Anordnungen kumulativ zu fordern sind.[576] Die eingangs erwähnten von der IFRIC veröffentlichten Interpretationen der IFRS treffen hierzu keine Aussage. Der Begriff „Gemeinschaftliche Führung" lässt beide Interpretationen zu.

Zunächst fällt die Verwandtschaft zur Geschäftsführung ins Auge; der Begriff könnte aber auch untechnisch als außenwirksame Vertretung interpretiert werden. Damit läge die Forderung von Alleinvertretungsmacht näher. Für diese spricht eine Anlehnung an § 182 BGB, der den Begriff der „Zustimmung", wie er von der Definition auch gefordert wird, für Zwecke des BGB präzisiert. Der § 182 Abs. 1 BGB beschreibt Fälle, in denen die Wirksamkeit eines Rechtsgeschäfts, das einem anderen gegenüber vorzunehmen ist, von der Zustimmung eines Dritten abhängt. Wendet man den Rechtsgedanken des § 182 Abs. 1 BGB auf die vorzunehmende Entscheidung an, sprechen sowohl die Attribute „Wirksamkeit",

575 *Brune*, in: Beck'sches IFRS Handbuch, § 29, Rn. 7.

576 *Brune* fokussiert dagegen stärker auf die Begrifflichkeit „gemeinsames Beherrschungsverhältnis mit Konsenserfordernis" in: Beck'sches IFRS Handbuch, § 29, Rn. 9. Diese Begrifflichkeit gibt aber keine weiteren Anknüpfungspunkte für die Einordnung nach deutschem Recht.

b) Gemeinsame Vereinbarung § 6 i.V.m. §§ 14 ff. IFRS 11

Eine „Gemeinsame Vereinbarung“ ist weitere Voraussetzung der Anwendbarkeit des IFRS 11 und gleichzeitig synonym mit dem Begriff „gemeinschaftlich geführte Vereinbarung“ verwendbar.[583] Sie kann entweder in einer gemeinschaftlichen Tätigkeit oder einem Gemeinschaftsunternehmen bestehen (§ 6 IFRS 11).[584] Welche Form der gemeinsamen Vereinbarung vorliegt, hat jedes Unternehmen nach § 14 IFRS 11 anhand der Rechte und Pflichten der Vertragsparteien zu bestimmen und sich dabei innerhalb eines Ermessensspielraums zu bewegen, der neben Rechten und Pflichten auch Erwägungen zu Aufbau und Rechtsform der Vereinbarung, Bedingungen, sonstige Sachverhalte und Umstände berücksichtigt (§ 17 IFRS 11).[585]

Neben diesen Vorgaben für den Einzelfall hält der IFRS aber auch abstrakte Merkmale zur Einordnung und Differenzierung der Vereinbarungsformen bereit. Ein Gemeinschaftsunternehmen ist eine gemeinsame Vereinbarung, „bei der die Parteien, die gemeinschaftlich die Führung über die Vereinbarung ausüben, Rechte am Nettovermögen der Vereinbarung besitzen“ (§ 16 IFRS 11).[586] Ein Kreditkonsortium in der dargestellten Form erfüllt diese Definition mangels Gesellschaftsvermögen offensichtlich nicht.[587] Schwieriger als die Abgrenzung zum Gemeinschaftsunternehmen ist die Frage, ob die Voraussetzungen einer gemeinschaftlichen Tätigkeit überhaupt vorliegen. Das liegt daran, dass der Wortlaut des § 15 IFRS 11, ebenso wie die Definition in Anhang A etwas unscharf ist. Nach § 15 IFRS 11 müssen „die Parteien (...), Rechte an den der Vereinbarung zuzurechnenden Vermögenswerten und Verpflichtungen für deren Schulden haben“.[588] Die Formulierung „der Vereinbarung zustehend“ und „deren Schulden“ wirft die Frage auf, ob auch § 15 IFRS 11 ein

583 Siehe Wortlaut § 1 IFRS 11: „(...) gemeinschaftlich geführte Vereinbarungen (d.h. gemeinsame Vereinbarungen) (...)“.

584 *Brune*, in: Beck'sches IFRS-Handbuch, § 29, Rn. 12 f.

585 Eben da. Dazu kann das Unternehmen die Leitlinien 12–33 in Anhang B heranziehen.

586 Diese Form der Zusammenarbeit ist wohl unter ihrem englischen Namen Joint Venture geläufiger, siehe § 16 der englischen Fassung des IFRS 11.

587 Da die §§ 718, 719 BGB standardmäßig abbedungen werden.

588 Anhang A „Gemeinschaftliche Tätigkeit“: Eine gemeinsame Vereinbarung, bei der die Parteien, die die gemeinschaftliche Führung über die Vereinbarung ausüben, Rechte an den der Vereinbarung zuzurechnenden Vermögenswerten und Verpflichtungen für deren Schulden haben.“ Welchen Mehrwert die Einfügung inhaltsgleicher Definitionen im Anhang haben soll, ist nicht wirklich ersichtlich.

Gesellschaftsvermögen voraussetzt.[589] Dann wäre der Tatbestand der „Gemeinschaftlichen Tätigkeit" nicht erfüllt, sodass die untersuchte Konstellation insgesamt aus dem Anwendungsbereich des Standards fiele. Auch zu dieser Frage äußern sich die IFRIC-Interpretationen nicht.

Obwohl die Formulierung des Paragraphen in diese Richtung zeigt, sprechen zahlreiche Argumente dagegen, die letztlich den Ausschlag zur Verneinung des Erfordernisses eines Gesellschaftsvermögens geben. Zumal die unpräzisen Formulierungen der IFRS, die bei Anwendung der deutschen Ausgabe noch durch unscharfe Übersetzungen erschwert werden, in der Vergangenheit schon Anlass zur Kritik gegeben haben. In der englischen Fassung lautet die gleiche Passage „parties (…) have rights to the assets, and obligations for the liabilities, relating to the arrangement". Die *assets and obligations* müssen der Vereinbarung nicht zuzurechnen sein, sondern lediglich *in relation* zu ihr stehen. Das klingt nach einem inhaltlichen Bezug und nicht nach Gesellschaftsvermögen. Gleiches lässt sich auch bei den Vorschriften zur Bilanzierung von gemeinschaftlich Tätigen beobachten. Die deutsche Fassung spricht von Vermögenswerten u.a., die aus der Beteiligung an einer gemeinschaftlichen Tätigkeit resultieren. Auch hier ist nicht deutlich, ob mit „Beteiligung" möglicherweise die Beteiligung an einem Gesellschaftsvermögen gemeint ist (§ 21 IFRS 11). Die englische Fassung spricht dagegen nur von *assets (…) relating to its interest in a joint operation*. Aus „Beteiligung" wird bloßer *interest*. Beide Beispiele sprechen gegen die Forderung des Bestehens eines Gesellschaftsvermögens. Historisch ist anzuführen, dass der Vorgängerstandard IAS 31 „Anteile an Gemeinschaftsunternehmen" auch schon die Unterscheidung zwischen „Gemeinschaftlich geführten Tätigkeiten" auf der einen und „Gemeinschaftlich geführten Vermögenswerten" und „Gemeinschaftlich geführten Unternehmen" auf der anderen Seite kannte, deren wesentliches Unterscheidungsmerkmal das Vorliegen eines gemeinschaftlichen Vermögens war.[590] Das spricht dafür, dass auch für Zwecke des IFRS 11 eine gemeinschaftliche Tätigkeit kein Gesellschaftsvermögen erfordert. Entscheidend ist schließlich ein systematisches Argument. Wenn der IASB-Regelgeber für die Frage des Vorliegens eines Gemeinschaftsunternehmens ausdrücklich das Merkmal eines Nettovermögens hervorhebt (§ 16 IFRS 11), kann man davon ausgehen, dass er den Begriff in 15 IFRS 11 verwendet hätte, wenn er dasselbe Merkmal

---

589 Nach *Brune*, in: Beck'sches IFRS-Handbuch, § 29, Rn. 17 a.E. führt das Fehlen von (Teil-)Rechtsfähigkeit und Gesellschaftsvermögen der Innen-GbR im Regelfall zur Einordnung als Gemeinschaftsunternehmen.

590 *Köster*, MüKo Bilanzrecht, IAS 31, Rn. 46. Definitionen in §§ 3 ff. IAS 31.

zur Voraussetzung hätte machen wollen. Dass er das nicht getan hat spricht dafür, dass er das gerade nicht wollte. Das Erfordernis eines Gesellschaftsvermögens würde im Übrigen auch zu einem erstaunlichen Ergebnis führen, da es im Standard zur Regelung von gemeinsamen Vereinbarungen dann keine Regelungen für den Fall der Zusammenarbeit ohne Bildung eines gemeinsamen Vermögens gäbe, obwohl dies in der Praxis völlig akzeptiert und eine übliche Vorgehensweise ist.

c) Zwischenergebnis

Die hier untersuchte Art der gemeinschaftlichen Kreditvergabe stellt in der Terminologie des IFRS 11 eine Gemeinschaftliche Tätigkeit dar. Ihre Bilanzierung richtet sich nach §§ 20 ff. IFRS 11. Der gemeinschaftlich Tätige bilanziert jeweils seine Vermögenswerte, Schulden, Erlöse usw. und seinen persönlich übernommenen Anteil an den gemeinsam eingegangenen Vermögenswerten, Schulden und Erlösen. Dies entspricht inhaltlich der Regelung des § 5 RechKRedV für die Bilanzierung nach deutschem Recht. Die jeweiligen Bilanzierungsgegenstände sind dann ausweislich § 21 IFRS 11 nach den jeweils dafür maßgeblichen IFRS zu bilanzieren.[591] Für die Detailregelungen muss die Übernahme von Akkreditiven und Garantien folglich dem für sie zuständigen Rechnungslegungsstandard zugeordnet werden. Die Beteiligung gemeinschaftlich Tätiger im Rahmen eines Einzelabschlusses ist ausweislich § 26a IFRS 11 ebenso nach §§ 20 f. IFRS 11 zu bilanzieren; die vorstehenden Ausführungen sind folglich auf Einzelabschlüsse übertragbar. Gleiches gilt für Einzelabschlüsse von Gesellschaftern, die an einer gemeinsamen Vereinbarung beteiligt sind, sie aber nicht gemeinschaftlich führen. Ihre Beteiligung ist gemäß § 27a IFRS 11, nach § 23 IFRS 11 zu bilanzieren, der wiederum auf §§ 20–22 IFRS 11 verweist. Auch für diese bereits im Rahmen des § 11 IFRS 11 angesprochene Situation wird so ein Gleichlauf der Bilanzierungspraxis erreicht.

2. Bilanzierung des Geschäfts auf Einzelebene

Wie für Zwecke der Bilanzierung nach HGB, ist auch für die internationale Rechnungslegung, die Einordnung der Akkreditive und Garantien auf Einzelebene vorzunehmen. Auch hier in Verbindung mit dem vorstehend behandelten

---

591 Nach *Brune*, in: Beck'sches IFRS-Handbuch, § 29, Rn. 2, handelt es sich beim IFRS 11 regelungssystematisch auch nicht um einen reinen Konzernstandard, sein Schwerpunkt liege vielmehr auf den Vorschriften zur Klassifizierung gemeinsamer Vereinbarungen.

Aspekt der gemeinschaftlichen Vergabe. Die Verknüpfung zwischen der Einzelebene und dem Aspekt des Risikotransfers wird durch § 21 IFRS 11 hergestellt, der Bilanzierung nach „den für die jeweiligen Vermögenswerte, Schulden, Erlöse und Aufwendungen maßgeblichen IFRS" fordert. Dabei sind zunächst die grundsätzliche Unterscheidung zwischen Finanzinstrumenten auf der einen Seite sowie Rückstellungen und Eventualverbindlichkeiten auf der anderen entscheidend.

a) Finanzinstrumente oder Rückstellungen und Eventualverbindlichkeiten

Ob die Vergabe von Akkreditiven und Garantien bilanziell als Finanzinstrumente oder als Rückstellungen/Eventualverbindlichkeiten erfasst wird, hat erhebliche Auswirkungen, angefangen beim anzuwendenden Rechnungslegungsstandard: Die Bilanzierung von Finanzinstrumenten, Hauptanwendungsfall internationaler Rechnungslegungsstandards, wird entsprechend detailreich in gleich drei unterschiedlichen Standards geregelt.[592] Bilanzierungsvorschriften zu Rückstellungen und Eventualverbindlichkeiten beschränken sich dagegen auf den Standard IAS 37.[593]

Das Verhältnis zwischen den Bilanzierungsgegenständen regelt § 2 IAS 37. Danach wird „dieser Standard nicht auf Finanzinstrumente (einschließlich Garantien) angewandt, die in den Anwendungsbereich von IFRS 9 Finanzinstrumente fallen". Allgemein gilt, dass IAS 37 gemäß § 1 (c) des Standards nicht anzuwenden ist, wenn die Rückstellungen, Eventualverbindlichkeiten und Eventualforderungen von einem anderen Standard abgedeckt werden.[594] Der

---

592 IAS 32 „Finanzinstrumente: Darstellung", IAS 39 „Finanzinstrumente: Ansatz und Bewertung" sowie IFRS 7 „Finanzinstrumente: Angaben". Die Standards ergänzen sich wechselseitig, siehe § 3 IAS 21, § 1 IAS 39 und § 2 IFRS 7. IFRS 7 hat im Jahre 2005 die internationale Parallelvorschrift zur RechKredV, den IAS 30 „Angaben im Abschluss von Banken und ähnlichen Finanzinstitutionen", ersetzt. Am 24. Juli 2014 hat das IASB den neuen Standard IFRS 9 „Finanzinstrumente" publiziert, der IAS 39 ersetzt hat und ab dem 1. Januar 2018 verpflichtend anzuwenden war; siehe *Schrimpf-Dörges*, in: Beck'sches IFRS-Handbuch, § 14, Rn. 206. Ausführlich zu den Grundlagen der Bilanzierung von Finanzinstrumenten *Hartenberger*, in: Beck'sches IFRS-Handbuch, § 3, Rn. 10 ff.

593 IAS 37 „Rückstellungen, Eventualverbindlichkeiten und Eventualforderungen", der erstmalig für die Geschäftsjahre, die am oder nach dem 1. Juli 1999 begonnen haben, Anwendung gefunden hat, *Schrimpf/Dörges*, in: Beck'sches IFRS-Handbuch, § 13, Rn. 1,

594 *Senger/Brune*, in: MüKo Bilanzrecht, IAS 37, Rn. 2.

Standard IFRS 9 findet besondere Erwähnung, weil die dort geregelten Gegenstände teilweise eine besondere Nähe zu denen des IAS 37 aufweisen.[595] IFRS 9 ist ausweislich § 2 des Standards auf alle Arten von Finanzinstrumenten anzuwenden.[596] Ausgenommen hiervon sind (unter anderem) Kreditzusagen, wenn sie nicht unter die Rückausnahmevorschrift des § 2.3 IFRS 7 fallen, siehe § 2 g) IFRS 7.[597]

Der Begriff Kreditzusage stellt den Anwender des Standards vor folgende Schwierigkeit: Akkreditiv und Garantie in der hier behandelten Form bezeichnen nicht ein Rechtsverhältnis, sondern mehrere. Folglich ist festzustellen, welches der Rechtsverhältnisse Grundlage für die Einordnung unter den einen oder den anderen Standard ist. Wenn die Dreieckskonstellation als Grundform zum Maßstab genommen wird, muss rechtlich zwischen dem Verhältnis der Bank zum Begünstigten und dem zwischen der Bank und dem Auftraggeber differenziert werden. Im Verhältnis Bank/Auftraggeber kann man ohne Weiteres eine Kreditzusage im Sinne des § 1 g) IFRS 7 sehen. Wie bereits erläutert, ist die Stellung eines Akkreditivs oder einer Garantie aus Sicht des Begünstigten ein Kredit: Die Bank streckt dem Auftraggeber die Zahlung des im Verhältnis zum Begünstigten, dem Gläubiger, geschuldeten Betrages gleichsam vor.[598] Da damit aber kein unmittelbarer Mittelabfluss (in keine Richtung) verbunden ist, sondern weitere Umstände hinzukommen müssen, handelt es sich noch nicht um eine Kreditvergabe, sondern eine „bloße" Zusage. Während dieses Verhältnis also relativ unproblematisch unter § 1 g) IFRS 7 zu subsumieren ist, stellt sich die Situation im Hinblick auf das Verhältnis zwischen Bank und Begünstigtem anders dar.

Gegenüber dem Begünstigten liegt in der Bereitschaft zur Stellung einer Personalsicherheit bzw. dem etwaigen Mittelabfluss keine Stellung eines Kredites. Dafür fehlte es schon an der notwendigen Voraussetzung eines Rückzahlungsanspruchs. Hier liegt – oberflächlich betrachtet – die Annahme einer Eventualverbindlichkeit näher.[599] Aus rechtlicher Sicht handelt es sich jedoch um zwei

---

595 Der Formulierung des § 2 IFRS 7 lässt sich entnehmen, dass sie (Kreditzusagen) technisch Finanzinstrumente sind und lediglich vom Anwendungsbereich des Standards ausgenommen werden. Ob dies tatsächlich so gemeint ist, lässt sich nicht mit letzter Entschiedenheit bejahen, da die sprachliche und systematische Präzision des Normgebers IASB nicht so eindeutig ist, dass letztgültige Schlüsse möglich wären.

596 *Hartenberger*, in: Beck'sches IFRS-Handbuch, § 3, Rn. 360.

597 Eben da. Zu Kreditzusagen siehe auch ausführlich *Hartenberger/Varain*, in: MüKo Bilanzrecht, IAS 39, Rn. 12 ff.

598 Siehe oben, Teil 2 § 1 B. II. c).

599 Dazu ausführlich unter der nachstehenden lit. b).

unterschiedliche Rechtsverhältnisse, daher muss es schwerfallen, sie unter unterschiedlichen Anknüpfungspunkten dem gleichen Ergebnis zuzuführen.

Auf der anderen Seite kann der gleiche Sachverhalt bilanzierungstechnisch nicht zweimal erfasst werden. Obwohl der Begriff Akkreditiv oder Garantie mehrere Rechtsverhältnisse erfasst, handelt es sich dennoch aus wirtschaftlicher Sicht um einen Sachverhalt. Dieser muss bilanziell erfasst werden, dabei keinesfalls zwei-, sondern nur einmal. Folglich ist für Zwecke der Einordnung unter den entsprechenden Standard eine Gesamtbetrachtung vorzunehmen. Dabei ist aus Sicht des Kreditinstituts zu fragen, wo der wirtschaftliche Schwerpunkt des Geschäftes liegt. Dieser ist dann bilanziell zu erfassen. Der Schwerpunkt wird in der Regel der Aspekt des Geschäftes sein, bei dem finanzielle Mittel abfließen, bzw. ein solcher Mittelabfluss droht. Im Falle eines Akkreditiv- oder Garantiegeschäfts ist dieser Aspekt die Übernahme der Zahlungsverpflichtung gegenüber dem Begünstigten; hier liegt der wirtschaftliche Schwerpunkt – jedenfalls aus Sicht der Bank – der bilanziell wiedergegeben werden muss. Dass diese Situation überhaupt nur entstanden ist, weil sich die Bank gegenüber dem Auftraggeber zur Stellung der Personalsicherheit zugunsten des Begünstigten bereit erklärt hat, mithin ein weiteres Rechtsverhältnis im Raum steht, ändert bei Zugrundelegung einer wirtschaftlichen Betrachtungsweise, an dieser Einschätzung, nichts. Die Gesamtbetrachtung der Konstellation führt dazu, dass die hier untersuchten Finanzinstrumente „Kreditzusagen“ im Sinne des § 1 g) IFRS 7 sind, deren Behandlung dem Standard IAS 37 über „Rückstellungen, Eventualverbindlichkeiten und Eventualforderungen“ obliegt.[600]

Neben den unter den Standard IFRS 7 fallenden Finanzinstrumenten sind zwar auch solche Rückstellungen, Eventualverbindlichkeiten und Eventualforderungen aus dem Anwendungsbereich des IAS 37 ausgenommen, die aus noch zu erfüllenden Verträgen resultieren, § 1 (a) IAS 37.[601] Weder im Akkreditiv- noch im Garantiegeschäft liegen jedoch solche „noch-zu-erfüllenden“ Verträge vor. Bereits die bloße Zurverfügungstellung des Avalrahmens seitens des Kreditinstituts enthält die – zumindest teilweise – Erfüllung der vertraglichen

600 *Flintrop*, in: IFRS-Handbuch, § 39, Rn. 73 f. Die Rückausnahme in § 1 g) IFRS 7 ist nicht erfüllt, da keine Kreditzusagen im Sinne des § 2.3 IFRS 7 vorliegen.

601 Noch zu erfüllende Verträge sind gemäß § 3 S. 1 IAS 37 „Verträge, unter denen beide Parteien ihre Verpflichtungen in keiner Weise oder teilweise zu gleichen Teilen erfüllt haben“.

Verpflichtungen.[602] Die Negativvoraussetzungen des IAS 37 schließen die Anwendung dieses Rechnungslegungsstandards auf Akkreditive und Garantien nicht aus.

b) IAS 37: Rückstellungen und Eventualverbindlichkeiten

Neben dem Nichtvorliegen der Negativvoraussetzungen muss der Anwendungsbereich des IAS 37 positiv eröffnet sein. Die hier in Rede stehenden Finanzinstrumente sind als Eventualverbindlichkeiten oder Rückstellungen einzuordnen. Letztere werden in § 10 IAS 37 definiert. Rückstellung ist danach eine „Schuld, die bezüglich ihrer Fälligkeit oder ihrer Höhe ungewiss ist". Oberbegriff der Rückstellung ist die „Schuld", eine „gegenwärtige Verpflichtung des Unternehmens, die aus Ereignissen der Vergangenheit entsteht und deren Erfüllung für das Unternehmen erwartungsgemäß mit einem Abfluss von Ressourcen mit wirtschaftlichem Nutzen verbunden ist" (§ 10 IAS 37).[603] Die Abgrenzung zwischen Schuld in Form der Rückstellung und Eventualverbindlichkeit ist für die bilanzielle Darstellung entscheidend, da Letztere im Unterschied zu Rückstellungen keine passivierungsfähigen Vermögensgegenstände darstellen und – im Grundsatz – nur im Anhang auszuweisen sind.[604] Maßgebliches Abgrenzungskriterium (jedenfalls zur Eventualverbindlichkeit in der Form des § 10 Abs. 6 (a) IAS 37) ist die Gegenwärtigkeit der Verpflichtung.[605] Dieses Merkmal findet sich sowohl in der Schulddefinition des § 10 IAS 37 als auch in den Anforderungen, die § 14 (a) IAS 37 an die Ansetzung einer Rückstellung stellt. Im Unterschied dazu sind Eventualverbindlichkeiten lediglich „mögliche Verpflichtungen" (§ 10 Abs. 4 a IAS 37). „Ihre Existenz [wird] durch das Eintreten oder Nichteintreten eines oder mehrerer künftiger Ereignisse erst noch bestätigt (...), die nicht vollständig unter der Kontrolle des Unternehmens stehen".[606]

Hinsichtlich der Existenz der Verbindlichkeit im Hinblick auf das Akkreditiv- und Garantiegeschäft ist rechtlich zwischen den Schuldverhältnissen im

---

602 Die Rückausnahme noch zu erfüllender Verträge, die belastend sind (§ 1 (a) a.E., § 3 S. 2 a.E. IAS 37), fallen hier also nicht ins Gewicht.

603 *Senger/Brune*, in: MüKo Bilanzrecht, IAS 37, Rn. 5. Neben der Rückstellung fallen auch die „sonstigen Schulden" unter den Oberbegriff der Schuld. Ledig-lich die Ungewissheit bezüglich Fälligkeit und Höhe sind wesensspezifisches Merkmal der Rückstellung. Siehe dazu ausführlich § 11 IAS 37 und die Kommentierung von *Senger/Brune*, in: MüKo Bilanzrecht, IAS 37, Rn. 10 f.

604 Dazu sogleich unter der nachstehenden lit. c).

605 *Flintrop*, in: Beck'sches IFRS-Handbuch, § 39 Rn. 73.

606 *Senger/Brune*, in: MüKo Bilanzrecht, IAS 37, Rn. 12 f.

Dreiecksverhältnis Kreditinstitut-Auftraggeber-Begünstigter zu unterscheiden. Zwischen dem Kreditinstitut und dem Auftraggeber besteht sicherlich eine Verbindlichkeit, die auch keine noch zu erfüllende Verbindlichkeit im Sinne des § 1 (a) IAS 37 ist.

Entscheidend ist hier aber die Beziehung zwischen Kreditinstitut und Begünstigtem. Hier liegt der wirtschaftliche Schwerpunkt des Geschäfts, hier entsteht eine Verpflichtung, die ggf. zu einem Abfluss finanzieller Mittel führen kann. Daher muss die Gesamtbetrachtung, die den zu bilanzierenden Schwerpunkt ermittelt, hieran anknüpfen. Zwar besteht auch eine Verpflichtung seitens des Kreditinstituts, einen Vertrag mit dem Begünstigten zu schließen. Diese Verpflichtung besteht aber nur gegenüber dem Auftraggeber. Ob aus der „Bürgschafts" Verpflichtung gegenüber dem Begünstigten auch eine Zahlungsverpflichtung wird, steht – ganz im Sinne der obenstehenden Definition – nicht unter der Kontrolle des Kreditinstituts, sondern hängt von der Entwicklung des der gesamten Konstellation anlassgebenden Vertragsverhältnisses ab. Das „unsichere Ereignis", von dem die Existenz der Zahlungsverpflichtung abhängt, ist – am Beispiel des Akkreditivs – die akkreditivkonforme Dokumenteneinreichung seitens des Gläubigers. Die Zahlungsverpflichtung des Kreditinstituts entsteht nur, wenn Auftraggeber und Begünstigter im Rahmen der geschlossenen Grund- und Akkreditivvereinbarung handeln.

Die Frage der Gegenwärtigkeit als maßgebliches Abgrenzungsmerkmal wird auch in den §§ 15, 16 IAS 37 aufgegriffen. Bei Unklarheiten über das Bestehen einer gegenwärtigen Verpflichtung sollen alle verfügbaren substanziellen Hinweise herangezogen werden, um feststellen zu können, ob mehr für oder gegen ihr Bestehen im Zeitpunkt des Abschlusstages spricht (§ 15 IAS 37). Auf der Grundlage dieser substanziellen Hinweise wird nach § 16 (b) IAS 37 eine Eventualverbindlichkeit angesetzt, „wenn für das Nichtbestehen einer gegenwärtigen Verpflichtung mehr Gründe dafür als dagegen sprechen (…)[607]". Trotz dieser umständlichen Formulierung, die nur der deutschen Fassung [608] des Standards zu eigen ist, ist das Ergebnis im Hinblick auf die Abgrenzung zur Ansetzung einer Rückstellung klar: Für das Nichtbestehen einer gegenwärtigen Verpflichtung

607 „… es sein denn, ein Abfluss von Ressourcen mit wirtschaftlichem Nutzen ist unwahrscheinlich (…)". Zum Merkmal der Wahrscheinlichkeit des Abflusses von Ressourcen mit wirtschaftlichem Nutzen nachstehend unter lit. c).

608 Die englische Fassung lautet deutlich griffiger: „*Where it is more likely that no present obligation exists at the end of the reporting period, the entitiy discloses a contingent liability* (…)."

sprechen mehr Gründe als dagegen, da ein weiterer Umstand hinzutreten muss, um eine Verpflichtung zu begründen. Dieser außerhalb der Einflussmöglichkeit des Unternehmens liegende Umstand ist die akkreditivkonforme Dokumenteneinreichung oder der Eintritt des Garantiefalls. Die Gegenwärtigkeit ist zu verneinen, da diese Umstände zum Abschlussstichtag noch nicht eingetreten sind, andernfalls nämlich eine Verbindlichkeit begründet wäre und sich die Frage nach Eventualverbindlichkeit oder Rückstellung gar nicht erst stellen würde. In der Folge ist keine Rückstellung für die untersuchten Produkte anzusetzen. Bilanztechnisch handelt es sich beim Akkreditiv- und insoweit parallel auch dem Garantiegeschäft vielmehr schwerpunktmäßig um Eventualverbindlichkeiten im Sinne des § 10 Abs. 6 (a) IAS 37.

Aus demselben Grund scheitert die Einordnung des Akkreditiv- und Garantiegeschäfts unter die Definition des § 10 Abs. 6 (b) IAS 37. Der „Auffangtatbestand" gegenüber der Rückstellung scheitert an der Gegenwärtigkeit der Verpflichtung. Dies bleibt der Vollständigkeit wegen nicht unerwähnt, ändert die Einordnung als Eventualverbindlichkeit im Sinne des § 10 Abs. 6 (a) IAS 37 im Ergebnis aber nicht.

c) Ansatz und Bewertung von Eventualverbindlichkeiten nach IAS 37

Ansatz und Bewertung von Eventualverbindlichkeiten werden in §§ 27 ff. IAS 37 geregelt. Im Grundsatz dürfen/müssen sie gemäß § 27 IAS 37 nicht angesetzt werden.[609] Sofern der Abfluss von Ressourcen allerdings nicht unwahrscheinlich ist, sind Eventualverbindlichkeiten gemäß § 28 IAS 37 der Vorschrift des § 86 IAS 37 entsprechend anzugeben.[610] In diesen Grenzfällen erfolgt ein Ansatz nach den Vorschriften, die originär den Rückstellungen gewidmet sind, obwohl es sich technisch gesehen nicht um Rückstellungen handelt.

Zur Beantwortung der Frage der „Wahrscheinlichkeit" des Mittelabflusses gibt § 23 IAS eine nützliche (wenn auch nicht überraschende) Entscheidungshilfe an die Hand. Danach ist ein Abfluss von Ressourcen als „wahrscheinlich anzusehen, wenn mehr dafür als dagegen spricht, d.h. die Wahrscheinlichkeit, dass das Ereignis eintritt, größer ist als die Wahrscheinlichkeit, dass es nicht eintritt".[611] Es obliegt dem bilanzierungspflichtigen Unternehmen selbst, die

---

609 *Senger/Brune*, in: MüKo Bilanzrecht, IAS 37, Rn. 15.

610 Während sogar die Angabe im Anhang entfallen kann, wenn „die Wahrscheinlichkeit des Ressourcenabflusses nahezu unwahrscheinlich [ist]", *Senger/Brune*, eben da.

611 Zum Wahrscheinlichkeitsbegriff siehe ausführlich *Schrimpf/Dörges*, in: Beck'sches IFRS-Handbuch, § 13, Rn. 26 ff.

Wahrscheinlichkeit mittels einer Schätzung zu bestimmen. Da sich diese Einschätzung der Wahrscheinlichkeit im Laufe der Berichtsperiode ändern kann, ist laufend zu beurteilen, ob ein Abfluss von Ressourcen wahrscheinlich(er) geworden ist (§ 30 IAS 37).[612] Natürlich muss die Wahrscheinlichkeit des Ressourcenabflusses für jeden Einzelfall bestimmt werden, kann im Rahmen dieser abstrakten Untersuchung also nicht endgültig entschieden werden.[613] Zur Beurteilung der Frage für Zwecke der Untersuchung ist deshalb auf die mit dem Produkt im Allgemeinen verbundene Gefahr der Inanspruchnahme abzustellen. Diese ist für Akkreditiv und Garantie als relativ hoch einzuschätzen, hoch jedenfalls in dem Sinne, dass eine Inanspruchnahme wahrscheinlicher ist als ihr Gegenteil. Das liegt in der Natur der Produkte begründet und wird beim Akkreditiv besonders anschaulich: Bei der Ausstellung eines Akkreditivs werden sowohl die Bank als auch der Auftraggeber in aller Regel davon ausgehen, dass die Zahlung mittels des Akkreditivs auch tatsächlich erfolgt. Einzige Alternative ist die nicht-akkreditivkonforme Leistung, die nicht zu einer Zahlungsverpflichtung des eröffnenden oder des bestätigenden Instituts führt. Diese Möglichkeit ist zwar im Einzelfall nicht auszuschließen, hinsichtlich der abstrakten Wahrscheinlichkeit des Abflusses wirtschaftlich nützlicher Mittel kann aber von einer hohen Wahrscheinlichkeit ausgegangen werden. Hinsichtlich der Außenhandelsgarantie ist dies (in geringerem Maße, aber letztlich doch mit vergleichbar hoher Wahrscheinlichkeit) auch anzunehmen.

Auf den ersten Blick scheint dies im Widerspruch zur oben vorgenommenen Einordnung als Eventualverbindlichkeit zu stehen. Die relativ hohe Wahrscheinlichkeit des Mittelabflusses spricht eher für die Bildung einer Rückstellung. Die Wahrscheinlichkeit des Mittelabflusses ist jedoch kein Ausschlusskriterium für das Vorliegen bzw. die Ansetzung als Eventualverbindlichkeit.[614] Vielmehr muss zwischen den Eventualverbindlichkeiten, die nicht angesetzt werden dürfen und solchen, die im Anhang nach § 86 IAS 37 anzugeben sind, unterschieden werden. Für Erstere wäre eine hohe Wahrscheinlichkeit des Abflusses von Ressourcen ein Ausschlusskriterium. Für solche, die nach § 86 IAS 37 anzugeben

612 Wird der Eintritt der negativen Folge wahrscheinlicher, ist, statt einer Eventualverbindlichkeit, eine Rückstellung anzusetzen (§ 30 IAS 37), *Schrimpf/Dörges*, in: Beck'sches IFRS-Handbuch, § 13, Rn. 20.

613 Der wirtschaftliche Nutzen hingegen schon, da der möglicherweise abfließenden Ressource „Geld" ein wirtschaftlicher Nutzen zukommt.

614 Anders jedoch für die Ansetzung einer Rückstellung, § 13 (b) IAS 37.

sind, ist sie sogar Voraussetzung.[615] Wenn die Existenz einer gegenwärtigen Verpflichtung nicht wahrscheinlich ist, muss das Unternehmen nach § 23 IAS 37 eine Eventualverbindlichkeit angeben, sofern ein Abfluss von Ressourcen nicht unwahrscheinlich ist.[616] Es ist also zwischen der Wahrscheinlichkeit der Verpflichtung und der Wahrscheinlichkeit des Ressourcenabflusses zu unterscheiden. Der scheinbare Widerspruch angesichts der Höhe der Wahrscheinlichkeit des Mittelabflusses bei Akkreditiven und Garantien besteht damit bei näherem Hinsehen nicht.

Die genaue Form des Ansatzes regelt § 86 IAS 37.[617] Danach sind Eventualverbindlichkeiten „kurz" zu beschreiben und dabei folgende Angaben zu machen: Eine Schätzung der finanziellen Auswirkungen nach Maßgabe der §§ 36 – 52 (a), die Angabe von Unsicherheiten hinsichtlich des Betrages oder der Fälligkeit (b) sowie die Möglichkeit einer Erstattung (c). Diese Anforderungen sind im Einzelfall zu erfüllen und zu beurteilen, ebenso wie die Frage der Wahrscheinlichkeit. Einzelfall bedeutet dabei aber nicht jede einzelne Position für sich genommen, sondern die einheitliche Behandlung einer zu bildenden Gruppe vergleichbarer Positionen. Die finanziellen Auswirkungen sind der Abfluss von Mitteln in der verabredeten Höhe (a)[618], Unsicherheiten hinsichtlich Höhe und Fälligkeit bestehen grundsätzlich nicht (b).

Eine Besonderheit ergibt sich jedoch in Bezug auf die Möglichkeit einer Erstattung (c): Da die Zahlung an den Begünstigten im Auftragsverhältnis mit dem Schuldner gründet, entsteht ein Regressanspruch. Dessen Entstehung ist mit der Zahlung seitens des Kreditinstituts als sicher anzusehen (wobei natürlich Zweifel an der Durchsetzbarkeit bestehen können). Insofern müssen also in jedem Fall Angaben bezüglich dieses Regressanspruchs und ggf. seiner Durchsetzbarkeit gemacht werden. Der potenzielle Erstattungsanspruch darf aber nicht saldiert werden.

Die Bewertung der – schätzweisen – finanziellen Auswirkungen erfolgt nach den §§ 36–52 IAS 37 und damit nach den primär für die Bewertung von

---

615 Wortlaut § 28 IAS 37: „Eine Eventualverbindlichkeit ist nach Paragraph 86 anzugeben, sofern die Möglichkeit eines Abflusses von Ressourcen mit wirtschaftlichem Nutzen nicht unwahrscheinlich ist."

616 *Senger/Brune*, in: MüKo Bilanzrecht, IAS 37, Rn. 40.

617 Auch die zentrale Bewertungsvorschrift für Eventualverbindlichkeiten im hier untersuchten Sinn macht die „Nichtunwahrscheinlichkeit des Abflusses" zur Voraussetzung ihrer Anwendung. Zu den Anhangangaben siehe auch *Senger/Brune*, in: MüKo Bilanzrecht, IAS 37, Rn. 198 ff.

618 Zur Frage der Bewertung sogleich.

Rückstellungen gültigen Vorschriften. Rückstellung und Eventualverbindlichkeit unterscheiden sich damit letztlich nur in der Frage des Ansatzes, die Bewertung erfolgt hingegen einheitlich.[619]

Die Bewertungsvorschriften des IAS 37 enthalten detaillierte Vorgaben an die technische Behandlung einer Position und den daraus resultierenden Wert, mit dem sich eine Position im Anhang niederschlägt. Der entscheidende Unterschied zu den Vorschriften zur Bewertung von (anderen) Finanzinstrumenten in IAS 39 (§§ 33–70) besteht darin, dass dem je nach Kategorie unterschiedlich stark ausgeprägten Aspekt der Unsicherheit Rechnung getragen werden muss. Dabei ist der als Eventualverbindlichkeit anzusetzende (bzw. im Anhang auszuweisende) Betrag – entsprechend § 36 IAS 37 – die bestmögliche Schätzung der Ausgabe, „die zur Erfüllung der [nicht(!)] gegenwärtigen Verpflichtung zum Abschlussstichtag erforderlich ist". Daneben sind die Auswirkungen im Zusammenhang mit Risiken und Unsicherheiten[620] (§§ 42 ff. IAS 37) sowie Zinseffekte (§§ 45 ff. IAS 37), künftige Ereignisse (§§ 48 ff. IAS 37) und möglicherweise erzielte Gewinne aus einer Position (§§ 51 ff. IAS 37) zu berücksichtigen. Die Auswirkungen auf die Bewertung im Einzelfall kann eine abstrakte Abhandlung allerdings nicht leisten, sie bleibt auf die Darstellung der grundsätzlichen Parameter beschränkt.

Eine Sondervorschrift für Fälle gesamtschuldnerischer Haftung enthält § 29 IAS 37. Diese würde hier Anwendung finden, wenn im Falle eines Akkreditivgeschäfts eine eröffnende und eine bestätigende Bank unterstellt würden und die gesamtschuldnerische Haftung nicht abbedungen wäre.[621] Deshalb soll sie nicht unerwähnt bleiben. In diesen Fällen wird „der Teil der Verpflichtung, dessen Übernahme durch andere Parteien erwartet wird, als Eventualverbindlichkeit behandelt". Für den Teil der Verpflichtung, für den ein Abfluss von Ressourcen wahrscheinlich ist, ist eine Rückstellung anzusetzen.

III. Gegenüberstellung

Wie bereits im Rahmen der Untersuchung der deutschen Rechnungslegungsvorschriften spielt die Einordnung der Produkte in den bilanziellen Rahmen sowie vor allem auch der Aspekt des gemeinschaftlichen Betriebs des Geschäfts,

---

619 *Senger/Brune*, in: MüKo Bilanzrecht, IAS 27, Rn. 2.

620 § 43 IAS 37: „Risiko beschreibt die Unsicherheit künftiger Entwicklungen".

621 Streng zu unterscheiden ist dieser Fall von der gemeinschaftlichen Kreditvergabe auch in Form von Akkreditivstellung, wo eine gesamtschuldnerische Haftung zwar durchaus denkbar, aber standardmäßig abbedungen ist.

auch bei Anwendung internationaler Standards, eine entscheidende Rolle. Im Vergleich zu den nationalen Rechnungslegungsvorschriften ist ein erster Befund, dass die internationalen Standards, bei allen Unterschieden hinsichtlich der Regelungstechnik,[622] dem Aspekt der Unsicherheit des Fälligwerdens (der Gegenwärtigkeit) der Verpflichtung aus Akkreditiv oder Garantie sowie dem Aspekt der Risikoteilung durch gemeinschaftliche Stellung derselben, letztlich die gleiche Bedeutung beimessen.

Da der Eintritt der Zahlungsverpflichtung aus eröffneten bzw. bestätigten Akkreditiven oder übernommenen Garantien ungewiss ist, werden diese Produkte sowohl nach HGB als auch nach IFR-Standard als Eventualverbindlichkeiten eingeordnet. In beiden Fällen sind sie nicht in der Bilanz, sondern unter dem Strich auszuweisen, wobei unterschiedlich detailliert geregelte Angaben zu machen sind. Diese laufen jeweils darauf hinaus, eine möglichst genaue Beschreibung des eingegangenen Risikos, der Wahrscheinlichkeit der Inanspruchnahme, möglicher laufender Erträge aus der Position sowie der Höhe der Verpflichtung im Falle des Fälligwerdens zu gewährleisten, um (als Teil des Jahresabschlusses) eine möglichst präzise Einschätzung der Vermögens-, Finanz- und Ertragslage (siehe § 264 Abs. 2 S. 1 HGB) des Kreditinstituts zu ermöglichen.

Ebenso gleichläufig ist der Umgang der verschiedenen Rechnungslegungsregime mit der in diesem Paragraphen dargestellten Form der gemeinschaftlichen Kreditvergabe durch Syndizierung. Vereinfacht gesagt trägt jeder Teilnehmer sein eigenes Risiko. Das Gesamtrisiko muss – bei abbedungener gemeinschaftlicher Haftung – im Jahresabschluss nicht ausgewiesen werden.[623] Die einzelnen Bilanzierungsgegenstände sind in Ansatz und Bewertung jeweils nach Art des vorliegenden Produktes zu behandeln.

Die durch den Einsatz des Risikotransferinstruments Syndizierung erreichbaren Vorteile werden durch die Anwendung unterschiedlicher Standards also nicht ausgehebelt. Dennoch musste der untersuchte Vorgang vor dem Hintergrund beider Rechnungslegungsregime durchexerziert werden, auch wenn es letztlich nicht überraschend ist, dass beide im Ergebnis – wenn auch nicht im Detail – gleichlaufen. Zwar ist die Tätigkeit der internationalen Normsetzung im Bereich Rechnungslegung nicht dem Ziel verpflichtet, eine Vereinbarkeit mit

622 Dabei vor allem der sinkende Abstraktionsgrad und die damit verbundene Erschwernis der Einordnung bei Anwendung der internationalen Standards im Vergleich zum HGB i.V.m. der RechKredV.

623 Siehe § 5 RechKredV sowie die internationalen Parallelvorschriften §§ 20 ff. IFRS 11.

allen nationalen Bilanzierungsregimes herzustellen.[624] Hinzu kommt, dass die IFRS/IAS-Rechnungslegung sich stärker an der angloamerikanischen Bilanztradition (hier insbesondere den US-GAAP)[625] orientiert als an den kontinentaleuropäischen oder deutschen Vorstellungen.[626] Aber letztlich wird das IASB im Interesse der Akzeptanz der von ihm entwickelten Regelwerke keine Änderungen gegenüber anderen Bilanztraditionen aufnehmen, die diesen diametral entgegenstehen. Zumal Unterschiede, wie sie in anderen Bereichen durchaus vorkommen mögen, bei der Behandlung von Eventualverbindlichkeiten und gemeinsamer Kreditvergabe, nicht bestehen.

Beide Bilanzierungsregelwerke ermöglichen folglich, die Beteiligung an großvolumigen Geschäften ohne die eigene Bilanz über Gebühr zu belasten, da jeder Konsorte nur die auf ihn entfallende Zahlungsverpflichtung im Falle des Fälligwerdens der Forderung bilanziert. Hinzu kommt der Vorteil, dass es sich um außerbilanzielle Positionen handelt.[627] Unabhängig von der Frage, nach welchen Regeln das Kreditinstitut bilanziert, können also optimierte Bilanzkennziffern und die oben angesprochenen positiven Auswirkungen auf Rating und Attraktivität für potenzielle Investoren erreicht werden.

§ 5: Internationales Privatrecht

Im Anschluss an die Behandlung der bilanziellen Auswirkungen des Untersuchungsgegenstandes werden diejenigen Fragen behandelt, die der Untersuchungsgegenstand als Teilbereich des Außenhandels im Hinblick auf Internationalität und damit einhergehend das Internationale Privatrecht aufwirft.

A. Einleitung

Außenhandelsgeschäfte sind zwingend international, grenzüberschreitend ausgerichtet.[628] Die Überschreitung von Ländergrenzen bringt Berührungspunkte

624 Vielmehr soll „ein weltweit anerkannter Satz von Rechnungslegungsregeln verabschiedet [werden], dem sich nationale Standardgeber anpassen“, *Watrin*, in: MüKo Bilanzrecht, IFRS, Einführung, Rn. 16.

625 „United States Generally Accepted Accounting Principles“ (US-GAAP).

626 Schon der Sitz des Trägers des IASB, der IASC–Foundation, im amerikanischen Bundesstaat Delaware verdeutlicht dies. Ebenso wie die enge Zusammenarbeit des IASB mit den für die US-GAAP verantwortlich zeichnenden SEC, FASB und AICPA.

627 Siehe zu diesem Aspekt die Ausführungen zum Aufsichtsrecht oben unter § 3.

628 Siehe zum Begriff des Außenhandels und der damit verbundenen Grenzüberschreitung, oben Teil 1 § 2 B. I.

mit unterschiedlichen nationalen Rechtsordnungen in sachlicher und/oder persönlicher Hinsicht mit sich. Der Lösung daraus möglicherweise entstehender Konflikte ist das Internationale Privatrecht verpflichtet.[629] Das deutsche Recht definiert das Internationale Privatrecht in Art. 3 EGBGB als Summe der Regeln zur Bestimmung „des anzuwendenden Rechts bei Sachverhalten mit einer Verbindung zu einem ausländischen Staat". Die Anwendung des EGBGB ist in Art. 3 Nr. 1 b) jedoch ausdrücklich zurückgenommen, wenn der Anwendungsbereich der Rom I-VO oder andere unmittelbar anwendbare Regelungen der Europäischen Union oder zu innerstaatlichem Recht erstarkte Regelungen in völkerrechtlichen Vereinbarungen, eröffnet ist.[630] Die Rom I-VO greift in Art. 1 Abs. 1 die Frage der Verbindung zum Recht verschiedener Staaten auf. Eine Verbindung zur Rechtsordnung verschiedener Staaten kommt in den hier untersuchten Fällen auf unterschiedliche Weise in Betracht.

Eine Grenzüberschreitung liegt zunächst im Grund- oder Valutageschäft zwischen Exporteur und Importeur vor und ist (mit) ein Grund für das Erfordernis zusätzlicher Absicherung zwischen den Ausgangsparteien. Diese Überschreitung gibt den Anlass zu weiteren möglicherweise wiederum grenzüberschreitenden Vertragsverhältnissen, ist aber nicht Gegenstand, sondern nur Ausgangspunkt dieser Untersuchung. (Mindestens) Eine weitere Grenzüberschreitung liegt häufig zwischen dem bzw. den kreditgebenden Kreditinstitut/en und dem Kreditnehmer/Auftraggeber vor. Dies ist beispielsweise der Fall, wenn ein inländischer Exporteur und die ausländische Hausbank des Importeurs in vertragliche Beziehungen treten. Typisch ist aber auch die Konstellation, dass sich der ausländische Importeur an eine Bank in dem Land wendet, in dem der Exporteur seinen Sitz hat, beispielsweise, um dem Exporteur mögliche Risiken, die in der Internationalität fußen, abzunehmen. Schließlich – und für die folgende Darstellung letztlich möglicherweise entscheidend – können an einem syndizierten Kredit zahlreiche Kreditinstitute beteiligt sein, die ihren Sitz in verschiedenen Rechtsordnungen haben; womit sich die Zahl der Grenzüberschreitungen – je nach Ausgestaltung der Beziehungen zum Kreditnehmer – potenziert. Dies ist

629 Da die Berührung zweier oder mehrerer Rechtsordnungen immer die Frage aufwirft, welche der Rechtsordnungen den zugrunde liegenden Sachverhalt regelt, bietet sich auch die Bezeichnung „Kollisionsrecht" oder engl. *conflict of laws* an. Auch die Rom I-VO verwendet schon in den Erwägungsgründen und der Kapitelüberschrift II den Begriff „Kollisionsnorm".

630 Verordnung (EG) Nr. 593/2008 des Europäischen Parlaments und des Rates vom 17. Juni 2008 über das auf vertragliche Schuldverhältnisse anzuwendende Recht (Rom I), (ABl. Nr. L 177 S. 6, ber. 2009 Nr. L 309 S. 87).

tatsächlich häufig der Fall. Unabhängig von der Frage der Vertragsbeziehung zum Kreditnehmer kommt damit eine weitere Quelle etwaiger Grenzüberschreitungen in Betracht, nämlich diejenige zwischen den beteiligten Konsortialbanken.[631] Schließlich sind auch Konstellationen denkbar, in denen alle vorstehend aufgezeigten Grenzüberschreitungen kumulativ zum Tragen kommen.

Rechtlich müssen sowohl auf Ebene des Sach- als auch des Kollisionsrechts mehrere Vertragsbeziehungen unterschieden werden. Neben dem hier nicht thematisierten Valutageschäft[632] sind dies der Konsortialkreditvertrag zwischen dem Konsortium und dem Kreditnehmer/Auftraggeber, die bedingte Zahlungsverpflichtung gegenüber dem Begünstigten sowie der Konsortialvertrag zwischen den Banken untereinander.

Hinsichtlich des zuletzt genannten Konsortialvertrages ist weiter danach zu unterscheiden, ob es sich um ein reines Innen- oder ein Außenkonsortium handelt, ob also die Konsorten jeweils in vertragliche Beziehungen zum Kreditnehmer treten oder nicht.[633] Wenn das Konsortium als solches einen Vertrag schließen kann, spielt die Frage der Internationalität und möglicher Grenzüberschreitungen innerhalb des Konsortiums, jedenfalls im Hinblick auf die Außenbeziehungen, keine Rolle mehr, mit der Folge, dass sich die Grenzüberschreitungen nicht vervielfachen. Anders, wenn jede einzelne Bank eines international zusammengesetzten Konsortiums separate vertragliche Beziehungen eingeht.[634]

Der letzte Aspekt, den es für Fragen der Anwendung des internationalen Privatrechts auf die hier untersuchten Fälle zu bedenken gilt, ist die Vereinbarung von Rechtswahlklauseln. Klauseln, die das auf ein bestimmtes Vertragsverhältnis anwendbare Recht festlegen, werden in der internationalen Syndizierungspraxis

---

631 Eine weitere Grenzüberschreitung liegt im Falle der Akkreditiv- oder Garantiestellung mittels einer eröffnenden Bank am Sitz des Schuldners und der bestätigenden Bank am Sitz des Gläubigers vor.

632 Das Valutageschäft richtet sich nach den für den betreffenden Vertragstyp einschlägigen Regeln, einheitliche Aussagen können deshalb nicht getroffen werden.

633 Dies ebenso zum Ausgangspunkt nehmend *Schücking*, in: WM 1996, 281, 283, der die Differenzierung zwischen Außen- und Innengesellschaften mit jeweils unterschiedlichen Anknüpfungspunkten hinsichtlich des anwendbaren Rechts an anderer Stelle die „gewohnheitsrechtliche Grundregel für das Kollisionsrecht der BGB-Gesellschaften" nennt (Münchener HdB Gesellschaftsrecht, § 1, Rn. 28). Allgemein dazu auch *Weller*, in: MüKo GmbHG, Bd. 1, Einl. Rn. 317 f.

634 Siehe zur Differenzierung und Begriffsbestimmung oben Teil 2 § 1.

standardmäßig verwendet.[635] In den Musterverträgen der Loan Market Association sind sie ebenso zu finden wie in denjenigen der Loan Syndication and Trading Association. Nur in Fällen, in denen die anzuwendende Rechtsordnung nicht von den Parteien festgelegt wurde, etwa „weil die Parteien überhaupt keine Rechtswahl getroffen haben, weil diese unwirksam ist, weil diese nicht eindeutig ausgelegt werden kann, weil diese eine bloße Teilrechtswahl ist oder weil die Parteien lediglich eine negative Rechtswahl getroffen haben", kommt ein Rückgriff auf objektive Anknüpfungskriterien, wie die Rom I-VO sie vorgibt, in Betracht.[636]

Anders auf der Ebene der Beziehungen zwischen Kreditnehmer, dem Begünstigten und den Banken als Kollektiv. Diese Vertragsverhältnisse unterliegen in der Praxis den einheitlichen Richtlinien und Gebräuche für Dokumentenakkreditive (ERA 600) bzw. den einheitlichen Richtlinien für auf Anfordern zahlbaren Garantien (ERAG 758).[637] Sie enthalten keine standardmäßigen Rechtswahlklauseln, sondern regeln nur die Abwicklung des Vertragsverhältnisses. Da diese Bestimmungen allerdings sehr detailliert sind, wird teilweise vertreten, dass der Bestimmung des anwendbaren Rechts keine besondere Rolle zukomme, da die vom nationalen Recht getroffenen Entscheidungen sowieso von den in einheitlichen Bestimmungen enthaltenen verdrängt würden.[638]

Dem ist zugegeben, dass die praktische Bedeutung der Bestimmung des anwendbaren Rechts dadurch sinkt.[639] Dabei ist zu bedenken, dass die einheitlichen Bestimmungen gerade ins Leben gerufen wurden, um die Vertragsbeziehung dem Einfluss nationalen Rechts weitgehend zu entziehen; beispielsweise unterschiedlichen Rechtstraditionen und daraus resultierendem Konfliktpotenzial vorzubeugen.

Allerdings ist einzuwenden, dass (national-)staatliches Recht nicht zur Gänze aus der Vertragsbeziehung herausgehalten werden kann. Ein praktisches Argument dafür liefert *Ferrari*, der darauf verweist, dass es angesichts des AGB-Charakters der einheitlichen Richtlinien nicht unerheblich ist, am Maßstab

---

635 Zur Frage von Schiedsklauseln in internationalen Kreditverträgen, siehe *Sandrock*, in: WM 1994, S. 405 ff, 455 ff sowie neuerdings § 1 Abs. 2 e) Rom I-VO.

636 *Ferrari*, in: Ferrari/Kieninger/Mankowski, Internationales Vertragsrecht, Art. 4 Rom I-VO, Rn. 1.

637 Siehe oben Teil 2 § 2 B. II. und III.

638 *Martiny*, in: MüKo BGB, Bd. 10, Rom I-VO, Rn. 72.

639 *Magnus*, in: Staudinger, BGB, Art. 4 Rom I-VO, Rn. 481, der von „seltenen Fällen" spricht.

welchen Rechts die Einbeziehungskontrolle der Richtlinien erfolgt.[640] Hinzu kommt, dass sich die „Art und Weise der Geltung dieser privatrechtlichen Regelwerke [ICC-Publikationen] nach der in Anwendung der allgemeinen kollisionsrechtlichen Grundsätze der Rom I-VO bestimmten lex causae“[641] richtet.[642]

Im Folgenden wird das untersuchte Geschäft vor dem Hintergrund des internationalen Privatrechts betrachtet. Dabei sind die vorstehend genannten Kategorien zu berücksichtigen, deren wichtigste die Frage der Rechtswahlklausel ist. Ihre Wirksamkeit und die örtliche und sachliche Anwendbarkeit der Rom I-VO auf den Sachverhalt vorausgesetzt, unterliegt der Vertrag nach dem Grundsatz der freien Rechtswahl in Art. 3 Abs. 1 S. 1 Rom I-VO dem von den Parteien gewählten Recht.

B. Syndizierungsgeschäfte mit ausdrücklicher Rechtswahl

Da Rechtswahlklauseln in internationalen Verträgen standardmäßig verwendet werden und – ihre Wirksamkeit auch nach dem maßgeblichen nationalen Kollisionsrecht vorausgesetzt – das anwendbare Recht bestimmen, wird die Rechtslage zunächst unter diesem Aspekt beleuchtet.

I. Konsortialkreditvertrag

Der grenzüberschreitende Konsortialkreditvertrag ist als schuldrechtlicher Vertrag unproblematisch einer Rechtswahl zugänglich.[643] Dies verbürgt der Grundsatz der freien Rechtswahl in Art. 3 Abs. 1 S. 1 Rom I-VO. Zudem ist von einer ausdrücklichen Einbeziehung der Rechtswahlklausel in den Muster- sowie auch Individualverträgen auszugehen; Art. 3 Abs. 1 S. 2 Rom I-VO.

Wie schon im Rahmen der vorhergehenden rechtlichen Untersuchungen ist auch für das Internationale Privatrecht zwischen den Vertragsverhältnissen zu differenzieren, die in ihrer Gesamtheit ein Akkreditiv- oder Bankgarantiegeschäft

---

640 *Ferrari*, in: Ferrari/Kieninger/Mankowski, Internationales Vertragsrecht, Art. 4 Rom I-VO, Rn. 123.

641 *Freitag*, in: Reithmann/Martiny, Internationales Vertragsrecht, Rz. 1258.

642 Ebenda der Hinweis, dass die Endfassung der Rom I-VO, im Unterschied zum vorhergehenden Kommissionsvorschlag, keine echte Rechtswahl im Hinblick auf private Regelwerke zulässt, sondern in Erwägungsgrund 13 „nunmehr festhält, dass die Rom I-VO die Parteien nicht daran hindert, in ihrem Vertrag auf ein nichtstaatliches Regelwerk oder ein internationales Übereinkommen Bezug zu nehmen“.

643 Ein den gesamten Anwendungsbereich der Rom I-VO ausschließendes Schuldverhältnis gemäß Art. 1 Abs. 2 Rom I-VO liegt offensichtlich nicht vor.

bilden. In der Reihenfolge, in der sie typischerweise geschlossen werden, sind diese das Verhältnis zwischen dem Auftraggeber und der/den Bank/en, rechtlich ein Werkvertrag, der eine Geschäftsbesorgung zum Gegenstand hat (§§ 675, 631 BGB)[644] sowie das abstrakte Schuldversprechen im Sinne des § 780 BGB, das die Bank gegenüber dem Begünstigten abgibt bzw. im Falle eines Garantiegeschäfts die Garantie[645]. Hinzu kommen die Konstellationen, in denen eine Zweitbank in unterschiedlicher Funktion in die Vertragsabwicklung eingeschaltet wird und ggf. eine eigene Verpflichtung gegenüber dem Begünstigten übernimmt (dazu sogleich). Unter kollisionsrechtlichen Gesichtspunkten ist ihnen gemeinsam, dass sich eine subjektive Anknüpfung keinen Widerständen gegenübersieht.[646] In der Folge ist eine Rechtswahlklausel – bei Einhaltung der übrigen Voraussetzungen – imstande, das maßgebliche Recht zu bestimmen.

Die interessanteren Fragen der international-privatrechtlichen Anknüpfung von Konsortialkreditverträgen liegen dort, wo keine Rechtswahlklauseln das anwendbare Recht determinieren. Folgerichtig werden sie auch dort eingehender behandelt.[647]

II. Konsortialvertrag

Neben dem anwendbaren Recht zwischen dem Konsortium auf der einen und Auftraggeber und Begünstigtem auf der anderen Seite ist zu untersuchen, welches Recht die Beziehung zwischen den einzelnen Konsorten determiniert. Hier

---

644 Siehe oben, Teil 2 § 1 B. II. 3.

645 Siehe oben, Teil 2 § 1 B. III. 2.

646 Für das Verhältnis zwischen Auftraggeber und Bank: *Freitag*, in: Reithmann/Martiny, Internationales Vertragsrecht, Rz. 1311; *Ferrari*, in: Ferrari/Kieninger/Mankowski, Internationales Vertragsrecht, Rn. 123; *Magnus*, in: Staudinger, BGB, Art. 4 Rom I-VO, Rn. 483; *Martiny*, in: MüKo BGB, Art. 4 Rom i-VO, Rn. 74. Für das abstrakte Schuldversprechen zwischen Bank und Begünstigtem im Rahmen eines Akkreditivgeschäfts: *Martiny*, in: MüKo BGB, Art. 4 Rom I-VO, Rn. 197; *Magnus*, in: Staudinger, BGB, Art. 4. Rom I-VO, Rn. 484; *Ferrari*, in: Ferrari/Kieninger/Mankowski, Internationales Vertragsrecht, Rn. 123; *Freitag*, in: Reithmann/Martiny, Internationales Vertragsrecht, Rz. 1314. Für die Garantieübernahme zwischen Bank und Begünstigtem: *Martiny*, in: Reithmann/Martiny, Internationales Vertragsrecht, Rz. 1195; *ders.*, in: MüKo BGB, Art. 4 Rom I-VO, Rn. 188; *Ferrari*, in: Ferrari/Kieninger/Man-kowski, Internationales Vertragsrecht, Rn. 132 („durchaus zulässige Rechtswahl"), allgemein zur Anknüpfung der Bankgarantie: *Eberl*, Rechtsfragen der Bankgarantie im internationalen Wirtschaftsverkehr, S. 122 f.

647 Siehe dazu sogleich.

können besonders komplexe Konstellationen entstehen, wenn die beteiligten Konsortialbanken eine Verbindung zu mehreren Rechtsordnungen aufweisen. Dies kann durchaus der Fall sein, wenn Großkrediten von einer Mehr- oder Vielzahl von Banken vergeben werden.

Zur Beantwortung der Frage, ob ein Sachverhalt einer Rechtswahl der beteiligten Parteien zugänglich ist, ist zunächst der Maßstab zu bestimmen, an dem die Frage gemessen werden muss. Aus deutscher Sicht also zunächst das EGBGB, wenn nicht europa- oder völkerrechtliche Regeln vorrangig sind.[648] Da Konsortien als Gesellschaften bürgerlichen Rechts ihren Ausgangspunkt in Schuldverträgen haben, könnte die Frage, ob sie einer Rechtswahl zugänglich sind, möglicherweise ebenso wie bei den Kreditverträgen nach der Rom I-VO zu bestimmen sein. Dies allerdings nur, wenn sie nicht unter den Tatbestand des Art. 1 Abs. 2 f) Rom I-VO fallen, der Fragen, die das Gesellschaftsrecht betreffen, aus dem Anwendungsbereich der Verordnung ausschließt. Es handelt sich bei Gesellschaften bürgerlichen Rechts zwar grundsätzlich um vertragliche Schuldverhältnisse; insoweit wäre der Anwendungsbereich durchaus eröffnet. Sollten sie aber einen Ausnahmetatbestand des Absatzes 2 erfüllen, werden sie dennoch nicht von der Rom I-VO angesprochen.[649]

Aus Gründen des Drittschutzes sowie staatlicher Interessen wird das anwendbare Recht auf die typischen Regelungsgegenstände eines Gesellschaftsvertrages (wie sie in Art. 1 Abs. 2 f) Rom I-VO exemplarisch aufgeführt sind) nicht durch die Rom I-VO bestimmt. Die Ausgangsfrage ist damit also, ob Gesellschaften bürgerlichen Rechts, in der Form, wie sie im Konsortialgeschäft auftreten, Gesellschaften im Sinne der Rom I-VO sind. Der Begriff der Gesellschaft ist dabei allerdings europarechtlich-autonom, also losgelöst von der originär deutsch-rechtlichen Perspektive auszulegen, die allenfalls noch Anhaltspunkte für die Qualifikation geben kann.[650] Hinzu kommen die unterschiedlichen Ausprägungen der Konsortien, die – soweit sie hier untersucht werden – für das deutsche Recht als Innen- und Außengesellschaften beschrieben werden.[651]

---

648 Für die Anwendung der Gründungstheorie zur Bestimmung des Personenstatuts von Personengesellschaften *Bippus*, Personengesellschaften und Strukturänderungen, S. 694–697.

649 Die Frage des Vertragsbegriffs spielt eine größere Rolle bei der Abgrenzung zu außervertraglichen Schuldverhältnissen, siehe *Magnus*, in: Staudinger BGB, Art. 1 Rom I-VO, Rn. 27 ff., inbes. 31 f.

650 *Wegener*, in: Calliess/Ruffert, EUV/AEUV, Art. 19 EUR, Rn. 13 mwN zur Rechtsprechung des EuGH.

651 Siehe oben, Teil 2 § 2 A., Teil 3 § 1 und 2.

1. *Außengesellschaften*

Unter Außenkonsortien werden Gesellschaften bürgerlichen Rechts verstanden, die als solche im Rechtsverkehr zu Dritten (hier insbesondere dem Kreditnehmer) auftreten.[652] Sie fallen unproblematisch unter den Begriff der Gesellschaft im Sinne der Rom I-VO und erfüllen damit den Ausschlusstatbestand des Art. 1 Abs. 2 f).[653] In Ermangelung anderer unmittelbar anwendbarer europäischer Regelungen im Sinne des Art. 3 Nr. 1 EGBGB, insbesondere einem einheitlichen europäischen Internationalen Gesellschaftsrecht, richtet sich das auf diese Vertragsverhältnisse anwendbare Recht nach Art. 3 Nr. 2 EGBGB unter Berücksichtigung der Rechtsprechung des EuGH zu den Auswirkungen der Grundfreiheiten, insbesondere der Niederlassungsfreiheit auf das Internationale Gesellschaftsrecht der Mitgliedstaaten.[654] Außengesellschaftsverträge sind von der freien Rechtswahl nach Art. 3 Rom I-VO ausgeschlossen, sodass eine Rechtswahlklausel keine Wirkung entfaltet. Ebenso wenig kommt eine objektive Rechtswahl nach Art. 4 Rom I-VO in Betracht. Die Frage des anwendbaren Rechts in diesen grenzüberschreitenden Sachverhalten stellt sich natürlich trotzdem, eine vertragliche Rechtswahlklausel vermag sie aber nicht zu beantworten.[655]

2. *Innengesellschaften*

Anders stellt sich die Rechtslage bezüglich Innenkonsortien dar. Dabei handelt es sich zwar auch um Gesellschaften bürgerlichen Rechts, aber Innengesellschaften treten im Rechtsverkehr nicht als solche auf.[656] Sie sind vom Ausschluss des Art. 1 Abs. 2 f) Rom I-VO nicht erfasst, da ihnen die entscheidenden körperschaftsähnlichen Strukturen fehlen.[657] Dass sie somit Gesellschaft im Sinne des deutschen Gesellschaftsrechts, aber der sie konstituierende Vertrag kein dem

---

652 *Scholze*, Das Konsortialgeschäft der deutschen Banken Bd. 1, S. 23.

653 *Kieninger*, in: Ferrari/Keninger/Mankowski, Internationales Vertragsrecht, Art. 1 Rom I-VO, Rn. 20; *Magnus*, in: Staudinger BGB, Art. 1 Rom I-VO, Rn. 80.

654 Der Referentenentwurf eines „Gesetzes zum Internationalen Privatrecht der Gesellschaften, Vereine und juristischen Personen" aus dem Jahre 2008, der Art. 10 EGBGB in Einklang mit der Rechtsauffassung des Europäischen Gerichtshofs zur Sitztheorie bringen sollte (dazu *Wagner/Timm*, IPRax 2008, 81 ff.), wurde durch den deutschen Gesetzgeber nicht weiterverfolgt.

655 Die Bearbeitung der Frage in Ermangelung einer Rechtswahlklausel erfolgt sogleich.

656 *Scholze*, Das Konsortialgeschäft der deutschen Banken Bd. 1, S. 23.

657 *Martiny*, in: MüKo BGB, Art. 1 Rom I-VO, Rn. 67; *Magnus*, in: Staudinger BGB, Art. 1 Rom I-VO, Rn. 87; *Kieninger*, in: Ferrari/Kieninger/Mankowski, Internationales Vertragsrecht, Art. 1 Rom I-VO, Rn. 21.

Gesellschaftsrechtsbegriff der Verordnung unterfallendes Rechtsverhältnis ist, begründet dabei kein Widerspruch. Vielmehr liegt diese Situation in der besonderen Natur der GbR begründet, die für ihre Entstehung auch keine Eintragung erfordert. Systematisch verortet sie auch das deutsche Recht im Bürgerlichen Gesetzbuch in Abschnitt 8 über die typisierten Schuldverhältnisse und eben nicht im Handelsgesetzbuch im zweiten Buch über Gesellschaften.[658]

Da ein Gesellschaftsvertrag nicht vom Ausschluss des Art. 1 Abs. 2 f) Rom I-VO erfasst wird, ist er ohne Weiteres der in Art. 3 Rom I-VO verbürgten Parteiautonomie zugänglich.[659] Das auf die Innenbeziehungen anwendbare Recht kann von den Parteien, trotz etwaig entgegenstehender Gläubiger- oder staatlicher Interessen, wirksam frei bestimmt werden. Für Innengesellschaften ist das allgemein anerkannt.[660]

3. *Exkurs: Sonderfall Vereinigtes Königreich*

Angesichts der überragenden Bedeutung des Finanzplatzes London wirft die Nichtanwendbarkeit der Rom I-VO auf das Vereinigte Königreich die Frage auf, anhand welches Maßstabs grenzüberschreitende Sachverhalte mit Bezug zum Vereinigten Königreich bestimmt werden. Da zahlreiche internationale Großbanken ihren Sitz in London haben und auch viele deutsche Institute dort Niederlassungen unterhalten, hat diese Frage für den Untersuchungsgegenstand erhebliche praktische Bedeutung. So ist es durchaus üblich, dass ein Vertrag mit einer deutschen Großbank von ihrer Londoner Niederlassung als unterzeichnender *booking unit* getätigt wird.

Nach Erwägungsgrund 45 zur Rom I-VO „beteiligt sich das Vereinigte Königreich nicht an der Annahme dieser [der Rom I] Verordnung, die für das Vereinigte Königreich nicht bindend oder anwendbar ist".[661] Ein Sachverhalt mit

---

658 Zumal der Begriff – wie erwähnt – europarechtlich autonom auszulegen ist.

659 *Kieninger*, in: Ferrari/Kieninger/Mankowski, Internationales Vertragsrecht, Art. 1 Rom I-VO, Rn. 20.

660 *Schücking*, WM 1996, 281, 289; *ders.*, in: Münchener HdB. Gesellschaftsrecht, § 1, Rn. 29; dies voraussetzend auch *Hinsch/Horn*, Vertragsrecht internationaler Konsortialkredite, S. 175; *Rayermann*, Der Internationale Konsortialvertrag, S. 47; *Schaffelhuber/Sölch*, in: Münchener HdB GesR, § 31, Rn. 76; *Magnus*, in: Staudinger BGB, Art. 1 Rom I-VO, Rn. 87; *Martiny*, in: MüKo BGB, Art. 1 Rom I-VO, Rn. 67. Zur bloßen stillen Beteiligung an einer Auslandsgesellschaft auch BGH Urteil vom 13.09.2004 – II ZR 276/02, NJW 2004, 3706.

661 Das gilt nach Erwägungsgrund 46 auch für das Königreich Dänemark. Die Ausführungen sind im Grunde also übertragbar die praktische Bedeutung ist allerdings

„Englandbezug" richtete sich also auch vor dem *Brexit* nicht nach europäischem Recht und in Abwesenheit eines völkerrechtlichen Vertrages auch nicht nach Völkerrecht. In diesen Fällen ist auf allgemeine kollisionsrechtliche Grundsätze zurückzugreifen, hier den Grundsatz der Parteiautonomie.

Vor dem *Brexit* galt bei der Wahl englischen Rechts allerdings die Vorschrift des Art. 3 Abs. 4 Rom I-VO, weil „Mitgliedstaat" i.S.d. Vorschrift jeder Mitgliedstaat ist und nicht nur die unterzeichnenden Mitgliedstaaten umfasst (Art. 1 Abs. 1 Rom I-VO). Dies hat sich mit dem vollständigen Austritt des Vereinigten Königreiches aus der Europäischen Union geändert. Sachverhalt mit „Englandbezug" sind vollständig losgelöst von den Vorschriften der ROM I-VO und dem gesamten Gemeinschaftsrecht zu bewerten.

C. Syndizierungsgeschäfte ohne ausdrückliche Rechtswahl

Die Untersuchung der kollisionsrechtlichen Auswirkungen der dargestellten internationalen Verträge ist trotz der überwiegenden Verwendung von Rechtswahlklauseln in der Praxis nicht vollständig, wenn die kollisionsrechtliche Anknüpfung in den Fällen, in denen die Parteien keine ausdrückliche Rechtswahl getroffen haben oder diese nicht wirksam ist, nicht geklärt ist. *Nielsen/Jäger* weisen darauf hin, dass „Beteiligte am Akkreditivgeschäft nur ausnahmsweise von der Möglichkeit einer Rechtswahl Gebrauch machen, da sie irrigerweise von einer in sich geschlossenen Regelung der ERA ausgehen und deshalb Rechtswahlklauseln für überflüssig halten".[662] Die objektive Anknüpfung mangels ausdrücklicher oder stillschweigender Rechtswahl kann also nicht außer Acht zu gelassen werden.

I. Konsortialkreditvertrag

Für die Frage der objektiven Anknüpfung des internationalen Akkreditiv- und Garantiegeschäfts ist, wie im Rahmen der subjektiven Anknüpfung, zwischen den unterschiedlichen Vertragsbeziehungen zu differenzieren.[663] In Abwesenheit einer vertraglichen Rechtswahl ist das anwendbare Recht nach Maßgabe des

---

geringer, da die Bedeutung des Finanzplatzes London die des Finanzplatzes Kopenhagen deutlich übersteigt.

662 *Nielsen/Jäger*, in: Schimansky/Bunte/Lwowski, Bankrechts-Handbuch, Bd. 2, § 120, Rn. 438. Diese Aussage bezieht sich zwar auf Akkreditive, lässt sich angesichts der URDG aber in gleichem Maße auf Garantien übertragen.

663 Insofern wird auf die oben stehenden Ausführungen verwiesen.

Art. 4 Rom I-VO, ggf. im Zusammenspiel mit Art. 19 Rom I-VO, zu bestimmen.[664] Dies wird besonders dann interessant, wenn – wie in der Praxis häufig – eine Zweitbank eingeschaltet wird.

Der Bestimmung der objektiven Anknüpfung vorgelagert ist regelmäßig die Frage, ob eine stillschweigende Rechtswahl angenommen werden kann, Art. 3 Abs. 1 S. 2 Alt. 2 Rom I-VO. Eine stillschweigende Rechtswahl kann „insbesondere der Verwendung von auf ein bestimmtes Recht zugeschnittenen Standardverträgen oder der Bezugnahme auf einzelne Vorschriften einer bestimmten Rechtsordnung entnommen [werden]“[665]. Für die hier untersuchten Fälle dürfte insbesondere die Verwendung von Standardverträgen eine Rolle spielen. Diese sind häufig an angelsächsisches Recht angelehnt. Darauf könnte man die Vermutung für eine stillschweigende Vereinbarung stützen. Da es dabei letztlich um die Bewertung eines Einzelfalles geht, bei der auch andere Umstände in die Entscheidung für oder wider die Annahme einer stillschweigenden Vereinbarung einfließen, enthebt diese Tatsache nicht von einer abschließenden Festlegung der objektiven Anknüpfung, die bei Zweifeln über eine wirksame einvernehmliche Vereinbarung als *last resort* heranzuziehen ist.[666]

Für grenzüberschreitende Fälle mit Bezug zum englischen Recht gilt im Hinblick auf den Anwendungsbereich der Rom I-VO das oben Gesagte entsprechend.

1. Grundkonstellation

Die objektive Anknüpfung der Vertragsbeziehung zwischen Akkreditivauftraggeber und Kreditinstitut erfolgt entweder über Art. 4 Abs. 1 b) Rom I-VO oder den Auffangtatbestand Art. 4 Abs. 2 Rom I-VO, in Abhängigkeit von der Frage, ob es sich dabei um eine Dienstleistung im Sinne der Verordnung handelt. Die Betonung liegt auf dem Bestandteil „im Sinne der Verordnung“, da der Begriff nicht deckungsgleich mit dem der §§ 611 ff. BGB, sondern als unionsrechtlicher Rechtsbegriff „gemeinschaftsrechtlich-autonom“[667] auszulegen ist. Der Anwendungsbereich der Norm ist sehr weit in dem Sinne, dass „der Begriff der Dienstleistung zumindest [bedeutet], dass die Partei, die sie erbringt, eine

664 Die Sonderanknüpfungen in Art. 5 bis 8 Rom I-VO finden hier keine Anwendung, insbesondere liegt kein Verbrauchervertrag vor.

665 *Wenzel*, Rechtsfragen internationaler Konsortialkreditverträge, S. 404, 410 mwN.

666 *Ferrari*, in: Ferrari/Kieninger/Mankowski, Internationales Vertragsrecht, Art. 4 Rom I-VO, Rn. 1.

667 *Magnus*, in: Staudinger BGB, Art. 4 Rom I-VO, Rn. 40 mwN.

bestimmte Tätigkeit gegen Entgelt durchführt“[668]. Im Übrigen fallen unter den unionsrechtlichen Begriff der Dienstleistung sowohl der Werkvertrag als auch die Geschäftsbesorgung (§§ 631 ff. BGB bzw. §§ 675 ff. BGB), wodurch die mitunter problematischen Differenzierungen des deutschen Rechts verzichtbar sind.[669] Umstritten ist die Einordnung von Darlehen unter den Begriff der Dienstleistung, wenn sich das Darlehen in der Überlassung von Geldmitteln erschöpft.[670] Sofern es sich dabei aber um Bankgeschäfte handelt, ist letztlich von einer Dienstleistung im Sinne der Verordnung auszugehen.[671] Dafür spricht auch, dass das Akkreditiv- und Garantiegeschäft eben keine bloße Überlassung von Geldmitteln, sondern einen Haftungskredit darstellt.[672] Einiges spricht also dafür, dass es sich bei der Akkreditiv- oder Garantiestellung zugunsten des Begünstigten im Verhältnis zum Auftraggeber um eine Dienstleistung im Sinne des Art. 4 Abs. 1 b) Rom I-VO handelt.[673] In der Folge unterliegt der Vertrag dem Recht des Staates, in dem der Dienstleister (also das Kreditinstitut) seinen gewöhnlichen Aufenthalt hat.

Sollte man der Auffassung sein, das Verhältnis zwischen Auftraggeber und kreditgewährender Bank bzw. Konsortium unterfalle nicht dem Begriff der Dienstleistung im Sinne der Verordnung, bestimmte sich die objektive Anknüpfung des Vertrags nach dem Auffangtatbestand Art. 4 Abs. 2 Rom I-VO. Die Anknüpfung ist (bei Dienstleistungsverträgen) der gewöhnliche Aufenthaltsort

---

668 EuGH Urteil vom 23.4.2009 – C-533/07 „Falco Privatstiftung u. Rabitsch/ Weller-Lindhorst“, NJW 2009, 1865, Rz. 29. Nach *Magnus* sollen dennoch sogar unentgeltliche Verträge in den Geltungsbereich der Vorschrift passen.

669 *Martiny*, in: MüKo BGB, Art. 4 Rom I-VO, Rn. 26 bzw. 28.

670 „Die objektive Anknüpfung des (reinen) Geld- oder Sachdarlehens dürfte nach Art. 4 Abs 2 zu beurteilen sein (…). (…) ist das bloße Überlassen von Geld zur Nutzung – wie auch die Miete oder Leihe einer Sache – keine Dienstleistung iSd Art. 4 Abs. 1 lit. b. (…).“ *Magnus*, in: Staudinger BGB, Art. 4 Rom I VO, Rn. 282.

671 *Martiny*, in: MüKo BGB, Art. 4 Rom I-VO, Rn. 27; *Magnus*, in: Staudinger BGB, Art. 4 Rom I-VO, Rn. 450.

672 Allgemein zum Haftungs- bzw. Avalkreditgeschäft ebenso *Freitag*, in: Reithmann/ Martiny, Internationales Vertragsrecht, Rz. 1311.

673 So auch *ders.* ebenda; *Magnus*, in: Staudinger BGB, Art. 4 Rom I-VO, Rn. 483; *Martiny*, in: MüKo BGB, Art. 4 Rom I-VO, Rn. 73.

Zur Garantie siehe *Ferrari*, in: Ferrari/Kieninger/Mankowski, Internationales Vertragsrecht, Art. 4 Rom I-VO, Rn. 132; anderer Ansicht *Magnus*, in: Staudinger BGB, Art. 4 Rom I-VO, Rn. 426 (der die Einordnung auf Art. 4 Abs. 2 Rom I-VO stützt), offengelassen bei *Martiny*, in: Martiny/Reithmann, Internationales Vertragsrecht, Art. 4 Rom I-VO, Rz. 1195 a.E, sowie *ders.*, in: MüKo BGB, Art. 4 Rom I-VO, Rn. 190.

derjenigen Partei, welche die für den Vertrag charakteristische Leistung erbringt. Insofern kommt der Abgrenzung zwischen Art. 4 Abs. 1 b) und Abs. 2 Rom I-VO keine große praktische Bedeutung zu.

Für den Fall der Vertragsbeziehung zwischen Auftraggeber und Kreditinstitut – und nur diesen – kommt hinzu, dass es sich häufig um einen rein nationalen Sachverhalt handelt, da die Hausbank des Kunden typischerweise im gleichen Land ansässig ist.[674] Dann findet ohne Weiteres das gemeinsame nationale Recht Anwendung. Sollte ein grenzüberschreitender Sachverhalt vorliegen, kommt das Recht am gewöhnlichen Aufenthaltsort des Kreditinstituts zur Anwendung, da dieses die charakteristische Leistung erbringt. Der gewöhnliche Aufenthaltsort bestimmt sich, sowohl für Zwecke des Art. 4 Abs. 1 b), als auch des Abs. 2, nach Art. 19 Rom I-VO. Danach ist der gewöhnliche Aufenthaltsort einer Gesellschaft der Ort ihrer Hauptverwaltung.[675]

Die vorstehenden Ausführungen hinsichtlich des maßgeblichen Anknüpfungspunktes für das anwendbare Recht lassen sich im Ergebnis weitgehend auf die Beziehung zwischen Kreditinstitut und Begünstigtem übertragen. Hinsichtlich der korrekten Einordnung besteht jedoch der Unterschied, dass sowohl für die Abgabe eines abstrakten Schuldversprechens im Rahmen des Akkreditivgeschäfts als auch für die Garantieübernahme bei internationalen Bankgarantien, die Annahme einer Dienstleistung wesentlich ferner liegt als zwischen Bank und Auftraggeber.[676] Beide unterfallen dem Auffangtatbestand des Art. 4 Abs. 2 Rom I-VO.[677] Im Ergebnis ändert sich dadurch aber nichts. Auch auf dieses Vertragsverhältnis ist das Recht desjenigen Staates anzuwenden, in dem

---

674 *Ferrari*, in: Ferrari/Kieninger/Mankowski, Internationales Vertragsrecht, Art. 4 Rom I-VO, Rn. 123.

675 Wird der Vertrag im Betrieb einer Zweigniederlassung geschlossen, gilt Art. 19 Abs. Rom I-VO.

676 So auch *Freitag*, in: Reithmann/Martiny, Internationales Vertragsrecht, Rz. 1314: „Dagegen liegt im Verhältnis zum Begünstigten keine Dienstleistung iSd. Art. 4 Abs. 1 li. B Rom I-VO, da das Kreditinstitut allenfalls im Verhältnis zu seinem Auftraggeber eine Dienstleistung erbringt", mwN.

677 Zum abstrakten Schuldversprechen *Ferrari*, in: Ferrari/Kieninger/Mankowski, Internationales Vertragsrecht, Art. 4 Rom I-VO, Rn. 160, *Magnus*, in: Staudinger BGB, Art. 4 Rom I-VO, RN. 433; *Martiny*, in: MüKo BGB, Art. 4 Rom I-VO, Rn. 197.
Für die Garantie: *Martiny*, in: MüKo BGB, Art. 4 Rom I-VO, Rn. 188; *Magnus*, in: Staudinger BGB, Art. 4 Rom I-VO, Rn. 426 mwN; *Ferrari*, in: Ferrari/Kieninger/Mankowski, Internationales Vertragsrecht, Art. 4 Rom I-VO, Rn. 132.

das Kreditinstitut seine Hauptverwaltung hat.[678] Ein weiterer Unterschied zum zuvor behandelten Vertragsverhältnis besteht darin, dass es sich hier notwendig um grenzüberschreitende Sachverhalte handelt, die Anwendung eines gemeinsamen nationalen Rechts also von vornherein ausgeschlossen ist.

Zusammenfassend lässt sich mit *Nielsen/Jäger* sagen, „dass die Auswirkungen auf das internationale Dokumentengeschäft der Banken [sich schlagwortartig dahin gehend beschreiben lassen], dass sowohl bei der Erstellung von Akkreditiven als auch von Garantien die charakteristische Leistung von der Akkreditiv- bzw- Garantiebank erbracht wird; es gilt mithin deren Sitzrecht“[679].

2. *Einschaltung einer Zweitbank*

Etwas differenzierter stellt sich der Sachverhalt dar, wenn eine Zweitbank in die Vertragskonstellation einbezogen wird. Dabei ist hauptsächlich zwischen Situationen zu unterscheiden, in denen die Zweitbank lediglich die Anzeige gegenüber dem Begünstigten übernimmt und solchen, in denen sie das Akkreditiv bestätigt bzw. eine eigene Garantie herausgibt, also eine eigenständige Verpflichtung gegenüber dem Begünstigten übernimmt.[680]

Zunächst ist allerdings das anwendbare Recht auf das Verhältnis zwischen Erst- und Zweitbank zu bestimmen. Da die charakteristische Leistung hier von der Zweitbank erbracht wird, richtet sich dieser Vertrag nach dem Recht am Sitz der Zweitbank; unabhängig von der durch die Zweitbank übernommenen Funktion.[681] Da es sich rechtlich um einen Geschäftsbesorgungsvertrag i.S.d. §§ 675 f. BGB handelt, liegt hier auch eine Einordnung unter den Dienstleistungsbegriff des Art. 4 Abs. 1 b) Rom I-VO nahe, sodass nicht auf den Auffangtatbestand Art. 4 Abs. 2 Rom I-VO zurückgegriffen werden muss.[682]

678 Allgemein zu (Konsortial-)Kreditverträgen auch *Wenzel*, Rechtsfragen internationaler Konsortialkreditverträge, S. 413.

679 *Nielsen/Jäger*, in: Schimansky/Bunte/Lwowski, Bankrechts-Handbuch, Bd. 2, § 120, Rn. 438.

680 Wenn hier Stimmen aus der Literatur zitiert werden, die sich mit Akkreditiven auseinandersetzen, so ist ihr Inhalt auf die Garantiestellung bei Einschaltung einer Zweitbank übertragbar, siehe zum Beispiel *Magnus*, in: Staudinger BGB, Art. 4 Rom I-VO, Rn. 426 a.E.

681 *Nielsen/Jäger*, in: Schimansky/Bunte/Lwowski, Bankrechts-Handbuch, Bd. 2, § 120, Rn. 442: „Somit ist in diesen Fällen stets die Rechtsordnung der ausländischen Zweitbank anwendbar, gleichgültig, ob diese mit Avisierung, Honorierung bzw. Negozierung oder Bestätigung des Akkreditivs ermächtigt bzw. beauftragt wird“, mwN.

682 *Ferrari*, in: Ferrari/Kieninger/Mankowski, Internationales Vertragsrecht, Art. 4 Rom I-VO, Rn. 123.

Die angesprochene Differenzierung zwischen der übernommenen Funktion spielt hingegen eine Rolle im Verhältnis der Zweitbank zum Begünstigten. Sollte die Zweitbank die Eröffnung des Akkreditivs bzw. die Stellung der Garantie lediglich anzeigen/avisieren, hat dies keinen Einfluss auf das Verhältnis zwischen der Erstbank und dem Begünstigten.[683] Zwischen der Zweitbank und dem Begünstigten kommt kein Rechtsverhältnis in dem Sinne zustande, dass die Frage des anwendbaren Rechts eine Rolle spielte.[684] Die bloße Avisierung hat folglich keine entscheidenden Auswirkungen auf das anwendbare Recht in allen in Rede stehenden Vertragsverhältnissen. Wenn die Zweitbank es aber auf sich nimmt, das Dokument zu bestätigen, entsteht ein weiteres abstraktes Schuldverhältnis bzw. eine Garantie neben demjenigen zur Erstbank.[685] Die charakteristische Leistung in diesem Verhältnis erbringt die Zweitbank, sodass ihr Sitzrecht gemäß § 4 Abs. 2 Rom I-VO auf diesen Vertrag anzuwenden ist.[686] Das hat in der Praxis allerdings häufig keine entscheidenden Auswirkungen, da die bestätigende Bank ihren Sitz in derselben Rechtsordnung wie der Begünstigte hat. Dann findet unproblematisch das gemeinsame Heimatrecht der Parteien Anwendung, ein grenzüberschreitender Sachverhalt liegt nicht vor. Auf das Verhältnis Erstbank/Begünstigter hat die Bestätigung nach überwiegender Auffassung keinen Einfluss.[687] Dies hat die interessante Folge, dass die Ansprüche des Begünstigten gegen die Erst- und gegen die Zweitbank unterschiedlichen Rechtsordnungen unterfallen, obwohl sie gemeinsam dem Begünstigten gesamtschuldnerisch haften.[688]

---

683 *Freitag*, in: Reithmann/Martiny, Internationales Vertragsrecht, Rz. 1318.

684 *Nielsen/Jäger*, in: Schimansky/Bunte/Lwowski, Bankrechts-Handbuch, Bd. 2, § 120, Rn. 444; bis auf die Schutzpflichten, die in der Avisierung begründet liegen.

685 Siehe oben, Teil 2 § 1 B. II. 4. c).

686 Allgemeine Ansicht: Vgl. nur *Magnus*, in: Staudinger BGB, Art. 4 Rom I-Vo, Rn. 485; *Martiny*, in: MüKo BGB, Art. 4 Rom I-VO, Rn. 75, jeweils mwN.

687 *Martiny*, in: MüKo BGB, Art. 4 Rom I-VO, Rn. 74, *Nielsen/Jäger*, in: Schimansky/Bunte/Lwowski, Bankrechts-Handbuch, Bd. 2, § 120, Rn. 450/451; *Magnus*, in: Staudinger BGB, Art. 4 Rom I-VO, Rn. 489; *Freitag*, in: Reithmann/Martiny, Internationales Vertragsrecht, Rz. 1317.

688 Um den Rahmen der Darstellung nicht zu überdehnen, werden hier nur die Avisierung und Bestätigung als mögliche Funktionen der Zweitbank behandelt. Zu den – umstrittenen – Folgen der Einschaltung einer benannten Bank (bei Akkreditiven) siehe *Nielsen/Jäger*, in: Schimansky/Bunte/Lwowski, Bankrechts-Handbuch, Bd. 2, § 120, Rn. 446 ff.

II. Konsortialvertrag

Konsortialverträge ohne ausdrücklich vereinbarte Rechtswahlklausel mögen in der Praxis eine Seltenheit sein, die Frage der objektiven Anknüpfung hat jedoch – jedenfalls für das deutsche Recht – keinesfalls nur theoretische Bedeutung. Wenn Außengesellschaften, wie oben dargelegt, keiner Rechtswahlklausel zugänglich sind, wirkt sich die Frage der objektiven Anknüpfung des Vertrages erheblich aus, da die von den Parteien etwaig dennoch getroffene Rechtswahl keine Wirkung entfaltet.[689]

Für die hinsichtlich einer Rechtswahlklausel unproblematischen Innengesellschaften stellt sich hier die Frage nach dem anwendbaren Recht am Maßstab der Rom I-VO, mit der Maßgabe, dass der Besonderheit des Konsortiums als Personenmehr- bzw. unter Umständen sogar Personenvielheit Rechnung getragen werden muss.

1. Außengesellschaft

Der restriktivere Umgang des Internationalen Gesellschaftsrechts mit Außengesellschaften liegt darin begründet, dass diese im Unterschied zu Innengesellschaften eine körperschaftliche Struktur aufweisen. Wenn sich die Zusammenarbeit zwischen Gesellschaftern in einer Weise verdichtet, die zumindest körperschaftsähnlich ist, seien Verkehrs- und Drittschutzinteressen in einer Weise betroffen, die eine freie Rechtswahl nicht mehr möglich sein lässt. Insbesondere sei bei einer solchen Unternehmung darauf zu achten, dass „die Gesellschafter im Gesellschaftsvertrag nicht ein Recht, das ihre Haftung für Gesellschaftsschulden besonders schuldnerfreundlich regelt, wählen und somit die Rechtsposition Dritter, die mit der Gesellschaft in Rechtskontakt treten, beliebig schmälern können“[690]. Worin genau die körperschaftliche Struktur bei einer Außen-GbR in der dargestellten typischen Form liegen soll, wird aber nicht deutlich.[691]

---

689 Einen gänzlich anderen Weg beschreitet *Wenzel*, der verschiedene Lösungsansätze zur Frage der kollisionsrechtlichen Behandlung von Außenkonsortien für überflüssig hält, da Kreditkonsortien überwiegend Innengesellschaften seien, deren Rechtswahlfreiheit anerkannt ist, die sich anhand der einheitlichen Vertragsdokumentation auch auf das Innenverhältnis erstrecke; *Wenzel*, Vertragsrecht internationaler Konsortialkredite, S. 418.

690 *Hinsch/Horn*, Vertragsrecht internationaler Konsortialkredite, S. 175. Ob diese Erwägung von *Hinsch* in letzter Konsequenz durchgreift, ist angesichts der Möglichkeit gesellschaftsrechtlicher Sonderanknüpfungen (insbesondere gläubigerschützender Normen) jedoch fraglich.

691 *Hinsch/Horn*, Vertragsrecht internationaler Konsortialkredite, S. 175.

Entscheidend kommt es auf die Fähigkeit zum einheitlichen Tätigwerden nach außen an. Körperschaftlich ist daran – um im Bild zu bleiben – dass die Entität ein handlungsfähiges Haupt hat. Insofern kann man durchaus zumindest von einer körperschaftsähnlichen Struktur sprechen. Der Unterschied liegt also auch darin begründet, dass Außenbeziehungen des Vertrages notwendigerweise auch Drittinteressen berühren. Aus der vertraglichen Regelung einer reinen Innengesellschaft erwachsen hingegen keine berücksichtigungsfähigen- oder -pflichtigen Interessen, die einer Anknüpfung an eine frei gewählte Rechtsordnung widersprächen.[692] Deswegen kommt umgekehrt eine Anknüpfung an das Vertragsstatut bei Außengesellschaften nicht in Betracht.

Die Vertreter der Gegenansicht, die angesichts des nur schwach körperschaftlich geprägten Charakters der Außen-GbR eine Anwendung des Vertragsstatus vorschlagen, sehen sich dem Vorwurf ausgesetzt, nicht erklären zu können, wann eine GbR so stark gesellschaftsrechtlich geprägt ist, dass nicht mehr vertragsrechtlich angeknüpft werden kann.[693] Denn auch sie gehen davon aus, dass es einen Grad hinreichend körperschaftlicher Organisation gibt, ab dem das internationale Gesellschaftsrecht das anwendbare Recht determiniert. Ohne jedoch diesen Grad eindeutig oder jedenfalls bestimmbar darzulegen, kann diese Ansicht nicht überzeugen. Hinzu kommt, dass auch die Vertreter dieser Meinung davon ausgehen, dass es sich materiellrechtlich um Gesellschaften handelt, die unterschiedliche Behandlung desselben Gegenstandes für Zwecke des Kollisionsrechts aber nicht überzeugend erklären können.[694]

---

692 Siehe auch *Schücking*, WM 1996, 281, 286: „Demgegenüber treten diese Erwägungen [Verkehrsschutz] bei einer BGB-Gesellschaft in viel stärkerem Maße als bei einer Kapitalgesellschaft oder bei einer Personenhandelsgesellschaft zurück, wenn es lediglich um das Innenverhältnis der Konsorten untereinander geht. Denn die das Innenverhältnis der Gesellschafter untereinander regelnden Normen haben bei BGB-Gesellschaften grundsätzlich keine Funktionen, die auch dem Schutz außenstehender Dritter dienen." *Ders*, in: Münchener HdB. Gesellschaftsrecht, § 1, Rn. 31. *Schücking* plädiert letztlich allerdings dafür, das Vertragsstatut auch auf Außenkonsortien anzuwenden, ebenda, S. 287 f., 289, da sie keine typischen Personengesellschaften, sondern Austauschverträge seien.

693 Ebenso *Rayermann*, Der Internationale Konsortialvertrag, S. 47 mwN.

694 Ansatzpunkt dieser Begründung ist, dass es sich bei in der Praxis auftretenden Konsortien um Gesellschaften handelt, die sich so weit vom Idealtyp der BGB-Gesellschaft entfernt haben, dass sie „funktionell" oder „teleologisch" anders zu qualifizieren seien. Siehe dazu *Wenzel*, Rechtsfragen internationaler Konsortialkredite, S. 418 mwN, der die Differenzierung selbst allerdings für gänzlich unnötig hält.

Wenn das anwendbare Recht auf Außenkonsortien folglich nicht nach dem Vertragsstatut bestimmt werden kann, ist weiter zu fragen, welcher Maßstab das anwendbare Recht festlegt. Ein geschriebenes deutsches Kollisionsrecht der Gesellschaften existiert nicht.[695] Auch europäische Regeln im Sinne unmittelbar anwendbarer Regelungen der Europäischen Union gemäß Art. 3 Nr. 1 EGBGB fehlen.

Keine unmittelbar anwendbare Regelung, aber immerhin kodifiziert ist hingegen die Niederlassungsfreiheit von Gesellschaften in Art. 49, 54 des Vertrages über die Arbeitsweise der Europäischen Union (AEUV).[696] „Niederlassungsfreiheit bezeichnet das Recht jedes Unionsbürgers und von nach den Rechtsvorschriften eines Mitgliedstaates gegründeten Gesellschaften mit Sitz, Hauptverwaltung oder Hauptniederlassung innerhalb der EU, an einem beliebigen Ort innerhalb der EU nach den dort geltenden Bestimmungen eine selbstständige Erwerbstätigkeit auszuüben einschließlich der Gründung und Leitung von Unternehmen“[698]. Durch die Niederlassungsfreiheit in der Auslegung und Anwendung durch den EuGH und das daraus resultierende Diskriminierungsverbot werden einige (wenn auch nicht alle) international-gesellschaftsrechtlichen Sachverhalte entschieden, Stichworte sind Sitz- und Gründungstheorie (dazu sogleich). Aus dogmatischer Sicht stellt sich die Frage, ob es sich bei Art. 49, 54 AEUV um (mittelbare) europarechtliche Kollisionsnormen handelt, die für die Anwendung der Gründungstheorie streiten.[699] In diesem Fall handelte es sich entweder um unmittelbar anwendbare gemeinschaftsrechtliche Regeln im Sinne des Art. 3 Nr. 1 EGBGB oder (angesichts der völkerrechtlichen Rechtsnatur des AEUV)

---

695 BGH, Urt. v. 12.7.2011 – II ZR 28/10, NZG 2011, 1114, 1115.

696 Vertrag über die Arbeitsweise der Europäischen Union, ABl. EG Nr. C 115 v. 9.5.2008, S. 47.

697 Vergleiche die Parallelvorschriften Art. 31, 34 des Abkommens über den Europäischen Wirtschaftsraum, ABl. Nr. L 001 v. 3.1.1994, S. 0003. Die Schweiz ist zwar EFTA-Staat, hat aber den EWR-Vertrag nicht ratifiziert. Insofern gelten bilaterale Abkommen zwischen der EU und der Schweiz; siehe dazu BGH, Urteil vom 27.10.2008 – II ZR 158/06 – „Trabrennbahn“; NZG 2009, 68.

698 *Hoppe*, in: Bergmann, Handlexikon der Europäischen Union.

699 So *Thomale*, NZG 2011, 1290, 1293, Urteilsbesprechung BGH, Urteil v. 12.7.2011 – II ZR 28/19, NZG 2011, 1114, der im Anschluss an *Weller* von einer „versteckten Kollisionsnorm“ spricht. *Weller*, in: MüKo GmbHG, Bd. 1, Einl. Rn. 340. Anders die herrschende Meinung, beispielsweise *Ebke*, RIW 2004, 740, 742 („keine (auch keine verdeckte) Gesellschaftskollisionsnorm“); *Eidenmüller*, ZGR 2004, 159, 166 oder *Ulmer*, NJW 2004, 1201, 1205 („kein spezifisch kollisionsrechtlicher Inhalt“).

um vorrangige völkerrechtliche Vereinbarungen i.S.d. Art. 3 Nr. 3 EGBGB. Demgegenüber stellt die Sitztheorie nicht kodifiziertes „autonom deutsches Gesellschaftskollisionsrecht“[700] oder eine „allgemeine Regel des deutschen Privatrechts“[701] dar, das lediglich gewohnheits- bzw. richterrechtlich verankert ist. Der Art. 3 EGBGB gibt damit die Prüfungsreihenfolge für einen international gesellschaftsrechtlichen Sachverhalt vor.[702] Auch richterrechtlich geschaffene Kollisionsnormen des Internationalen Gesellschaftsrechts müssen sich an den höherrangigen Vorgaben der europarechtlichen Niederlassungsfreiheit messen lassen.[703] Anhand dieser ist das anwendbare Recht auf einen internationalprivatrechtlichen Sachverhalt zu bestimmen.

2. Exkurs: Internationales Gesellschaftskollisionsrecht

Die Prüfungsreihenfolge gemäß Art. 3 EGBGB beginnt mit unionsrechtlichem Kollisionsrecht. Wo abschließende Vorschriften in EU-Normen bestehen, gehen sie – die Eröffnung ihres beschränkten Anwendungsbereichs vorausgesetzt – abweichenden Regeln vor. Auf Ebene der EU trifft nur die Niederlassungsfreiheit der Art. 49, 54 AEUV eine (wenn auch nur implizite und durch die Rechtsprechung des EuGH ausdifferenzierte) Aussage zum Internationalen Gesellschaftsrecht.[704] Die durch diese Rechtsprechung übernommene Gründungstheorie besagt, dass „eine Gesellschaft, die unter dem Schutz der im EG-Vertrag garantierten Niederlassungsfreiheit steht, berechtigt [ist], ihre vertraglichen Rechte in jedem Mitgliedstaat geltend zu machen, wenn sie nach der Rechtsordnung des Staates, in dem sie gegründet worden ist und in dem sie nach einer eventuellen Verlegung ihres Verwaltungssitzes in einen anderen Mitgliedstaat weiterhin ihren satzungsmäßigen Sitz hat, hinsichtlich des geltend gemachten Rechts rechtsfähig ist“.[705]

---

700 *Weller*, in: MüKo GmbHG, Bd. 1, Einl. Rn. 345, 320 ff.

701 BGH, Urteil vom 27.10.2008 – II ZR 158/06, NZG 2009, 68, 70 [21].

702 Ebenda, Rn. 344 ff.: Gemeinschaftsrechtliches Gesellschaftskollisionsrecht (Art. 3 Nr. 1 EGBGB), Völkerrechtliches Gesellschaftskollisionsrecht (Art. 3 Nr. 2 EGBGB), Autonom deutsches Gesellschaftskollisionsrecht (Art. 3 a.E. EGBGB).

703 *Ebke*, RIW 2004, 740, 742, *ders.*, JZ 2003, 927, 929 f; *ders.*, JZ 1999, 656.

704 Siehe die maßgeblichen Urteile EuGH Urt. v. 9.3.1999 – Rs. C-212/97 – „Centros“, Slg. 1999, I-1459, NJW 1999, 2027; Urt v. 5.11.2002 – Rs. C-208/00 – „Überseering“, ABl. Nr. C 323, S. 12 (LS); ZIP 2002, 2037; Urt. v. 30.9.2003 – Rs. C-167/01 – „Inspire Art“, ABl. Nr. C 275, S. 10 (LS); NJW 2003, 3331.

705 BGH, Urteil vom 13.3.2003 – VII ZR 370/98, NJW 2003, 1461, 1462.

Rechtsfähigkeit und anwendbares Recht von Kreditkonsortien, deren Teilnehmer aus EU- oder EFTA-Mitgliedstaaten (mit Ausnahme der Schweiz)[706] stammen, bestimmen sich nach dem Recht des Ortes, an dem das Konsortium gegründet wurde, dem Satzungssitz des Herkunftstaates.[707]

Anders die Lage bei Drittstaaten, also solchen Staaten, die weder der Europäischen Union noch dem Europäischen Wirtschaftsraum angehören. Bei ihnen ist danach zu differenzieren, ob völkerrechtliche Vereinbarungen zwischen der Bundesrepublik Deutschland und dem betreffenden Staat bestehen oder nicht. Die bekannteste Vereinbarung dieser Art ist der „Freundschafts-, Handels-, und Schifffahrtsvertrag" zwischen den Vereinigten Staaten und Deutschland.[708] Nach dessen Art. XXV Abs. 5 S. 2 gelten „Gesellschaften, die gemäß den Gesetzen und sonstigen Vorschriften des einen Vertragsteils in dessen Gebiet errichtet sind, (...) als Gesellschaften dieses Vertragsteils; ihr rechtlicher Status wird in dem Gebiet des anderen Vertragsteils anerkannt". Zumindest die Anerkennung als rechtsfähige Gesellschaft vollzieht sich zwischen den Parteien des FrHSchV D-USA, nicht nach deutschem internationalen Gesellschaftsrecht (dort gilt weiterhin die Sitztheorie, dazu sogleich), sondern nach der Gründungstheorie.[709] Rein praktisch ist damit auch der Finanzplatz New York und dort die Rechtsordnung des Bundesstaates Delaware abgedeckt.[710] Vergleichbare Regelungen mit anderen Drittstaaten bestehen bis dato nicht. Hier wird insbesondere zu beobachten sein, wie sich die Rechtslage in Bezug auf den Finanzplatz London nach dem Austritt des Vereinigten Königreichs entwickeln wird.

---

706 „Im Verhältnis zwischen Deutschland und der Schweiz findet die sog. Gründungstheorie nach geltendem Recht keine Anwendung", BGH, Urteil vom 27.10.2008 – II ZR 158/06 – „Trabrennbahn"; NZG 2009, 68, 69, Rz. 13. Siehe auch *Ebke*, in: FS Hellwig, 117, 131 f.; *Hübner*, Kollisionsrechtliche Behandlung von Gesellschaften aus „nicht-privilegierten" Drittstaaten, S. 126 ff. Für die Lage zur Schweiz vor dem Trabrennbahn-Urteil des BGH ebenfalls *Ebke*, in: *Sandrock/Wetzler*, Deutsches Gesellschaftsrecht im Wettbewerb der Rechtsordnungen, S. 101, 113 ff.

707 BGH, Urteil v. 12.7.2011 – II ZR 28/10, NZG 2011, 1114.

708 „Freundschafts-, Handels-, und Schifffahrtsvertrag zwischen der Bundesrepublik Deutschland und den Vereinigten Staaten von Amerika" (FrHSchV D-USA) v. 29. Oktober 1954 (BGBl. 1956 II S. 487).

709 BGH, Urteil vom 29.1.2003 – VIII ZR 155/02, NZG 2003, 531, (Nr. 2) mwN; a.A. OLG Düsseldorf, Urt. v. 01.10.1997 – 15 I 173/96; *Ebke*, in: FS Hay, 119 ff.; *ders.*, RIW 2004, 740, 742; *ders.*, RabelsZ 62 (1998), 209, 211;

710 Nicht zu unterschätzen – insbesondere auch für deutsche Institute und ihre Niederlassungen – ist auch der Finanzplatz Dublin, der von der Rechtsprechung des EuGH zur Niederlassungsfreiheit erfasst wird.

In Abwesenheit vergleichbarer Regelungen und gesetzgeberischen Initiativwerdens[711] wendet die deutsche Rechtsprechung auf Fälle mit Auslandsbezug zu Drittstaaten weiterhin die Sitztheorie, als „allgemeine Regel des deutschen Privatrechts" an.[712] Danach ist die Rechtsfähigkeit einer Gesellschaft nach dem Recht des Ortes zu bestimmen, an dem sie ihren Verwaltungssitz hat.[713] „Maßgebend ist der Tätigkeitsort der Geschäftsführung und der dazu berufenen Vertretungsorgane, also der Ort, wo die grundlegenden Entscheidungen der Unternehmensleitung effektiv in laufende Geschäftsführungsakte umgesetzt werden".[714] In den vorliegenden Fällen also typischerweise der Sitz des Konsortialführers.

Abschließend ist zum Internationalen Gesellschaftsrecht der Außenkonsortien festzuhalten, dass in allen Fällen, in denen Kreditinstitute beteiligt sind, die weder einer europäischen noch einer amerikanischen Rechtsordnung entstammen, weiterhin die Sitztheorie Anwendung findet. Das hat zur Folge, dass die Festlegung des Sitzes das anwendbare Recht unabhängig von einer etwaigen Rechtswahl der Parteien determiniert.[715]

3. *Innengesellschaft*

Für reine Innengesellschaften, die als solche keine Rechtsbeziehungen zu Dritten, also insbesondere dem Kreditnehmer, eingehen, ist allgemein anerkannt, dass die Rechtswahlfreiheit sich nicht nur auf das Kredit-, sondern auch das Konsortialverhältnis erstreckt. In Abwesenheit einer Rechtswahl ist objektiv anzuknüpfen; der Anwendungsbereich des Art. 4 Rom I-VO ist eröffnet. Denkbar wäre es, in dem Austauschvertrag der zur Erbringung wechselseitiger Dienstleistungen verpflichtet einen Dienstleistungsvertrag im Sinne des Art. 4 Abs. 1 b) Rom

---

711 Vergleiche den gescheiterten Referentenentwurf eines Gesetzes zum Internationalen Privatrecht der Gesellschaften, Vereine und juristischen Personen vom 14.12.2007.

712 „Da die Gründe für die umfassende Geltung der ‚Sitztheorie' – Schutz der Gläubiger und Minderheitsgesellschafter nach deutschen Standards, Verhinderung einer Flucht in Gesellschaftsrechte mit den geringsten Anforderungen (‚race to the bottom') – im Verhältnis zu den Drittstaaten nach wie gegeben [sind] (...)", BGH, Urteil vom 27.10.2008 – II ZR 158/06, NZG 2009, 68, 70 [21] mwA. Siehe auch *Ebke*, in: FS Hellwig, 117, 130 f., 134 f. mwN; *ders.*, RIW 2004, 740, 742; *ders.*, JZ 2003, 927, 929 f; *ders.*, JZ 1999, 656.

713 BGH, Urteil vom 21.03.1986 – V ZR 10/85, NJW 1986, 2194, 2195, zuvor schon BGH, Urteil vom 17.10.1968 – VII ZR 23/68, BGHZ 51, 27.

714 Ebenda, im Anschluss an *Sandrock*, in: FS Beitzke, 669, 683 f., 684.

715 Insofern zutreffend – aber noch zum EGBGB a.F. – *Rayermann*, Der Internationale Konsortialvertrag, S. 47.

I-VO zu sehen. Bei den von den Konsorten untereinander und insbesondere vom Konsortialführer gegenüber den Mitkonsorten zu erbringenden Leistungen handelt es sich um Dienstleistungen im Sinne der Verordnung. Sollte trotz des weiten Anwendungsbereichs der Norm angesichts der Besonderheiten, die die Bündelung dieser Leistungspflichten unter der Überschrift „Konsortialvertrag" mit sich bringt, die Anwendbarkeit der Anknüpfung vereint werden, ist auf den Auffangtatbestand Art. 4 Abs. 2 Rom I-VO zurückzugreifen.[716]

Wie bereits an anderer Stelle ausgeführt, unterscheidet sich die Anwendung der Normen in ihrer Rechtsfolge allerdings nicht. Nach beiden Normen kommt das Recht des Staates zur Anwendung, in dem der Erbringer der charakteristischen Leistung seinen gewöhnlichen Aufenthaltsort hat.[717] Die charakteristische Leistung eines Konsortialvertrages erbringt der Konsortialführer; ihm obliegt es, die für einen Kooperationsvertrag typische Leistung, Organisation und Abwicklung der gemeinschaftlichen Unternehmung zu leiten. Für die objektive Anknüpfung des auf das Innenverhältnis anwendbaren Rechts ist folglich gemäß Art. 4 Abs. 1 b) bzw. Abs. 2 Rom I-VO i.V.m. Art. 19 I Rom I-VO auf den Ort der Hauptverwaltung des Konsortialführers abzustellen.[718]

Eine abweichende Ansicht, die „aufgrund des ausschließlichen Bezuges [des Kooperationsvertrags] auf das Kreditverhältnis und der engen Verwobenheit mit diesem (...), das auf das Kreditverhältnis Anwendung [findende] Recht"[719] bevorzugt[720], sieht sich folgendem Einwand ausgesetzt: Zwar sind Kreditvertrag und Konsortialvertrag häufig in einer einzigen Urkunde zusammengefasst. Dennoch handelt es sich um rechtlich voneinander unabhängige

---

716 Zum weiten Anwendungsbereich des Art. 4 Abs. 1 b) Rom I-VO siehe bereits oben beim Konsortialkreditvertrag.

717 *Magnus* spricht vom „gewöhnliche[n] Aufenthaltsort der kollisionsrechtlich ‚wichtigeren' Partei die grundsätzlich ausschlaggebende Bedeutung [hat]", in: Staudinger BGB, Art. 19 Rom I-VO, Rn. 1.

718 Ebenso *Ferrari*, in: Ferrari/Kieninger/Mankowski, Internationales Vertragsrecht, Art. 4 Rom I-VO, Rn. 120; *Magnus*, in: Staudinger BGB, Art. 4 Rom I-VO, Rn. 285; *Schücking*, WM 1996, 281, 283; *Rayermann*, Der internationale Konsortialvertrag, S. 49.

719 *Wenzel*, Rechtsfragen internationaler Konsortialkredite, S. 418/419.

720 Im Ergebnis wegen der „engen Beziehung zum Kreditvertrag" auch *Martiny*, in: Reithmann/Martiny, Internationales Vertragsrecht, Rz. 1163; *ders.*, in: MüKo BGB, Art. 4 Rom I-VO, Rn. 173 „an den Sitz des Konsortialagenten (administrierende Bank; *agent bank*) dürfte das Konsortialverhältnis nicht anzuknüpfen sein". Von anderen Voraussetzungen ausgehend auch *Hinsch/Horn*, Vertragsrecht internationaler Konsortialkredite, S. 177.

Vertragsverhältnisse.[721] Warum die Rechtswahl des einen die Rechtswahl des anderen Verhältnisses determinieren soll, ist jedenfalls ohne Hinzutreten weiterer in diese Richtung zeigender Umstände nicht ersichtlich. Hinzu kommt, dass zwischen Konsortium und Kreditnehmer auf der einen und den Konsorten untereinander auf der anderen Seite durchaus unterschiedliche Interessenlagen bestehen können. So mag es vorkommen, dass es für die Banken opportun ist, ihre Rechtsbeziehung zum Schuldner einem Recht zu unterstellen, das besonders großen Wert auf den Schutz der Gläubiger legt. Hier könnten vor allem Regelungen im Bereich des Insolvenzrechts eine Rolle spielen. Denkbar ist auch die Präferenz für eine Rechtsordnung, die im Rahmen eines notleidenden Kredits möglichst weitreichende Gestaltungsmöglichkeiten schon vor Eintritt der Schuldnerinsolvenz bietet. Auf der anderen Seite wird das Interesse der Konsorten im Hinblick auf die Wahl der Rechtsordnung, die ihre Kooperation untereinander regelt, häufig dahin gehen, möglichst weitreichende Gestaltungsmöglichkeiten zu haben.[722]

Wenn dagegen vorgebracht wird, durch die Verknüpfung der Rechtswahl der unterschiedlichen Vertragsverhältnisse werde „in allen Fällen ein Gleichlauf zwischen Kredit- und Konsortialverhältnis erreicht, der den Parteiinteressen am besten gerecht wird“,[723] wird nicht deutlich, welche Interessen damit gemeint sind. Dem Interesse der Gesellschafter des Konsortiums an möglichst geringem Gründungsaufwand und niedrigen Kosten, wird dadurch beispielsweise häufig nicht Rechnung getragen. Ein solches Konsortium wäre durchaus auch in einer anderen Rechtsform (beispielsweise einer haftungsbeschränkten Gesellschaft) denkbar. Dann würde das anwendbare Recht einen erheblichen Unterschied machen, die Wahl unterschiedlicher Rechtsordnungen, könnte hier durchaus vorteilhaft sein. Schließlich spricht gegen die automatische Anknüpfung auch der Gedanke, dass möglichst generelle Anwendungsregeln statuiert werden sollten, in dem Sinne, dass die zuvor zitierte Ansicht gar nicht greift, wenn im Konsortialkreditvertrag keine Rechtswahl getroffen wurde. Die Vertreter dieser Ansicht bleiben die Antwort auf die Frage, welches Recht dann auf den Konsortialvertrag anzuwenden sei, schuldig.

---

721 Ebenso wie allgemeine vertragliche Regelungen und Rechtswahlklauseln in einem Dokument zusammengefasst werden, können aber unterschiedliche Rechtsverhältnisse darstellen.

722 Beim Außenkonsortium beispielsweise eine Rechtsordnung mit möglichst liberalem Gesellschaftsrecht wie das Recht des US-Bundesstaates Delaware.

723 *Wenzel*, Vertragsrecht internationaler Konsortialkredite, S. 419.

Vorzugswürdig ist es deshalb, für die Frage der objektiven Anknüpfung des auf das Innenverhältnis anwendbaren Rechts gemäß Art. 4 Abs. 1 b) bzw. Abs. 2 Rom I-VO i.V.m. Art. 19 Abs. 1 Rom I-VO auch hier auf den Ort der Hauptverwaltung des Konsortialführers abzustellen.

Vierter Teil: Zusammenfassung und Ergebnis

Nach Abschluss der Untersuchung im Einzelnen bleibt noch, die aus den vorstehenden Betrachtungen gewonnenen Ergebnisse in einem Schlussteil zusammenzufassen. Da die jeweiligen Erkenntnisse schon am Ende der einzelnen Betrachtung dargestellt wurden, kann die Zusammenfassung im Schlussteil nur wiederholen.

Diese Arbeit hatte den Umgang von Banken mit Risikopositionen zum Gegenstand, die diese in der Außenhandelsfinanzierung eingehen. Spezieller die aus Akkreditiven und Außenhandelsgarantien erwachsenden Positionen und ihren (teilweisen) Transfer auf andere Banken durch das Instrument der Syndizierung. Zum Zwecke der detaillierten Auseinandersetzung mit diesem Thema wurde der Transfer von Akkreditiven und Garantien durch Syndizierung zunächst zivilrechtlich eingeordnet. Sodann die Rechtsfolgen in aufsichts-, und bilanzrechtlicher Hinsicht untersucht und dargestellt. Schließlich wurde die internationalprivatrechtliche Anknüpfung in allen denkbaren Konstellationen durchdekliniert.

Voraussetzung der rechtlichen Auseinandersetzung im dritten Teil der Arbeit war die genaue Beschreibung des Untersuchungsgegenstandes im zweiten Teil, dort insbesondere im Paragraphen 1. Ausgehend von den maßgeblichen Begriffen „Bankrisiko", „Außenhandel" und „Kreditrisikotransfer" wurde dargestellt, was unter diesen Begriffen verstanden werden kann und wie sie für Zwecke dieser Untersuchung eingeordnet werden.

Der Begriff des Bankrisikos wurde aus Sicht der ökonomischen Literatur und Praxis sowie des Bankaufsichtsrechts untersucht. Bankrisiko bezeichnet danach für Zwecke dieser Untersuchung ein Adressenausfallrisiko, dasjenige Risiko, dass ein Kreditnehmer im Falle des Fälligwerdens eines Haftungskredits seinen Verpflichtungen nicht nachkommen kann oder will. Schließlich wurde der im Außenhandel besonders relevanten Risikosphäre des politischen Risikos besondere Aufmerksamkeit zuteil. Mit dem Begriff des Adressenausfallrisikos korreliert in den hier untersuchten Fällen aus Sicht des Aufsichtsrechts der Begriff des anderen außerbilanziellen Geschäfts.

Außenhandel bzw. Außenhandelsfinanzierung bedeutet für Zwecke dieser Untersuchung die bankmäßige Gewährung von Akkreditiven und Garantien. Ausgeschlossen wurde hingegen das Dokumentinkasso, da dort keine Risikoposition eingegangen wird, die durch Syndizierung geteilt werden kann. Für

Akkreditive und Garantien wurden die maßgeblichen Leistungsbeziehungen – auch im Falle des Hinzutretens einer Zweitbank – dargestellt und im Hinblick auf die Frage untersucht, welche der vielfältigen Leistungsbeziehungen diejenige Risikoposition vermittelt, die durch Aufteilung auf mehrere Banken verringert werden soll. Dabei hat sich erwiesen, dass die maßgebliche Leistungsbeziehung diejenige zwischen der akkreditiveröffnenden oder garantiegebenden Bank und dem Auftraggeber ist. Im Fall der Inanspruchnahme des Sicherungsmittels durch den Begünstigten entsteht ein Regressanspruch aus §§ 675, 670 BGB. Dessen Ausfall ist das durch Risikotransfer zu begegnende Risiko. Die Einschaltung einer Zweitbank modifiziert dieses Ergebnis nur im Falle einer bestätigenden Bank. Anders als bei einer bloß avisierenden oder benannten Bank entsteht hier eine weitere Risikoposition, nämlich der Ausfall des Regressanspruchs gegen die gesamtschuldnerisch mithaftende Zweitbank.

Da der Begriff des Kreditrisikotransfers allgemein ist, und verschiedene Möglichkeiten umfasst, wurde er in den Oberbegriff des Kreditrisikomanagements eingeordnet. Untersucht wurde mit der Syndizierung ein Mittel des Kreditrisikotransfers in Form von Weitergabe an oder Aufteilung auf mehrere Banken.

Der anschließende Überblick über den Markt für Kreditrisikotransfer führt die potenziell zur Verfügung stehenden Abnehmer von Kreditrisikopositionen aus. Dabei handelt es sich um andere Banken, den Kapitalmarkt bzw. Kapitalmarktteilnehmer, die auch Banken sein können aber nicht müssen, Kreditversicherer, den Staat bzw. von ihm beauftragte Intermediäre und Anbieter von Factoring. Die von den jeweiligen Abnehmern angebotenen Lösungen wurden aufgezeigt und auf ihre Eignung für Zwecke der Aufnahme von Risiken aus der Akkreditiv- und Garantievergabe untersucht. Dabei hat sich gezeigt, dass sich besonders der Kapitalmarkt als Alternative anbietet. Dies sowohl im Hinblick auf technische Gestaltungsmöglichkeiten als auch und vor allem die nahezu unbegrenzte Aufnahmekapazität des Kapitalmarktes für Risiken jedweder Art. Des Weiteren hat sich gezeigt, dass private Kreditversicherer als Abnehmer von Bankrisiken der hier untersuchten Art nicht infrage kommen. Dies liegt allerdings nicht in der Funktionsweise der Kreditversicherung selbst, sondern vielmehr darin begründet, dass der Markt für Kreditversicherungen keine Lösungen für die Aufnahme von Bankrisiken anbietet. Dies muss angesichts des für Versicherungsunternehmen zunehmend schwierigen wirtschaftlichen Umfeldes und der grundsätzlich kommunizierten Bereitschaft der Versicherungs- und Rückversicherungsunternehmen, neue Geschäftsfelder zu erschließen, überraschen, ist aber – Stand heute – als Tatsache anzuerkennen. Die Zusammenarbeit von Banken und Factoringanbietern auf dem Gebiet der Risikoteilung im Außenhandel hat sich nicht und wird sich angesichts der Struktur des Factorings auch in Zukunft nicht etablieren. Eine echte Alternative zu Syndizierung und Kapitalmarkt stellen die unter dem Namen „Hermes-Deckungen" bekannt gewordenen Co-Finanzierungen und Risiko(rück)deckungen dar. Sie sind von Zielvorgabe und Funktionsweise her gerade auf die Abnahme von Bankkreditrisiken aus der Außenhandelsfinanzierung zugeschnitten.

Schließlich folgte die Untersuchung der Syndizierung von Akkreditiven und Außenhandelsgarantien im Detail. Hier konnte zunächst herausgearbeitet werden, dass zur Gewährung von Akkreditiven und Garantien drei unterschiedliche Funktionsweisen des Kreditkonsortiums infrage kommen. Sie wurden als „Rahmenbildung", „Fronting Bank" (zentral oder dezentral organisiert) und „Multi Issuer" benannt und in ihrer jeweiligen Funktionsweise erläutert. Daraufhin wurde erörtert, ob es sich nach deutschem Recht bei allen drei Funktionsweisen um Gesellschaften bürgerlichen Rechts im Sinne der §§ 705 ff. BGB handelt. Die rechtliche Einordnung von Akkreditiven und Garantien bzw. ihrer maßgeblichen Leistungsbeziehungen war schon im Grundlagenteil der Arbeit erörtert worden.

Im Kapitel über das Aufsichtsrecht wurde die Syndizierung von Akkreditiven und Garantien vor dem Hintergrund der Anforderungen an die Eigenkapitalmittelausstattung, die Liquiditätsvorschriften und das Groß- und Millionenkreditregime untersucht. Dabei konnte zunächst herausgearbeitet werden, dass Akkreditiven und Garantien für Zwecke der CRR ein mittleres bis niedriges Risiko zugewiesen wird, mit der Folge, dass ihr Risikopositionswert mit 20 % des Nominalwerts anzusetzen ist. Das mit dem Risikopositionswert zu multiplizierende Risikogewicht nach KSA- oder IRB-Ansatz errechnet sich in Abhängigkeit von der Art und Bonität des Schuldners. Sodann wurde nachgewiesen, dass durch Syndizierung keine Reduzierung des Risikopositionswertes durch Kreditrisikominderung im Sinne des Art. 4 Abs. 1 Nr. 57 CRR erreicht werden kann. Stattdessen verringert die Teilung des Risikos den Nennwert der jeweiligen außerbilanziellen Position, dadurch den Gesamtforderungsbetrag und in der Folge wird eine bessere Eigenmittelquote erreicht. Auch die Leverage Ratio wird durch Syndizierung verbessert – zwar nicht durch Risikoanpassung im Sinne des Art. 11 Abs. 1 S. 2 CRR i.V.m. Art. 429 Abs. 10 CRR – aber durch Reduzierung der Nominalforderung, was wiederum zu einer Verringerung der Verschuldungsquote führt.

Im Hinblick auf die Anforderungen an die Liquiditätsausstattung der Institute konnte gezeigt werden, dass die Syndizierung von Akkreditiven und Garantien nur insofern zu einer Schonung der Liquidität beiträgt, als Akkreditive und Garantien bestimmungsgemäß zunächst nicht mit einem Mittelabfluss verbunden sind. Die Syndizierung hat darüber hinaus keinen eigenständigen

Einfluss auf die Liquiditätslage der sie einsetzenden Institute. Die Einhaltung des Groß- und Millionenkreditregimes der CRR wird durch Syndizierung nur dann erleichtert, wenn die Anforderungen des Substitutionsansatzes erfüllt werden.

Die Untersuchung der bilanziellen Auswirkungen der Syndizierung von Akkreditiven und Garantien konnte einen Gleichlauf der Bilanzierung nach nationalen und internationalen Rechnungslegungsvorschriften feststellen. Sowohl nach HGB i.V.m. der RechKredV als auch nach IFRS/IAS sind Akkreditive und Garantien als Eventualverbindlichkeiten unter dem Strich auszuweisen. Dabei musste zunächst eine umfangreiche Abgrenzung von IFRS 7 vorgenommen werden, mit dem Ergebnis, dass Akkreditive und Garantien dem Rechnungslegungsstandard IAS 37 „Rückstellungen und Eventualverbindlichkeiten" unterfallen. Die Syndizierung wirkt sich insofern aus, als jede Bank nur den auf sie jeweils entfallenden Betrag zu bilanzieren hat. Dies gilt wiederum sowohl nach deutschem Recht als auch nach IFRS 11, unter dem die Syndizierung als gemeinschaftliche Tätigkeit einzuordnen war.

Die abschließenden Erörterungen international-privatrechtlicher Fragestellungen haben zwischen Konstellationen mit ausdrücklicher Rechtswahl und solchen ohne Rechtswahl und dem Konsortialkreditvertrag auf der einen und dem Konsortialvertrag auf der anderen Seite differenziert. Das auf den Konsortialkreditvertrag anzuwendende Recht zu wählen, steht ohne Weiteres zur Disposition der Parteien. Fehlt eine ausdrückliche oder konkludente Bestimmung des anwendbaren Rechts, so ist Anknüpfungspunkt in der Grundkonstellation der Akkreditiv- oder Garantiestellung der Sitz des Konsortialführers. Im Falle der Einschaltung einer bestätigenden (nicht bloß avisierenden oder benannten) Bank gilt hingegen das Recht am Sitz der bestätigenden Zweitbank, da diese die charakteristische Leistung erbringt. Der Konsortialvertrag ist im Falle einer Außengesellschaft keiner freien Rechtswahl der Parteien zugänglich. Es gilt die Rechtsordnung am Sitz des Konsortialführers. Bei Innengesellschaften können die Parteien hingegen frei über das anwendbare Recht bestimmen. In Abwesenheit einer solchen Bestimmung gilt wiederum das Recht am Sitz des Konsortialführers.

Nach alledem hat sich gezeigt, dass Banken vor dem Hintergrund strenger gesetzgeberischer Anforderungen an ihr Risikomanagement und ebenso strenger Anforderungen an die Eigenmittel- und Liquiditätsausstattung gezwungen sein könnten, Risikopositionen abzubauen. Gleichzeitig senkt ein etwaiger Verzicht auf die margenintensive Außenhandelsfinanzierung Umsatz und Gewinnmöglichkeiten. Risikotransfer als Anwendungsbeispiel aktiven Risikomanagements und Syndizierung als Anwendungsbeispiel aktiven Risikotransfers vermögen einen positiven Beitrag zur Auflösung des vorstehend aufgezeigten Dilemmas zu leisten. Die innovativ scheinende Kombination aus den traditionellen Instrumenten Akkreditiv und Garantie auf der einen- und der Konsortialvergabe auf der anderen Seite ist daher unbedingt zu empfehlen.

Literaturverzeichnis

Assmann, Heinz-Dieter / Schneider, Uwe H., Wertpapierhandelsgesetz: WpHG, 6. Aufl. 2012

Assies, Paul H. / Beule, Dirk / Heise, Julia / Strube, Hartmut, Handbuch des Fachanwalts Bank- und Kapitalmarktrecht, 4. Aufl. 2015

Beckmann, Roland Michael / Matusche-Beckmann, Annemarie (Hrsg.), Versicherungsrecht-Handbuch, 2. Aufl., 2009

Beck'sches IFRS-Handbuch, Kommentierung der IFRS/IAS, 5. Aufl. 2016

Berg, Stephan, Kreditderivate im deutschen Privatrecht, 2008

Bergmann, Jan, Handlexikon der Europäischen Union, 4. Aufl. 2012

Bippus, Birgit Elsa, Personengesellschaften und Strukturveränderungen, 1998

Boos, Karl-Heinz / Fischer, Reinfrid / Schulte-Mattler, Hermann (Hrsg.), KWG, CRR-VO, Kommentar zu Kreditwesengesetz, VO (EU) NR. 575/2013 (CRR) und Ausführungsvorschriften in zwei Bänden, 5. Aufl. 2016

Boujong, Karlheinz / Joost, Detlev / Ebenroth, Carsten Thomas (Hrsg.), Handelsgesetzbuch Kommentar, HGB, Bd. 2. §§ 343-475h Transportrecht, Bank- und Börsenrecht, 2. Aufl. 2009

Brandt, Sven / Sonnenhol, Jürgen, Verträge für Konsortialkredite, WM 2001, 2329 – 2337

Büter, Clemens, Außenhandel: Grundlagen globaler und innergemeinschaftlicher Handelsbeziehungen, 2010

Calliess, Christian / Ruffert, Matthias (Hrsg.), EUV/AEUV, Das Verfassungsrecht der Europäischen Union mit Europäischer Grundrechtecharta, Kommentar, 5. Auflage 2016

Canaris, Claus-Wilhelm / Habersack, Mathias / Schäfer, Carsten (Hrsg.), *Staub, Hermann* (Begr.), Handelsgesetzbuch, Band 5: §§ 238-289a, 4. Auflage 2005

Christopeit, Joachim Friedrich, Hermes-Deckungen: Inhalt und Funktion, Stellung im System der Exportförderung, wirtschaftspolitische Bedeutung mit rechtsvergleichender Bewertung, 1968

DeMeo, Francesco, Bankenkonsortien: Eine Untersuchung zum Innen- und Außenrecht von Emission-, Kredit- und Sanierungskonsortien sowie zu deren Haftung für das Handeln von Konsortialvertretern, 1994

Diederichs, Marc, Risikomanagement und Risikocontrolling, 3. Aufl. 2012

Eberl, Christina, Rechtsfragen der Bankgarantie im internationalen Wirtschaftsverkehr nach deutschem und schweizerischem Recht, 1992

Ebke, Werner F., Unternehmensrecht und Binnenmarkt – E pluribus unum?, RabelsZ 62 (1998), 196 – 242

Ebke, Werner F., Das Schicksal der Sitztheorie nach Centros, JZ 1999, 656 – 661

Ebke, Werner F., Überseering: „Die wahre Liberalität ist Anerkennung", JZ 2003, 927–933

Ebke, Werner F., Gesellschaften aus Delaware auf dem Vormarsch: Der BGH macht es möglich, Anmerkung zu BGH, Urteil vom 5.7.2004 – II ZR 389/02, RIW 2004, 740–744

Ebke, Werner F., Conflicts of Corporate Laws and the Treaty of Friendship, Commerce and Navigation between the United States of America and the Federal Republic of Germany, in: Rasmussen-Bonne, Hans-Eric / Freer, Richard / Lüke, Wolfgang / Weitnauer, Wolfgang (Hrsg.), Balancing of Interests, Liber Amicorum Peter Hay, 2005, 119–139

Ebke, Werner F., Gesellschaften aus nicht privilegierten Drittstaaten im Internationalen Privatrecht: „Utopia Limited; oder: Die Blüten des Fortschritts", in: Hoffmann-Becking, Michael / Hommelhoff, Peter / Graf von Westphalen, Friedrich (Hrsg.), Festschrift für Hans-Jürgen Hellwig zum 70. Geburtstag, 2010, 117–141

Ebke, Werner F. / Möhlenkamp, Andreas / Welling Berthold, Internationale Finanzmarktkrise, Bankabschlüsse und Mittelstand, 2011

Ebke, Werner F. / Schmidt, Karsten (Hrsg.), Münchener Kommentar zum Handelsgesetzbuch, §§ 316-324 und §§ 342-342a HGB, 3. Aufl. 2013

Ehrlich, Dietmar / Zahn, Johannes C.D., Zahlung und Zahlungssicherung im Außenhandel, 8. Aufl. 2010

Ehrmann, Harald, Risikomanagement in Unternehmen mit Basel III, 2. Aufl. 2012

Eidenmüller, Horst / Rehm, Gebhard, Niederlassungsfreiheit versus Schutz des inländischen Rechtsverkehrs: Konturen des Europäischen Internationalen Gesellschaftsrechts; Zugleich Besprechung der Entscheidung *Inspire Art*, EuGH NJW 2003, 3331, ZGR 2004, 159–188

Ferrari, Franco / Kieninger, Eva-Maria / Mankowski, Peter / Otte, Karsten / Saenger, Ingo / Staudinger, Ansgar, Internationales Vertragsrecht, EGBGB, CISG, CMR, FactÜ Kommentar, 2. Aufl. 2012

Fleischer, Holger / Goette, Wulf / Ekkenga, Jens, Münchener Kommentar zum Gesetz betreffend die Gesellschaften mit beschränkter Haftung (GmbHG), Band 1: §§ 1–34, 2010

Früh, Andreas, Kreditforderungen vor dem Hintergrund von Bankgeheimnis und Datenschutz, WM 2000, 497–548

Geratewohl, Klaus, Rückversicherung, Grundlagen und Praxis, Band I und II, 1976

Goltz, Günter, Die Sicherung des aktiven Bankkredits durch Kreditversicherung 1932

Gößmann, Wolfgang / Hellner, Thorwald / Schröter, Jürgen / Steuer, Stephan / Weber, Ahrend (Hrsg.), Bankrecht und Bankpraxis, Loseblattsammlung 123. Aktualisierung 2016

Greulich, Heinrich, Die Kreditversicherung 1967

Gsell, Beate / Krüger, Wolfgang / Lorenz, Stephan / Rexmann, Christoph (Hrsg.), beck-online.GROSSKOMMENTAR zum Zivilrecht, *Geibel, Stefan*, § 705 BGB, Stand: 01.01.2019

Gummert, Hans / Weipert, Lutz / Bälz, Ulrich (Hrsg.), Münchener Handbuch des Gesellschaftsrechts Band 1: BGB-Gesellschaft, Offene Handelsgesellschaft, Partnerschaftsgesellschaft, Partenreederei, EWIV, 3. Aufl. 2009

Habersack, Mathias (Redakteur.), Münchener Kommentar zum Bürgerlichen Gesetzbuch, Band 7, Schuldrecht – Besonderer Teil IV, §§ 705-853, Partnerschaftsgesellschaftsgesetz, Produkthaftungsgesetz, 8. Auflage 2020

Habersack, Mathias / Mülbert, Peter O. / Schlitt, Michael, Unternehmensfinanzierung am Kapitalmarkt, 2. Aufl. 2008

Halem, Carl Otto von, Kreditversicherung 1964

Hanke, Kerstin / Socher, Oliver, Fachbegriffe aus M & A und Corporate Finance, Syndizierung von Krediten, NJW 2010, 1435–1437

Hau, Wolfgang / Poseck, Roman (Hrsg.), BeckOK BGB, *Gehrlein, Markus*, § 783, Stand: 01.08.2021,

Hennrichs, Joachim / Kleindieck, Detlef / Watrin, Christoph, Münchener Kommentar zum Bilanzrecht in zwei Bänden, Loseblattsammlung 2014

Henssler, Martin, Risiko als Vertragsgegenstand 1994

Hinsch, L. Christian / Horn, Norbert, Das Vertragsrecht der internationalen Konsortialkredite und Projektfinanzierungen, 1985

Horsch, Andreas / Rathmann, Tanja, Kreditrisikotransfer durch Kreditversicherung, Eine ökonomische Analyse der Prozesse, Strukturen und Regeln der Märkte für Kreditversicherungen, 2012

Hübner, Leonhard, Kollisionsrechtliche Behandlung von Gesellschaften aus nicht-privilegierten Drittstaaten, 2011

Isern, Werner, Die Versicherung von Krediten als Instrument kreditspezifischer Risikovorsorge im Aktivgeschäft der Banken 1983

Jahrmann, Fritz-Ulrich, Außenhandel 2007

Kageneck, Wolfgang von, Hermes-Deckungen: Entschädigungen im Schadensfall und bei Umschuldungen; eine Kommentierung anhand der allgemeinen Bedingungen, 1991

Kayser, Ottmar, Großkreditversicherungen für Kreditinstitute 1986

Kirchhartz, Marcel, Das CRD IV-Paket und seine Auswirkungen auf das Kreditwesengesetz, GWR 2013, 395–398

Klink, Martha, Die versicherungssteuerrechtliche Behandlung der Kautionsrückversicherung, ZfV 2011, 506–509

König, Andreas / van Aerssen, Rick, Das Rundschreiben des Bundesaufsichtsamtes für das Kreditwesen zur „Veräußerung von Kundenforderungen im Rahmen von Asset-Backed-Securities-Transaktionen durch deutsche Kreditinstitute", WM 1997, 1777–1824

Krauß, Karl-Hermann, Die Kreditversicherung aus Sicht der Kreditinstitute 1970

Krüger, Wolfgang / Bachmann, Gregor / Basedow, Jürgen / Fetzer, Rhona / Gaier, Reinhard (Hrsg.), Münchener Kommentar zum Bürgerlichen Gesetzbuch, Band 2, Schuldrecht, Allgemeiner Teil, §§ 241–423, 6. Aufl. 2012

Krüger, Wolfgang / Westermann, Harm Peter (Hrsg.), Münchener Kommentar zum Bürgerlichen Gesetzbuch, Band 3, Schuldrecht Besonderer Teil I, §§ 433–610, Finanzierungsleasing, HeizkostenV, BetriebskostenV, CISG, 6. Aufl. 2012

Kümpel, Siegfried / Wittig, Arne, Bank- und Kapitalmarktrecht, 4. Aufl. 2011

Langenbucher, Katja / Bliesener, Dirk / Spindler, Gerald (Hrsg.), Bankrechts-Kommentar, 3. Auflage 2020

Langheid, Theo / Wandt, Manfred (Hrsg.), Münchener Kommentar zum Versicherungsvertragsgesetz, Band 1, Systematische Darstellungen, Erläuterungen zum EGVVG, §§ 1 - 99 VVG, 2010

Langheid, Theo / Wandt, Manfred (Hrsg.), Münchener Kommentar zum Versicherungsvertragsgesetz, Band 2, §§ 100–191 VVG: Systematische Darstellungen, 2011

Langheid, Theo / Wandt, Manfred (Hrsg.), Münchener Kommentar zum Versicherungsvertragsgesetz, Band 3, §§ 192–215 VVG, Synopsen, Materialien, 2009

Lwowski, Hans-Jürgen / Fischer, Gero / Langebucher, Katja, Das Recht der Kreditsicherung, 9. Aufl. 2011

Magnus, Ulrich (Red.) / *Ebke, Werner F. / Armsbrüster, Christian / Hausmann, Rainer* (Hrsg.), Julius von Staudingers Kommentar zum Bürgerlichen Gesetzbuch: Staudinger BGB – EGBGB/IPR, Einführungsgesetz zum Bürgerlichen Gesetzbuche/IPR, Einleitung zur Rom I-VO; Art. 1-10 Rom I-VO (Internationales Vertragsrecht 1), 2016

Magnus, Ulrich (Red.) / *Armbrüster, Christian* / *Hausmann, Rainer* / *Mohrensfels, Peter Winkler von* (Hrsg.), Julius von Staudingers Kommentar zum Bürgerlichen Gesetzbuch: Staudinger BGB – EGBGB/IPR, Art. 11 – 29 Rom I-VO; Art. 46b, c EGBGB; Verfahrensrecht für internationale Verträge (IntVertrVerfR) (Internationales Vertragsrecht 2), 2016

Medert, Klaus, Nicht im Sinne des ursprünglichen Gesetzes – Rückversicherung von Kautionsversicherungen sollte von der Versicherungssteuer befreit sein, Versicherungswirtschaft 2011, 1636–1637

Möller, Ulrich, Praxisleitfaden Außenhandel im Bankgeschäft, 2008

Möschel, Wernhard, Die Finanzkrise – Wie soll es weitergehen, Zeitschrift für Rechtspolitik 2009, 129–133

Mugasha, Agasha, The Law of Multi-Banking Financing, Syndicated Loans and the Secondary Loan Market, 2007

Palandt, Bürgerliches Gesetzbuch mit Nebengesetzen, insbesondere Einführungsgesetz (Auszug), einschließlich Rom I-, Rom II- und Rom III-Verordnungen sowie Haager Unterhaltsprotokoll und EU-Erbrechtsverordnung, Allgemeines Gleichbehandlungsgesetz (Auszug), Wohn- und Betreuungsvertragsgesetz, BGB-Informationspflichten-Verordnung, Unterlassungsklagengesetz, Produkthaftungsgesetz, Erbbaurechtsgesetz, Wohnungseigentumsgesetz, Versorgungsausgleichsgesetz, Lebenspartnerschaftsgesetz, Gewaltschutzgesetz, 76. Aufl. 2017

Peick, Hartmut, Die Kooperation zwischen Banken und Versicherungen 1978

Poelzig, Dörte, Insider- und Marktmanipulationsverbot im neuen Marktmissbrauchsrecht, NZG 2016, 528

Poelzig, Dörte, Die Neuregelung der Offenlegungsvorschriften durch die Marktmissbrauchsverordnung, NZG 2016, 761

Poelzig, Dörte, Kapitalmarktrecht, 2018

Pöhler, Achim, Das internationale Konsortialgeschäft der Banken, Grundlage – betriebswirtschaftliche Funktionen – Risiken und Risikopolitik, 1988

Prölss, Erich R. / *Martin, Anton* (Hrsg.), Versicherungsvertragsgesetz: Kommentar zu VVG, EGVVG mit Rom I-VO, VVG-InfoV und Vermittlerrecht sowie Kommentierung wichtiger Versicherungsbedingungen, 28. Aufl. 2010

Rauch, Carsten / *Kaufmann, Tobias*, Das Kreditkonsortium bei internationalen Konsortialkreditverträgen – Eine Gesellschaft bürgerlichen Rechts?, WM 2018, 652

Rayermann, Marcus, Der internationale Konsortialvertrag, Rechtliche Einordnung und Vertragsgestaltung in der Bundesrepublik Deutschland und den USA, 2002

Reiner, Günter, Derivative Finanzinstrumente im Recht, 2002

Reiner, Günter, ISDA Master Agreement: Kommentar, 2013

Reiner, Günter / Schacht, Johannes A., Credit Default Swaps und unverbriefte Kreditforderungen in der Finanzmarktkrise – Bemerkungen zum Wesen verbindlicher und unverbindlicher Risikoverträge – Teil I, WM 2010, 337–384

Reiner, Günter / Schacht, Johannes A., Credit Default Swaps und unverbriefte Kreditforderungen in der Finanzmarktkrise – Bemerkungen zum Wesen verbindlicher und unverbindlicher Risikoverträge – Teil II, WM 2010, 385–436

Reithmann, Christoph / Martiny, Dieter (Hrsg.), Internationales Vertragsrecht, Das internationale Privatrecht der Schuldverträge, 7. Aufl. 2009

Roberts, Julian, Vertragliche Grundlagen von Finanzderivaten – Ein Beitrag zur Aufarbeitung der Krise?, NJOZ 2010, 1717–1722

Rudolph, Bernd / Hofmann, Bernd / Schaber, Albert / Schäfer, Klaus, Kreditrisikotransfer: moderne Instrumente und Methoden mit 18 Tabellen, 2007

Rüffer, Wilfired / Baroch Castellvi, Manuel / Felsch, Joachim / Karczewski, Christoph / Halbach, Dirk / Schimikowski, Peter (Hrsg.), VVG, Versicherungsvertragsgesetz, Handkommentar, 2. Aufl. 2011

Sandrock, Otto, Die Konkretisierung der Überlagerungstheorie in einigen zentralen Einzelfragen – Ein Beitrag zum internationalen Gesellschaftsrecht, in: Sandrock, Otto (Hrsg.), Festschrift für Günther Beitzke zum 70. Geburtstag, 1979, 669–696

Sandrock, Otto, Internationale Kredite und Internationale Schiedsgerichtsbarkeit, WM 1994, 405 f., 455 f.

Sandrock, Otto / Wetzler, Christoph (Hrsg.)., Deutsches Gesellschaftsrecht im Wettbewerb der Rechtsordnungen: Nach Centros, Überseering und Inspire Art, 2004

Säcker, Franz Jürgen / Habersack, Mathias (Hrsg.), Münchener Kommentar zum Bürgerlichen Gesetzbuch, Band 5, Schuldrecht Besonderer Teil III, §§ 705 – 853, Partnerschaftsgesellschaftsgesetz, Produkthaftungsgesetz, 5. Aufl. 2009

Schimansky, Herbert / Bunte, Hermann-Josef / Lwowski, Hans-Jürgen, Bankrechts-Handbuch in zwei Bänden, 4. Aufl. 2011

Schmidt, Karsten (Hrsg.), Münchener Kommentar zum Handelsgesetzbuch, Band 5, Viertes Buch, Handelsgeschäfte, Erster Abschnitt, allgemeine Vorschriften §§ 343–372, Recht des Zahlungsverkehrs, Effektengeschäft, Depotgeschäft, Ottawa Übereinkommen über Internationales Factoring, 2. Aufl. 2009

Schmidt, Karsten (Hrsg.), Münchener Kommentar zum Handelsgesetzbuch, Band 1, Erstes Buch, Handelsstand, §§ 1–104a, 3. Aufl. 2010

Schnedelbach, Werner, Das Recht der Kreditversicherung 1970

Scholze, Herbert, Das Konsortialgeschäft der deutschen Banken, Band 1, 1973

Schücking, Christoph, Das Internationale Privatrecht der Banken-Konsortien, WM 1996, 281 - 283

Schütze, Rolf A. / Vorpeil, Klaus, Das Dokumentenakkreditiv im internationalen Handelsverkehr, 7. Auflage 2016

Schütze, Rolf A. / Baltus, Marc (Hrsg.), Münchener Vertragshandbuch, Band 2: Wirtschaftsrecht I, 6. Aufl. 2009

Sittmann, Jörg W., Kreditunterbeteiligungen von Banken – Eine Untersuchung zum Innenrecht der Unterbeteiligung, NJW 1996, 469–512

Sonnenberger, Hans-Jürgen, Münchener Kommentar zum Bürgerlichen Gesetzbuch, Band 10, Internationales Privatrecht, Rom I-Verordnung, Rom II-Verordnung, Einführungsgesetz zum Bürgerlichen Gesetzbuche (Art. 1-24), 5. Aufl. 2010

Steinhauer, Bettina, Zu Kreditsicherheiten als Instrumente der Kreditrisikominderung für syndizierte Unternehmensfinanzierungen, WM 2014, 1264–1270

Stumpf, Wolf, Factoring – ein modernes und attraktives Instrument zur Liquiditätssicherung, BB 2012, 1045–1052

Thomale, Chris, Die Gründungstheorie als versteckte Kollisionsnorm, NZG 2011, 1290

Thomas, Stephan / Dreher, Meinrad, Der Kautionsversicherungsvertrag im System des Privatversicherungsrechts, VersR 2007, 731–738

Tschelnitz, Heinz von, Kreditversicherung, 1931

Ulmer, Peter, Gläubigerschutz bei Scheinauslandsgesellschaften – Zum Verhältnis zwischen gläubigerschützendem nationalem Gesellschafts-, Delikt- und Insolvenzrecht und der EG-Niederlassungsfreiheit, NJW 2004, 1201–1210

Veith, Jürgen / Gräfe, Jürgen (Hrsg.), Der Versicherungsprozess: Ansprüche im Privatsicherungsrecht; Lebensversicherung; Krankenversicherung; industrielle Sachversicherung; D&O Versicherung, 2. Aufl. 2010

Wagner, Rolf / Timm, Birte, Der Referentenentwurf eines Gesetzes zum Internationalen Privatrecht der Gesellschaften, Vereine und juristischen Personen, IPrax 2008, 81–90

Wenzel, Jens, Rechtsfragen internationaler Konsortialkreditverträge, 2006

Westphalen, Friedrich von, Die Bankgarantie im internationalen Handelsverkehr, 1982

Zeising, Michael, Asset Backed Securities (ABS) – Grundlagen und neuere Entwicklungen, Zeitschrift für Bank- und Kapitalmarktrecht 2007, 311–317

www.ingramcontent.com/pod-product-compliance
Ingram Content Group UK Ltd.
Pitfield, Milton Keynes, MK11 3LW, UK
UKHW021935290926
8980IPUK00016B/1633

9 783631 879399